ZHONGMEI DAXUE TONGSHI JIAOYU
BIJIAO YANJIU

中美大学通识教育
比较研究

王燕晓⊙著

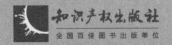

知识产权出版社
全国百佳图书出版单位

图书在版编目（CIP）数据

中美大学通识教育比较研究/王燕晓著. —北京：知识产权出版社，2019.9
ISBN 978 – 7 – 5130 – 6425 – 5

Ⅰ. ①中… Ⅱ. ①王… Ⅲ. ①高等学校—通识教育—比较教育—中国、美国 Ⅳ. ①G640

中国版本图书馆 CIP 数据核字（2019）第 188646 号

责任编辑：贺小霞　　　　　　　　　　　　　责任校对：潘凤越
封面设计：刘　伟　　　　　　　　　　　　　责任印制：刘译文

中美大学通识教育比较研究
王燕晓　著

出版发行：知识产权出版社 有限责任公司	网　　址：http：//www.ipph.cn
社　　址：北京市海淀区气象路 50 号院	邮　　编：100081
责编电话：010 – 82000860 转 8129	责编邮箱：2006HeXiaoXia@ sina.com
发行电话：010 – 82000860 转 8101/8102	发行传真：010 – 82000893/82005070/82000270
印　　刷：北京虎彩文化传播有限公司	经　　销：各大网上书店、新华书店及相关专业书店
开　　本：787mm×1092mm　1/16	印　　张：12.75
版　　次：2019 年 9 月第 1 版	印　　次：2019 年 9 月第 1 次印刷
字　　数：250 千字	定　　价：58.00 元

ISBN 978-7-5130-6425-5

前　言

改革开放四十多年，中国的教育始终处于不断改革的过程中，通识教育改革就是在这样的教育探索中走向前台的。可以说从 1995 年，原国家教委在 52 所高校开展文化素质教育的试点开始，中国通识教育改革拉开序幕。十年后，以北京大学元培学院、清华大学新雅书院、复旦大学复旦学院、中山大学博雅学院为代表，纷纷开始进行通识教育的探索与实践。2015 年，由以上四校联合发起并建立了我国的"大学通识教育联盟"，随后出版《通识教育评论》，并紧跟时代，在"互联网＋"时代，创建了微信公众平台"通识联播"。这一系列的努力，极大地推进了中国通识教育的深入开展。"通识教育"在今天可以说是教育改革领域中的一个"热词"，不再是当年庞海芍老师调研时，学生和老师面对"通识教育"一词的满目茫然。通识教育在中国教育中越来越被重视，并得到越来越多的人的认同和支持。那么是否可以断定当今中国，人们对加强通识教育已经形成共识、对通识教育的理念都有了正确的理解呢？通识教育实践和改革已经有了成熟的模式和方案呢？非也。实际上这些问题并没有解决。通识教育不仅是教育的理念和思想，更是教育实践，而且是一种专注于"全面的人"的培育的教育思想理念。站在今天新时代的大背景下，认真思考习近平同志不断强调的"培养什么人、怎样培养人、为谁培养人"这一根本问题，我们会发现通识教育在大学的教育改革中就变得极为重要和必需。

通识教育作为一种理念，一种教育实践方式，既有助于培养学生的全面发展，也有助于培养具有创新能力的高层次人才。无论怎样理解和界定通识教育，有一点是有共识的，那就是通过通识教育培育的是具有"通识"的人。问题是，这样的人应该是什么样的人呢？通识不是常识，通识也不是所有知识，更不是专业知识的补充和点缀。通识是一种思维、一种方法、一种境界和情怀。具有"通识"的人应该是具有融会贯通的思维方式和理解能力的人，是具有开放心胸包容差异的人，是能够在多样复杂中发现新的世界的人，是能够独立判断理性选择的负责任的人。这样的教育，能培养出这样的勤学善思、能独立解决问题，善于发现新问题并保持好奇，敢于探索又富有责任心，能深刻领悟人的本质，具有家国

1

情怀的人才是我们大学的目标。这样的大学通识教育主要是通过通识教育课程完成的。

根据自己的教学实践和调研发现，当前中国各个高校的通识教育基本上是中国的名校模仿美国名校，国内的其他学校模仿国内的几所名校，还有一些学校则只是把原来的课程名称换成通识教育的方式，通识教育的实践存在着各种各样的问题。已经有学者指出，中国的通识教育改革此前模仿的主要是美国哈佛大学的通识教育模式。其实，美国各个大学都非常重视通识教育，但是操作的方式还是有很大的不同。我们在盲目模仿的过程中，没能结合自己的实际，出现问题其实也是正常的。细思之，这也与中国整体对通识教育认识模糊有关。对于通识教育没有从思想理念上彻底认识清楚"何谓通识""何谓通识教育""通识教育与专业教育的关系""中国通识教育改革的着力点在哪里"，等等，这些问题不清楚，急急忙忙走入实践的通识教育改革，结果不理想也就可以预料了。正是在对通识教育深入思考和实践探索的多方经验反思中，本人将十多年来关于通识教育的思考，对中美两国具有代表性的通识教育改革和实施模式的资料进行了收集、分析和对比，结合当今的改革趋势，逐步梳理整理，就有了这本书。

全书分为六章，第一章对通识教育的由来做了一个简单的介绍，第二章主要分析了美国通识教育的主要理论流派，第三章对美国大学的通识教育实践案例进行了梳理，第四章是对中国大学的通识教育改革以及实践模式的梳理和分析，第五章在对中美两国的通识教育有了整体的对比和分析后，深入探讨中国大学通识教育改革的背景以及存在的问题、问题出现的原因，等等，并在此基础上，在第六章对中国大学通识教育改革的未来着力方向给出了自己的思考。

通识教育并非一件不言自明或望文明意的简单事情，通识教育包含着教育者和受教育者对教育、对人的一系列的根本性的认知，也体现着我们对教育的理想、对人自身的本质的理解，这些都是需要在教育实践中不断澄清的，完成这个艰巨的任务的关键就是教师。习近平同志在全国教育大会上指出："教师是人类灵魂的工程师，是人类文明的传承者，承载着传播知识、传播思想、传播真理，塑造灵魂、塑造生命、塑造新人的时代重任。"实践中如何真正让每一位教师都能真正发挥这样的育人作用，应该是我们通识教育改革的方向，也应该是整个教育改革的方向。

目　录

第一章 通识教育的由来

通识教育（General Education），又称为"普通教育"或"一般教育"，其理论渊源可以追溯到古希腊的自由教育（Liberal Education），又称为"博雅教育"。"博雅"的拉丁文原意是"适合自由人"，在古希腊所谓的"自由人"指的是社会及政治上的精英。古希腊倡导自由教育或博雅教育，旨在培养具有广博知识和优雅气质的人，让学生摆脱庸俗、唤醒卓异。其所成就的，不是没有灵魂的专门家，而是成为一个有文化的人。

亚里士多德最早提出自由教育思想，他认为自由教育既不立足于实用，也不立足于需求，而是为了心灵的自由。强调通过自由技艺的学习进行非功利的思辨和求知，从而免除无知愚昧，发展理性，提升智慧及道德水平，获得各种能力全面完美的发展以及身心和谐自由状态的教育。他认为：首先，教育是以受教育者具有闲暇为前提，又以受教育者充分利用闲暇为手段。如果没有自由的闲暇时间，教育就没有进行的基本前提。其次，教育的目的在于探索高深的纯理论知识。亚里士多德所生活的古希腊社会，只有"自由人"才有闲暇，要教授人探索高深的学问，只是针对"自由人"，自由教育应是由此而来。在古希腊社会，"自由人"被认为是高人一等的。因此，亚里士多德认为，实施自由教育适合于"自由人的价值"，通过这样的教育，可以使"自由人"获得智慧、道德和身体的和谐发展，这样的自由教育同为了获得某种技能、适应某种职业的职业训练是截然不同的：自由教育是高尚的，职业教育则是低等而卑下的。在当时社会普遍认为各种行业的实际操作是奴隶们的事务，它有损于人的智力的发展。当然，亚里士多德又指出，"自由人"是法律的规定，但如果自由人醉心于狭隘的功利，不重视道德的修养，必然会妨害人对纯理论的钻研，这样，人也就不自由了，因此，在亚里士多德看来，教育有利于使"自由人"成为人。亚里士多德对于自由教育与职业训练的区分，反映了在古希腊不同阶级和阶层的人接受的是不同的教育。同时，自由教育也提出了对于人的智慧、美德等全方位教育的思想。在亚里士多德看来，非物质的形式是宇宙中的最高主宰，它是自然存在、终极目的和至善至美的始因，只有自由人的理性才能洞察其奥妙。全部事业中最高尚的、最

1

自由的或最文雅的是理论的沉思和探索，这正是自由教育所崇尚的目标。亚里士多德的自由教育思想对后世影响颇为深远。❶

自由教育的内涵在中世纪发生了变化。当时基督教教会利用亚里士多德的哲学来解释神学，改组了古代希腊、罗马学校中的一般文化学科，提出了世称"七艺"（逻辑、语法、修辞、数学、几何、天文、音乐）的教育。教会认为"七艺"是为进一步学习神学以达于神明的基础学科。中世纪的七艺渗透着神学的内容，其"自由"已不是指充分发展人的理性，而是指摆脱尘世的欲望，皈依基督的神性。至文艺复兴时代，由于人文主义者要求冲破教会的束缚，倡导解放人性，把谋求个人的自由视为教育的要务，所以意大利人文主义者 P. P. 韦杰里乌斯在论述"自由教育"的理想时，提倡的是个人身心的自由发展。他把人文学科，主要是希腊文和拉丁文，作为自由教育的主要内容。他认为，"自由教育"是一种符合于自由人的价值的教育，是使受教育者获得德性与智慧的教育，还是一种能唤起、训练与发展那些使人趋于高贵的身心、最高的才能的教育。

18、19 世纪以来，随着自然科学的兴起，自然科学逐渐与人文学科并驾齐驱，尽管对于自然科学知识和课程不乏抵制，如耶鲁大学在 1828 年发表了《耶鲁报告》（*The Yale Report*），提出维护古典语文教育，排斥现代语文及职业性实用学科，轻视社会科学和自然科学课程。提出大学的目的，在于提供心灵训练和教养，充实具有知识的心灵，而古典文雅学科就是达成这种训练和教养的最好科目，因此应该拒绝实用性科目。英国红衣主教纽曼则进一步发展了这种思想，他在《大学的理想》（*The Ideal of a University*）一书中系统地论述了自由教育思想。他认为："对受教育者而言，大学教育就是自由教育。"纽曼认为自由教育胜过任何专业教育，它使科学的、方法的、有序的、原理的和系统的观念进入受教育者的心灵，使他们学会思考、推理、比较和辨析，尽管他们没有受过任何专业教育，但在接受自由教育以后，他们的理智水平足以使其胜任任何一种职业。这些抵制并没有阻碍自由教育思想的发展，1868 年，英国生物学家、教育家赫胥黎在其著作《论自由教育》中，把自由教育解释为文、理兼备的普通教育。到此，"通识教育"的概念已被提出。

"通识教育"一词在 19 世纪以前一般为中小学教育的总称，类似于我们今天所说的"基础教育"，其教育内容则是指为大学阶段专业教育做准备的基础知识和基本能力。第一次把"通识教育"与大学教育直接联系起来的是美国博德学院的帕卡德教授。19 世纪初，部分美国学院开始实行选修制，不同学生可以选修不同的课程。"大学生学习的课程是否需要一些共同的部分"在当时成了争论

---

❶ 郭强. 亚里士多德的教育观与自由教育理念的形成 [J]. 大学教育，2012（9）：5 - 6.

的焦点。帕卡德教授在《北美评论》撰文，认为本科课程应该有共同部分："我们学院预计给青年一种通识教育，一种古典的、文学的和科学的，一种尽可能综合的教育，它是学生进行任何专业学习的准备，为学生提供所有知识分支的教学，这将使得学生在致力于学习一种特殊的、专门的知识之前对知识的总体状况有一个综合的、全面的了解。"❶ 这些共同的知识就是通识教育。帕卡德教授对通识教育的界定，实际上发展了"通识教育"最初的含义，并将其延伸到了大学教育的阶段，同时他还对通识教育的内容进行了大致地划定，并将之视为专业教育的准备。这一界定明确了通识教育的基本内涵，在美国高教界影响深远。例如，罗杰斯在1861年创建麻省理工学院，1865年招生第一批学生时，校长罗杰斯为学院规定的宗旨是提供共同的教育，培养学生在数学、物理、自然科学、英语和语言以及心理学和政治学方面的基础，为学生在毕业后能适应任何领域的工作做好准备。不过，由于当时专业化教育倾向不是非常严重，所以帕卡德教授提出的通识教育没有被普遍接受。

20世纪30年代，美国高等教育的过分专业化问题越来越突出。因为专业的需要，很多学生不选择通识教育课程，很多通识教育类课程在选修课体制中失去了应有的地位，这便造成了培养出来的人才知识面越来越窄、能力越来越专、发展越来越片面，也越来越不适应当时社会发展的要求，一度被忽略了的通识教育问题，便从这个时候起逐渐受到了高等教育研究者和实际教育工作者的重视。现代意义上的通识教育出现在美国哈佛大学委员会在1945年发表的《自由社会中的通识教育》（*General Education in a Free Society*）的报告书中，即美国高等教育史上著名的"红皮书"（The Red Book）。这本书把通识教育定义为"学生在整个教育过程中，首先作为人类的一个成员和一个公民所接受的那部分教育"。这种通识教育，"可以赋予人们在生活中必备的各种知识、能力、思考、信念、修养等，培养情感和智力全面发展的人"。该报告指出，美国的高等教育，首先要克服过分专门化倾向，加强学生人文科学、自然科学和社会科学方面的学习，使人能有效地思考、交流思想，作出适当的判断，并区别不同的价值观念。如果说帕卡德的定义只是就教育和学习来谈，还带有明显的要素主义的色彩，而后者则从人的全面发展出发，其哲学基础是永恒主义。从教育的目的来看，帕卡德认为通识教育是为专业教育准备的，而"红皮书"却认为通识教育要克服过分专业化的趋势，培养全面发展的人。

"红皮书"确立的通识教育的内涵，在20世纪后期基本稳固，美国大学院校

---

❶ A S Packard. The Substance of Two Reports of the Faculty of Amherst College to Board of Trustees, with the Doings of the Board thereon [J]. North American Review, 1829 (28)：300.

联合会历年的年度报告都基本遵守了这一界定，并且略有发展。如2002年的报告《学习化社会大学的新愿景》（*Greater Expectations：A New Vision for Learning as a Nation Goes to College*）中特别指出：不论什么专业，什么家庭背景的学生都应该重视通识教育。该报告与其以前的报告一脉相传，注重结合学术和职业的愿景，要求学生发展分析和实践能力、道德和社会责任以及对社会和自然界的深刻了解和认识。❶ 与以前历年的通识教育报告相比，这一新界定提出了"道德和社会责任"的问题，实际上是从社会全面进步的角度认识通识教育，与"红皮书"着重从个人发展理论相比应该说有所超越。如果说帕卡德教授只单一地从个人学习能力培养的角度提出通识教育，到哈佛大学的"红皮书"则提出了通识教育是为了人的全面发展，美国大学院校联合会2002年度报告则突出了社会全面进步的问题。通识教育的理念经历了从服务于专业学习到服务于个体的全面发展再到服务于社会的全面进步的发展过程。

中国早期把"自由教育"意译为"通才教育"或"文雅教育"，以此相别于学习各种专门知识的专业教育。在中国，提倡通识教育最早的是清华大学前校长梅贻琦，他在《大学一解》一文中写道："通识，一般生活之准备也，专识，特种事业之准备也。通识之用，不止润身而已，亦所以自通于人也。信如此论，则通识为本，而专识为末。……偏重专科之弊，既在所必革，而并重之说又窒碍难行，则通重于专之原则尚矣。"❷ 明确提出了培养"通识"人才的目标。梅贻琦的通识教育观包括以下几个主要内容：一是生活大于专业，事业不过是人生的一部分；二是通识是一般生活的准备，专识是特种生活的准备；三是从社会需要来看，也是"通才为大，而专家次之"；四是如果让没有通识基础的专家治理国家其结果不是"新民"，而是"扰民"。

中华人民共和国成立后，我国学习苏联模式，对高等院校进行院系调整，大力发展专业教育，通识教育在中国式微。改革开放后，教育有了极大的发展，关于加强素质教育的举措也有，但是，通识教育依然很少被提起。但是，随着社会发展，中国应试教育、专业教育等问题日益突出，人才培养过程中出现的"单面人""畸形人才"等问题也越来越突出，至此，通识教育再次走向前台。2005年，复旦大学首先开始尝试在大学开设通识教育课程，开启了当今中国通识教育的大潮。

---

❶ 陈小红. 论21世纪的通识课程与专业课程［J］. 理工高教研究，2005（5）：37.
❷ 梅贻琦. 大学一解［C］//中国大学改革之道. 上海：上海人民出版社，2004：47.

第二章 美国大学通识教育的
主要理论流派

美国大学的通识教育与其国内繁杂多样的课程理论流派紧密相关，不同的课程理论体现着不同的哲学思想，比如，以学科中心的课程理论就有"实科课程理论""兴趣课程理论""要素主义课程理论""结构课程理论"，等等，另一种强调以人为中心的课程或称之为人本主义课程论又包括"经验主义课程理论""人本主义课程理论"，还有"社会改造主义课程理论""存在主义课程理论"，等等，这些课程理论对美国各大学的通识教育都有着或多或少的影响。中国台湾的学者黄坤锦就将通识教育的理论派别概括为理想常经主义、进步实用主义和精粹本质主义三大类。从其研究看，他是把教育理念与课程特点结合在一起进行的归类和分析。受其研究启发，认真对美国大学的各种通识教育课程模式进行分析，可以看出美国的通识教育在实践中有所差别，最为关键的地方在于其坚持的教育理念不同。本人的研究更侧重于从理念和哲学的分析视角将其教育理论为三种理论模式，即具有浓厚的精英主义和理想主义色彩的永恒主义教育理论，具有突出的实用主义和自然主义色彩的进步主义教育理论以及理想主义与实用主义两种思想折中的要素主义教育理论。

一、永恒主义的通识教育模式理论

永恒主义的通识教育课程模式的最突出的代表人物是美国的赫钦斯。其代表作有：54 卷的《西方世界名著丛书》（1952）、《美国高等教育》（1936）、《为自由的教育》（1943）、《教育中的冲突》（1953）、《学习的社会》（1968）等。他曾经在担任芝加哥大学校长期间，力主进行以"伟大经典著作阅读计划"为主的通识教育。这种教育模式的理论基础是永恒主义的教育思潮，这种思潮在 20 世纪 20 年代的美国成为显学，也成为对通识教育产生重大影响的一个理论流派。

1. 永恒主义教育的历史延续

永恒主义的教育思想最早可以追溯到古希腊的柏拉图的理想主义（Idealism）。

柏拉图通过著名的"洞穴之喻"（Allegory of the Cave），形象地表达了他对世界和宇宙的基本观点，那就是世界是由"理念世界"和"现象世界"所组成。理念（Idea）的世界是真实的存在，是一种无形的或精神的存在，永恒不变，宇宙间的万事万物都是依此理念而来，人类感官所接触到的这个现实的世界，只不过是理念世界的微弱的影子。人们在现实生活中感知到的各种具体的物像并不是事物的根本，而是理念的反映。人类要追求的当然是永恒的、普遍的真理，而不是短暂有限的物象。这种把理念、精神看作本质和真理的思想，使得柏拉图的教育思想更重视和关注理性能力的培养和训练。因此，柏拉图在教学中始终高度关注和重视学生的理性训练，在其著作中"反思""沉思"都是高频率词汇，在他看来，关于理性的知识唯有凭借反思、沉思才能真正融会贯通，达到举一反三。教师要做的事情就是引导学生宁心静思，通过对"理念"的"苦思冥想"达到对真理的领会和把握，获得另一个"真理"或"理念"，理解事物的本质或世界的本质。柏拉图的理想主义思想对后世西方的通识教育（教育）产生了极其深远的影响。19 世纪的英国红衣主教亨利·纽曼就是一个典型代表。

英国的红衣主教亨利·纽曼是永恒主义教育思想继承者和积极倡导者。他的著名的《大学的理念》是体现永恒主义通识教育思想的最重要的文献之一。纽曼曾就读于有浓厚宗教气息的牛津三一学院（Trinity College），1851 年在爱尔兰创办"都柏林天主教大学"，并担任校长至 1858 年。在此期间，他发表了一系列关于大学教育的演讲和文章，阐释其关于教育以及通识教育的理想，后来汇集刊行，即是著名的《大学的理念》。美国著名高等教育家布鲁贝克指出："在高等教育哲学领域的所有著作中，影响最为持久的当推红衣主教纽曼的《大学的理念》。"[1]

纽曼坚信大学最重要的本质就是通过永恒的普遍的追求和内省思辩的锻炼培养"绅士"（gentleman）。因此，纽曼认为大学不是研究机构，如果要进行研究，那为什么要有学生。在纽曼看来，大学是师生交谈切磋的场所，是心灵交汇的"学者社区"，大学是"一个教授宇宙普遍知识的场所"[2]，大学的目标在于发展心灵，传授知识只是发展心灵的必要前提，其目的在于运用知识以开启人的心灵，让心灵丰满。大学教育要培养人的理性，而不是进行职业训练。因为人生是有限的，大学时光宝贵又短暂，人不能把有限的宝贵时间耗费在职业训练或娱乐性科目上，而应该全身心地投入到对最高真理的追求和把握中，这样的教育才能真正发展人的心灵。为了达到这样的目的，在大学林林总总的知识门类和课程

---

[1] 约翰·S. 布鲁贝克. 高等教育哲学 [M]. 郑继伟，等译. 杭州：浙江教育出版社，1987：137.

[2] 纽曼. 大学的理想 [M]. 徐辉，等译. 杭州：浙江教育出版社，2001：7.

中，就必须选择那些具有永恒性和普遍性的知识，所以必须阅读原典著作，以求了解和掌握原作者的全文全貌，作者不仅仅是查看书籍，而是把自己融入原作者的思想中，用心灵去感悟和拥抱那些正确的见识和感悟，并将之吸纳，融入自己的心灵，这样的教育才是真正的教育。通过这样永恒的、普遍的科目所培养出来的人，便是博雅教育所要培养的"绅士"，"以便他在生命当中，能展现出一种累积的智力，精致的品位；一种坦白正直的、公平正义的、沉着冷静的精神；一种高贵和虔诚的态度"❶。

2. 永恒主义通识教育的实践理念

永恒主义通识教育理论不仅在美国的教育中产生了直接而有力的影响，而且产生了具有伟大实践精神的最典型的代表人物——赫钦斯。

赫钦斯是美国教育家，永恒主义教育流派的代表人物，也是永恒主义教育的积极的、坚定的实践家。赫钦斯在第一次世界大战后转入耶鲁大学，先后学习历史和法律，并获得文学硕士和法学硕士两个学位。1929 年开始，年仅 30 岁的赫钦斯应聘担任芝加哥大学校长，在此期间，他将自己的理想主义教育理念落实在芝加哥大学的建设实践中。

赫钦斯的教育思想的形成背景和来源，与其深厚的历史功底和法学的学习有密切关系。历史学习会让他对柏拉图、亚里士多德到笛卡尔、纽曼等人的思想都不陌生，这样的学习都是从他们的经典著作中完成的。这些经典著作必然会对赫钦斯产生深刻影响。而研究法律则对其理性思维有极大帮助。法律学科学习中的"个案教学法"（Case Method of Instruction）大多数都是非常经典的、具有永恒意义和价值的案例，这样的案例学习和讨论对他的影响应该是非常大的。无论是历史学习还是法学学习，以经典著作和经典个案为蓝本，通过深入的阅读，进而展开讨论，这就要求学习者必须准确的理解，辨明义理，严密论证，清晰表达，批判性地思维，等等，这种切身的学习经历奠定了赫钦斯对通识教育的理想和基本标准，即强调经典名著的学习，强调对读、写、算等基本能力的严格要求，强调对学生的批判性学习能力的培育。

另外，耶鲁大学在 1828 年就发表了《耶鲁报告》（The Yale Report），提出大学的目的在于提供心灵训练和教养，而古典文雅学科就是达成这种训练和教养的最好科目。赫钦斯求学期间，浸淫在耶鲁大学这样的教育氛围中，对其此后高度重视古典名著学习的思想理念应该有重大影响。

从 1929 年到 1951 年，赫钦斯在担任芝加哥大学校长期间，把他的通识教育的理念充分运用到实践中，积极推行"芝加哥计划"，对芝加哥大学教育进行改

---

❶ 纽曼. 大学的理想［M］. 徐辉，等译. 杭州：浙江教育出版社，2001：144.

革。同时，他又推行"伟大名著教育计划"，并专门设立了"西方名著编纂咨询委员会"。赫钦斯的教育理想和教育实践对美国的通识教育产生了巨大的影响。尽管后来芝加哥大学并没有严格地实施赫钦斯的"伟大名著教育计划"，赫钦斯也离开了芝加哥大学，但是，当时在芝加哥大学积极协助赫钦斯，推动其教育理念实施的追随者如布坎南、阿德勒等人，后来离开芝加哥大学到圣约翰学院，继续并更加彻底地实施了经典名著阅读课程方案，把永恒主义的通识教育理念在实践中变为现实。

赫钦斯在批判当时的美国教育中存在的职业主义教育倾向以及效用主义倾向等问题的过程中，提出了他自己对通识教育的理想和实践方案。

第一，他认为通识教育在大学教育中是不可或缺的。赫钦斯认为不会有一所没有普通教育的大学，如果真出现这样的情况，那么各个学院、专业或学科之间的人就无法相互交谈，因为他们无法理解彼此。通识教育对所有年轻人都是有用的，这种有用不是指能赚钱或出人头地，它真正的价值在于"培养人们理智方面的优点"❶。理智方面的优点不仅本身是一件好事，"作为通向幸福的手段，它也是好事"❷。因此，培养理智方面优点的通识教育才是真正的最有用的教育。这样的教育在任何社会对任何人都是好事。所以赫钦斯坚持认为有助于发掘"人性的共同点"的通识教育"面向全体人民的课程的核心在任何时代、任何地方、任何的政治社会和经济状况下都将是一样的"。

第二，他认为通识教育的智力培养与大学教育的目标是一致的。赫钦斯认为"高等教育的目标是智慧。智慧意味着理解事物的原则和起因"❸。在他看来，教育要着眼于"人性"，培养有智慧、追求真理的人。"教育的目的之一是发掘出我们人性的共同点，这些共同点在任何时代和地方都是一致的。"❹ 赫钦斯在批评教育中的效用倾向和学科专业主义中强调，教育如果只注意培养人力而不注意培养人性，年轻人只学习各种技巧而不注重智慧的锻炼，其后果是相当危险的。其实也是无用的，因为几乎至少有一半的专业学生并不从事所学习的专业。赫钦斯指出：社会的产业技术越进步，教育就越难侧重专科。因为社会越倚重生产技术，它的变革就越迅速，专科教育的价值就越低。我们现在似乎可以肯定地说，最实用的教育是最重理论的教育。因此，最好的教育应是培育人的智慧的、引导人们普遍向善的教育，因为"一个有教养的人知道他正在做什么和为什么这样做"❺。所以赫钦斯说"如果在这个国家（美国——作者注）我们能拥有一种真

---

❶❷ 罗伯特·M. 赫钦斯. 美国高等教育［M］. 汪利兵，译. 杭州：浙江教育出版社，2001：37.

❸ 同上，57.

❹ 同上，39.

❺ 同上，30.

正的大学和能够得到大学信赖的真正的普通教育课程，也许我们的文明特色会逐渐发生变化……对民主的认识会更加健全"❶。

第三，他认为永恒学习是通识教育的核心。赫钦斯认为"在任何领域，如果学生要成为受过教育的人，就必须掌握科目的整体发展所依据的那些永恒的学习"。"应该鼓励的是方法的变化，而不是内容的变化。"❷ 赫钦斯理想的大学是教授知识、拓展人的心灵的地方，知识即真理，人类心灵不是个体的偶然性，这些都具有普遍性，因此，教育的内容就必须是具有普遍的、可靠的、永恒的价值。因此课程内容的选择就要符合以下标准：具有永恒的和普遍的价值，是有益于心智的而非职业的，是普遍整合的而非专门或职业的。这样的永恒的学习"会发掘出我们共同的人性要素，因为它们将人与人联系起来，因为它们将我们与人类以往的最佳思维联系起来，因为它们是进一步学习和理解世界的基础"❸。能达到这样的标准的最合适的教材或学习文本就是伟大的经典名著。他认为"通识课程应由西方名著以阅读、写作、思维和说的艺术组成，再加上数学，它是人类推理中的最佳范例"❹。学习伟大的经典名著，就是与一个个伟大的心灵对话。赫钦斯认为，堪称经典名著的书籍，都是历经时代的考验，这些著作经过历史的淘洗，是恒久而弥新的。经典名著讨论的主题是普遍存在的，经典名著不是一堆零乱的资料，也不是某一部门的知识，它本身就是一部广博知识的总集，它是精练的智慧，具有贯通性，值得作为基本而共同的人类文明的资源。也正是基于此观点，赫钦斯在他执掌的芝加哥大学发起了一场"名著阅读运动"。尽管遭遇到激烈的反对，但赫钦斯不改初衷。具体的内容和实践方法在下一章中叙述。

3. 永恒主义通识教育哲学基础

永恒主义通识教育理论实际上是建立在其对于人性不变的哲学前提下的。永恒主义者认为，人性是不变的，因此控制这个世界的法则也应该是不变的。所以，适合古希腊人的教育同样也适合于当今的教育，教育的性质也就是不变的、永恒的。永恒主义作为一种教育哲学，坚持主张过去的东西是卓越的，为宇宙、人性、知识和真善美的不变的本质辩解，认为凡是值得向往的东西都是永恒不变的。永恒主义者强调，理性是人性的基础。社会秩序的稳定，依赖于以永恒的真善美原则为基础的理性文化。漠视这些理性文化，社会就会因精神支柱的坍塌而立足不稳。教育是人类的一种活动，是人类许多活动中的一个方面，所以对教育

---

❶ 罗伯特·M. 赫钦斯. 美国高等教育［M］. 汪利兵，译. 杭州：浙江教育出版社，2001：68.

❷ 同上，43.

❸ 同上，46.

❹ 同上，50.

目的的论述应该局限于教育这种活动的范围之内。教育最根本的目的就是要发展那些使人区别于动物的内在的根本特征，即永恒不变的人性。

永恒主义者认为人性是永恒不变的，任何时代、任何地方的儿童都具有普遍共同的本性，因此，都是可以通过阅读和学习伟大经典名著，来训练儿童的理智的，进而达到心灵的丰满。因此，永恒主义者在极力推崇"永恒价值"的基调上，确立了"复古式"课程标准。他们认为，好的教育在于使人逐渐认识真理而变得富有人性。课程内容就格外强调理智训练。在永恒主义的课程中，"那些职业训练发明的'如何做'的课程是列在黑名单中的，其根据是它们强调技术，而不是理解；它们强调具体的技能，而不是理论"。它们认为课程应该由永恒学科组成，而且永恒学科首先是那些经历了许多世纪而达到古典著作水平的书籍，比如，哲学、文学、历史、数学、科学、艺术等。这些书由世界最好的思想家写作，累积了关于人类核心问题的伟大会话，赫钦斯告诉我们："伟大的名著是伟大的教师；它们每天向我们展示普通人有能力做什么。这些书赶走无知，探究人性。其中大多数是写给普通人的。永恒主义者认为，这些伟大的著作是我们共同的、永恒的基础。芝加哥大学最终形成以共同核心（Common Core）为基础的通识教育课程体系，赫钦斯和艾德勒把他们建立在永恒主义教育理想上的'伟大的书'的课程在圣约翰学院实施，这应该是永恒主义教育最著名的例证。"

二、进步主义的通识教育模式理论

为了反对教育中的形式主义，20世纪上半期，在美国兴起一种具有非常突出的实用主义特征的教育思潮——进步主义（Progressivism）教育，并对当时乃至今天的美国学校教育产生了巨大的影响。杜威就是一个典型的代表，他将其实用主义哲学运用到教育领域，进一步壮大了进步主义的声势。

1. 进步主义教育首先形成的背景

进步主义教育是以反对传统教育的形式主义为始而发展起来。在西方的哲学思想史中，有永恒主义的、理性主义的传统，同样，相对主义思想、经验主义思想同样源远流长，我们不对这些哲学思想做过多的阐释。仅就教育发展而言，美国20世纪初影响巨大的进步主义直接受到欧洲自然主义教育思想的影响。

西方的经验主义者认为人的知识是在后天的生活经验中慢慢积累而获得的，经过不断地试错而获得的经验教训，并不是像理想主义者所说的那样是先天的永恒的。因此，教育就必须为学生提供各种各样的机会，学生通过自由选择发现自己，并在不断的选择中学会成长，因此，知识的来源就是感觉和经验。每一个人的感觉和经验都可能有很大的不同,这样一来,对各个个体而言,有用或者无用、有价值或无价值,便成为决定是否学习的取舍标准,教育的功利主义思想便因此而形成。

对个体的经验和感觉的重视,在卢梭的教育思想中体现为他的自然主义教育观。他认为教育的过程就是顺应自然的过程,是配合个人的自然成长阶段,由易而难、由简而繁的过程,并要依据个人不同的节奏、不同的兴趣而施教,给予学生个人发展的自由,让学生在生活中、从自身的经验中、从他们接触的事物中获得教育。

这些思想都对进步主义产生了影响,到 20 世纪初,当美国的传统教育越来越不能适应日益剧烈的社会变化时,进步主义教育思想也就应运而生了。实用主义哲学家詹姆斯的思想体现了这种教育观,当然,集大成者则是美国的哲学家、教育家、实用主义集大成者——杜威。

2. 进步主义通识教育的实践理念

进步主义通识教育理论对美国的教育实践影响是全方位的,可以说从中小学到大学,都受到进步主义教育的影响,突出的代表是杜威和克尔。

杜威,美国本土实用主义哲学的集大成者。1884 年,年仅 25 岁的杜威在其博士学位论文《康德哲学的研究》中通过对康德的绝对道德等观点的批判,不仅确立了自己的相对真理观、道德观,并形成了以效用来衡量真理的实用主义思想。杜威曾先后在美国的密歇根大学、明尼苏达大学、芝加哥大学和纽约哥伦比亚大学任教。1896 年他创立一所实验中学作为教育理论的实验基地。

杜威对教育的所有观点都是源于他的“民主主义社会”,杜威批评了从柏拉图的理想国到近代西方的个人主义、国家主义等观点,认为这些思想最终关注的都是少数人的、特殊阶级的利益,而民主社会却是有多数人共享的利益,因此,一个民主的社会不能用产品或产量来衡量社会效率作为其理想,他说:“如果民主主义具有道德的和理想的含义,那么就要求每个人对社会做出贡献,同时,给每个人发展特殊才能的机会。”❶ 教育也无非就是促进了人在民主社会生活中的各种经验的积累和改造。在他看来,一个人想要成为什么样的人,可以从他所交往的人以及交往的方式中获得,也就是看一个人在真实生活中是怎样的,如果想要改变一个人,同样的改变生活,随之,人的生活改变,经验、环境就会改变,人也就会从中汲取经验并改变。由此他的“教育即生活”的思想就顺理成章了。

杜威提出“教育即生活,学校即社会”的思想。杜威更看重个人发展,认为人,特别是青年人,他们是有血有肉的,充满了激情与创造性的能量,如果教

---

❶ 杜威. 民主主义与教育 [M]. 王承绪,译. 北京:人民教育出版社,2005:134.

育忽视了对这一根本的把握，是不会成功的，他在批判赫尔巴特的灌输和机械训练的教育方法时指出，赫尔巴特关注到了教育中的一切，就是忽视了教育的本质，忽略了"青年具有的充满活力的、寻求有效地起作用的机会的能量"❶。事实上现实生活中的人，具有主观的积极性，这不是忽略了就不存在的，教育应该做的是通过合理的方式，促进或调节青年的天赋，让他们能利用环境改造和塑造自己，所以杜威认为，教育就是改造，而且这种改造是生活中的，要通过活动进行改造。杜威批判那种认为教育是为了未来进入社会做准备的观点。他认为，教育不是未来生活的准备，教育本身就是生活，是生活的一个历程，生活是一个不断发展的过程，问题不断发生，因此，"生活必须被看作一种持续不断的历程"，教育即是生活经验的连续的生长，"所谓生长即是朝向后来结果的行动的累积运动"，教育就是经验的改造，这种改造既能增加经验的意义，又能提高知道后来经验进程的能力。所以"教育的过程就是一个不断改组、不断改造和不断转化的过程"❷。因此，最好的教育就是从生活中学习，从经验中学习。让儿童参与到各种具体的活动中，在做的过程中积累经验，这就是在学习，这就是在教育。这就是杜威的"从做中学"的基本教育原则。

　　基于生活经验的积累和改造与做中学的教育原则，杜威认为学校要给儿童"做事"提供可以选择的"活动"，儿童在活动中获得经验，从经验中学习使得学校里知识的获得与生活过程中的活动联系了起来。由于儿童能从那些真正有教育意义和有兴趣的活动中进行学习，那就有助于儿童的生长和发展。杜威指出，儿童所"做"的或参加的工作活动并不同于职业教育。儿童的"做"更多的是一种人的生长和发展的经验累积，完全不同于为未来做准备的职业训练。其课程设计就体现出以下特点。

　　第一，坚持儿童是起点，是中心。强调学习过程中，儿童的自由选择，教育要与儿童的本能和需要协调一致。给予自由但不放任自流。

　　第二，学校的课程要依据学生的生活经验为基础，不是学习教师事先编排的固定教材，而应该师生共同设计教材。

　　第三，教材是要把当前社会生活的意义转化为具体的术语，传递给学生。杜威说"教育上的教材首先由供给现在社会生活内容的种种意义所构成"。教材正是在这种意义的选择和传递中，促使年轻人领悟他们现在的经验的意义和价值。

　　随着进步主义教育运动的发展，出现了儿童中心和社会中心两种趋势，在教学方法、课程设置等方面都有极具特色的成就。比如，以儿童为中心的"昆西教

---

❶ 杜威．民主主义与教育［M］．王承绪，译．北京：人民教育出版社，2005：81．

❷ 同上，87．

学法""双校制"以及以社会为中心的"社会课程",等等。但是,这种教育中存在的问题也越来越明显,特别是过于强调儿童的经验,课程的娱乐性、杂乱性问题非常突出,导致知识缺乏系统等问题出现。

如果说杜威的主要影响和实践是在中小学教育中展开的,那么进步主义教育真正对大学产生重大影响的代表人物,就是复兴或重振美国进步主义教育的现代教育家——克尔。他提出的"多元化巨型大学观"更为现代大学的转型奠定了基础。

克尔曾任加州大学伯克利分校校长,后担任全加州大学总校校长。克尔一生著述颇丰,其《大学的功用》被公认为研究美国高等教育的经典著作。克尔提出了"多元化巨型大学"的概念,并围绕"多元化巨型大学"构建了一个内涵丰富而深邃的大学理念体系。克尔认为大学是一种有机体,在环境中生长发展,不断地适应环境、改造环境,大学就在这种不断地适应与改造中进化。由此可见,克尔继承了杜威关于教育是经验的改造的思想。其"多元化巨型大学"有着深厚的实用主义哲学根基。

克尔认为现在的大学不再是原来的传统意义的大学,师生在一个社群中,有着单一的精神和目标,相反,现在的大学可以用一个词来描绘,那就是"multi-versity"。在克尔看来,多元大学不只是指多个校区(multi – university),即我们今天看到的一些大学拥有几个坐落在不同区域或城市的校区,更多的是指巨型大学拥有着"多面向的校园"(multi – faced campus)❶。由此可见,克尔的多元的巨型大学重点不在外在体量的庞大,而在于大学的目标是多元而非单一的,大学要追求文化的传承,但不仅止于此,大学要探求知识也不止于此,大学要服务于社会诸多的对象但也不止于此,大学要完成所有这些目标。目标的多元化带来了学校权力中心的分化和多元,只有一个中心无法应对所有这些任务,服务的对象是各种各样的多样化的人员,而不仅仅是某一单方面需求的人员,因此,巨型大学要尽可能地为各种不同需要、不同条件的人,提供有用的教育,教育秉持开放和自由的原则,大学提供教育,到底要获得什么样的教育,学习什么样的课程,这要由学生自己自由地决定。克尔说:"多元大学是很让学生困惑的地方,学生必须在困惑当中自行确定问题以及找到安定,学校提供给他极大程度和范围的选择,足够让其心灵惊吓和满足的智力挑战,在选择当中,学生会面临抉择的机会与困难,意外灾祸的比率可能很高,失误受伤可能很多,然而就信息自由——学生自行挑战和抉择、自行要停留或前进——而言,却是胜利的。"❷ 因此,要尽

---

❶　克拉克·克尔. 大学的功用 [M]. 陈学飞,等译. 南昌:江西教育出版社,1993:78.

❷　同上,42.

可能多开设通识教育科目，以适应和满足各类学生的各种需要，从看似杂乱之中产生秩序，从冲突中产生均衡，在看起来混乱的课程中，个人会依据自己的特点选择，最终是乱中有序，课程多了，自然而然也就均衡了。

3. 进步主义通识教育的哲学基础

进步主义通识教育的思想是在对传统教育的批判中提出的，加上其主张者的积极实践，对美国的通识教育产生了广泛而深远的影响。从哲学基础看，进步主义教育源自西方的经验主义哲学，特别是深受美国本土的实用主义哲学影响。其教育思想源于进步主义者认为世界是不断变化的，没有什么东西是永恒不变的，就如同先哲们所言"万物皆流，无物常在"，面对一个变动不居的世界，人只能把握当下，只能认识和把握自己经历的事情，因而人的经验就变得极为重要，人在生活中，不断地从自己的经验中学习，因而教育就是要帮助个体更好地在自由选择的过程中，改进自己的经验，因此个人的生活、个体的参与才是教育的关键。在这样的哲学认知基础上，形成了进步主义的通识教育思想，概括起来有如下观点。

学习是以儿童为中心的。实践中的教育方法各异，但进步主义者有一个共同的特点就是认为儿童是学习的中心。不同于传统的训练教育，进步主义高度重视儿童的主体性和积极性，强调儿童在学习过程中的自由和创造性。要求教育必须根据儿童的特征选择适合他们的教学材料以及开设课程。

课程要以生活为核心内容。进步主义通识教育强调生活和经验是教育的灵魂，认为离开了生活和经验就没有教育。他们认为，学校生活原本就是一种生动的社会生活，学校应该采用各种不同形式的活动作业，使年轻人通过直接生活进行学习。因此，在学校教育以及课程设置上就非常强调对社会情境的把握以及对社会的反映，认为这些才是课程教育的核心内容，而不是成年人编辑的系统的刻板知识。只要是对青年的成长有用的课程，或者是社会需要的，都是学校教育要给予关注和重视的，组织起来的生活才是教育的重点，这样的教育才是学生愿意并积极投入的，所以，进步主义教育把各种活动形式的、与生活密切相关的课程摆在学校课程的突出位置上。

淡化权威的管理模式。进步主义教育强调以儿童为中心、强调课程以生活为主要内容、以活动为主要方式，那么传统的以教师为核心的权威式的知识传授模式就不适合了，因此，进步主义教育提出民主、自由的学习和教育模式，课程选择以学生的兴趣自由而定，学习也以学生自己的方式为主，强调学生学习的自主性和创造性，鼓励学生合作，弱化教师和学校的权威，无论是对于课程的选择，还是学习过程都如此。

三、要素主义的通识教育模式理论

要素主义（Essentialism）也被称为精粹主义，其教育思想兴起于 20 世纪 30 年代末的美国。早期的代表人物有巴格莱、德米阿什克维奇、莫里森、坎德尔等。1938 年 2 月，巴格莱等人在新泽西州大西洋城创立"要素主义者促进美国教育委员会"，提交会议论文《要素主义者促进美国教育的纲领》，标志着要素主义教育理论流派的形成。

1. 要素主义教育理论提出的背景

要素主义教育理论从其产生就反对当时的进步主义教育思想，同时，也不满于赫钦斯的永恒主义思想，在对当时两种极端的教育思想和教育理论的批评中，形成的一种相对的、中庸的教育思想流派。

要素主义教育者对进步主义教育持批评态度，认为进步主义教育过分强调学习者的兴趣、自由、当下需要、个人经验，过分强调学生的主动性，简单地认为学生有了兴趣，就可以很好地完成学习，这种教育理论忽视了学习是需要长期努力的、并需要一定的纪律约束的，教育不仅仅是满足当下的需要或欲望，还有着更长远的目标，教育不仅仅是个人的经验的改造，教育也必然包含着种群的经验，是教师和学生之间共同完成的事情，同样要发挥教师的主动性。要素主义教育论者批评进步主义教育完全放弃了以学业成绩的严格标准作为升级的依据，轻视学习的系统性和顺序性，学生以兴趣、自由为由，在学习中放任自流，茫然乱转，反而降低了教育质量。他们认为这种种弊端必须得到纠正，改变这种随意无序混乱的教育现状从而使美国教育重新走上正常的轨道。为此，要素主义教育者强调教育应以学科为中心，强调教育和学习的系统性，主张应恢复各门学科在教育过程中的地位，为避免学习者各取所好的功利性学习，主张要严格按照知识和学科的逻辑系统编写教材，并认为那些对学生心灵的训练具有特殊价值的科目，如拉丁语、代数和几何等，应作为中等学校的共同必修科目。学校的课程应该有一定的逻辑，一些核心的知识或要素不能或缺，学生修课不能完全凭兴趣，如果学生对这些要素的学习不感兴趣，应该强制他们学习。当然要素主义教育并不是完全否定进步主义教育对儿童的重视，同样认为教育必须要注重对学生的智力的陶冶，提高智力标准，挖掘和发挥儿童身上的智力和道德力量，实现教育发展人的智慧力量的目标。只是，在教育过程中，不能把学生的兴趣和自由当作手段，而应当作为教育过程的目的和结果，学生在学习成长过程中，需要有教师的引导和陶冶，因此，教育过程中，应发挥教师的主导作用，尊重和发挥教师的权威。

要素主义教育论者批判进步主义教育在教育内容上的实用性、功利性，特别是进步主义教育强调个人经验、当下需要等，认为个人经验很重要，但是，人类依然有一些属于整体的、种群的经验，这些都是重要的"文化遗产"，这些同样是需要教育来传承的，他们认为在人类遗产中有"文化上的各式各样最好的东西"，有"一种知识的基本核心"，即共同的、不变的文化要素。这其实是永恒主义的基本观点，即强调人类文化和知识中有一些东西是永恒的，并非一切都以当下的需要为标准，随时随地随着个人的经验变化而变化，要素主义选取了其中最主要的、最基本、永恒性的要素，要素主义教育的名称也由此而来。

要素主义教育者重视民主社会中全体公民的一般共同知识和福祉，强调社会的标准和要求，这是其与永恒主义教育理念接近和相同的地方。另外，它不赞同理想主义者的复古，特别是不赞同把古典文雅教育的优点推至极端，因此，对永恒主义教育实践中的一些做法也不赞同。可见，要素主义教育思想的兴起，其实是在看到了进步主义教育和永恒主义教育实践中都显示出各自的局限和缺失的时候产生的，但又绝不是进步主义与永恒主义二者相加除以二的简单折中，可以说是尽可能地在弥合两种教育主张存在的问题而形成的一种思想理论。其教育思想中，能发现理想主义和进步主义都对其有深刻影响，是其思想形成的渊源，同时，它又是在对上述两种走向两个极端的教育思想及其实践的批判中形成的一种独立的教育思想。

2. 要素主义通识教育的实践理念

要素主义教育理论兴起于 20 世纪 30 年代，随后在美国的一些大学开始盛行，最具有代表性的当属哈佛大学 40 年代开始的通识教育改革，非常典型地反映了要素主义通识教育的基本理念和实践模式。推行这种教育理念的代表人物当属科南特。

科南特是美国科学家和教育家，是"二战"后要素主义教育流派的代表人物之一。从 1933 年起至 1953 年，他担任哈佛大学校长长达 20 年之久。在其任内，积极推进哈佛大学的通识教育改革。

科南特任哈佛大学校长时，对于提高教育质量，培养高水平人才做出了巨大的努力。科南特在哈佛做的影响最大的事情之一，就是在 1943 年请哈佛文理学院院长巴克组织了一个委员会，经过历时一年半的研究，最终完成并于 1945 年出版了《自由社会中的通识教育》，即《哈佛大学通识教育红皮书》（以下简称"红皮书"）。"红皮书"深入地阐释了通识教育的理念，为哈佛大学的通识教育改革提供了实践的理论支撑。

首先，"红皮书"阐释了通识教育的目的是培养良好的公民。通识教育的目的是培养好人和好的公民。科南特认为高等教育不是指其在阶级或地位上高人一等，高等教育意味着教育机会的均等，人人有接受普遍的，成为好公民的教育的机会。"发展一个自由民主国家的有效公民"这种机会对于所有人都是均等的，教育就是要充分发挥个人的潜能。他指出"教育的目的有三，第一是公民教育，第二是良好生活的教育，第三是职业教育。第一个目的，在于实现美国传统的理想，以确保民主社会的发展。第二个目的，在于培养未来民主社会的公民，使其过有效而满意的生活。第三个目的，在于发现和教导各种各类的才能者，引导其进入适当的职业途径，以造成高度工业化的国家"❶。通识教育就是培养过良好生活的公民的教育，它涵盖第一和第二目的，第三个目的就是专门教育或职业教育。

通识教育的目标在于培养学生的能力。"红皮书"提出，作为民主社会的公民应具备四种基本的能力，即有效思考的能力、沟通的能力、做出恰当判断的能力、辨别价值的能力。有效的思考意味着能从各种现象中发现事实的真相，能从前提中抽绎出正确的结论，能够合乎逻辑地进行关联和想象。沟通能力则表明一个人能够正确地表达自己被他人理解，同时亦能正确地理解他人，沟通能力可以让人有效地、合乎情理地处理生活中的各种问题，而不会陷入彼此误解的混乱状态。而且，沟通必须要双方都恪守坦诚等良好的道德品质。这些品质也是人在自己的实际生活经验中需要不断运用和强化的。学生具有作出恰当判断的能力，意味着他能够将其全部的理性和智慧运用于自己的经验领域，能够把学习过程中获得的知识或理论与实际生活结合起来，用以指导现实生活的行动。通识教育还有培养学生对价值的辨别能力。生活中的价值并不是只有一种，也并不是只有唯一的一种排序，在不同的环境或情境下，价值的排序是不同的，不同的领域也有不同的价值理想，学生要能够正确地进行价值判别，并能做出正确的选择。这些是每一个个体在教育过程中都必须要学习和培养的，这就是通识教育的目标。因此，大学就必须在知识上、教育上和道道上成为领导者，培养的大学生必须具有"专业知识的能力、广博的观点和视角以及道德的勇气"❷。

通识教育的内容包含人文、社会、自然三大类学科。科南特认为："通识教育，可以区分为人文学科（the humanities）、社会科学（the study of man）、自然科学（the natural science）三方面。"❸他又把这三个类别的知识划分为累积的知识和非累积的知识。前者包括自然科学知识和社会科学知识，累积的知识随着历史的发展会有进步，知识是在不断的积累过程中发展并创新的。非累积性知识包括哲学和诗与艺术。这类知识更依赖于人的心灵和感悟，并不会随着历史或时间

❶　James Bryant Conant. Education in a Divided World: The Function of the Public Schools in Our Unique Society [M]. Cambridge: Harvard University Press, 1948: 69.

❷　同上，5.

❸　同上，126.

的推移而有所累积。正如科南特指出的"我们可以肯定地说，这些学科（作者注：累积的知识）在近三百年中已有了伟大的进步，但是，类似的话不能用之于哲学、诗与艺术"❶。因为，知识的特性不同，因此，每一种类别的知识都应该学习，这种学习不是把全部都了解，而是要择其精要，学习那些最关键的、关涉文化的"共同核心（common core）"的东西。因此，要开始自然科学课程，不论我们喜欢与否，科学都在我们身边，教育"不在于把科学知识广泛传播于非科学家，因为科学知识的丰富和了解科学的意义并不尽相同。大众需要的是一些科学的方法"。作为通识教育的自然科学课程就是要把科学的精神、科学的方法与态度等自然科学中的精粹教给学生，而不只是传授一些静态的科学知识。也只有在这个意义上，大学通识教育课程才必须要开设自然科学课程。"我们不是要他们一科一科地研读这些学科的知识，而是要他们了解所有这些学科的个案历史，研究科学史可以使学生了解在有些简单的问题背后，隐含着多么复杂的人类问题"❷。研究个案，就要研究其发生的背景、使用的方法、对人乃至社会的启示和影响，这才是在通识教育中学习科学的真正目的。这样的学习是要通过科学去理解人类面临的各种复杂问题以及解决哲学问题时的智慧。

通识教育与专业教育必须保持平衡。无论世人对大学有怎样不同的理解和界定，大学的根本和核心都是培养人的场所，这种培养必然是全面的。如果只有专业教育，那就是职业培训机构，不是大学，如果只有通识教育，那就是高级中学，也不是大学。大学既要进行专业化的教育，又要培养文雅的人；既要促进知识的积累和进步，又要培养未来的公民和领袖；它既是高度自治的、自由的，又有严格的要求、谨慎的态度。大学必须保持其各个方面的平衡，才能真正实现培养完善的人的目标。科南特认为"构成大学的四个要素是：知识的钻研、专业的教育、通识教育和学生活动"。这四项必须平衡，大学才能健全并富有朝气，如果任何一个因素被忽略了，或者过度发展，导致大学失衡，那么大学的生命就丧失了。

哈佛大学的通识教育实践正是在这样的教育理念的指导下展开的，这种改革实践不仅对美国，而且对今天的中国都有着深远的影响。

3. 要素主义通识教育的哲学基础

要素主义通识教育思想明显受永恒主义和实用主义两个方面的明显影响。要素主义者既认为宇宙间有不断变化的事实，同时也承认有永恒不变的根本。生活

---

❶ James Bryant Conant. Science and Common Sense [M]. New Haven: Yale University Press, 1951: 21.

❷ James Bryant Conant. Education in a Divided World: The Function of the Public Schools in Our Unique Society [M]. Cambridge: Harvard University Press, 1948: 130–131.

中人的经验的发展历程是变化多端的，也是因人而异的，但是，人生必须追求生命中永恒的价值和观念，这是作为每一个民主社会的公民都应该"共有的"。要素主义教育的代表科南特的思想非常典型地表述了这种二元论的哲学基础。他说："今天的宇宙论是以 50 年前梦想不到的实验结果做基础的。"❶ 科南特认为宇宙的实体是一种目前的"未知"，对这一"未知"科南特不愿意用任何一种实体来界定它。他认为"自然只具有部分的齐一性"❷。他解释说："一个无须在原则上全盘一致的统一'宇宙假设'的宇宙观，就科学进步而言，并不是失败意义的。每一个学说须经常不断地受到实验与观察的考验……所以重要的在于观察与实验，而非在推理的思考或抽象的论证上。"❸ 至于宇宙到底变还是不变，科南特的观点则是，有的变，如工艺技术，有的不变，如原理原则。可见，科南特部分的承认永恒，承认世界的一致性，但又不是一个彻底的永恒主义者，因为他承认的一致性是有限制的，是部分，还有很大部分是变化的，而要了解这个世界，又必须靠科学的观察和实验，这又是经验——实用主义的。这种折中的二元论哲学思想就使得要素主义者在教育实践中寻求在变动与永恒中的平衡，核心课程自然就成为现实的选择。

　　要素主义教育理论在价值追求上也体现为二元论特征。它既强调教育应该传递人类文化中基本的要素，又强调教育必须要尊重个人价值的尊严。教育要培养人们既要认可共同的文化、普适性的人类美德等，又要认可多元化的个人兴趣、个人天赋和个人意愿，尊重个人的价值追求和自由。要素主义者强调对永恒的文化价值的追求，并要严格按照逻辑组织，使得这些知识成为有系统的学科，来供学习者学习。学习者通过对这些凝结人类智慧的知识学习和掌握，一方面，能够提高自我，传承文化，服务于社会发展，一些具有更高智力的学习者，则不仅可以学习和掌握已有的知识，传承和保有文化的共同核心，还会发现和创造新知识，他们将会对国家命运的发展产生不可估量的影响；另一方面，尊重个人价值，为个人能力的发挥提供均等的机会，就是为美国的发展提供机会和无限可能。个人的才能和价值必须对其所生存的国家和社会有所贡献和裨益，个人的才华方能得到充分的发挥和实现，个人的价值才能真正实现。因此，在课程设计上，要素主义从一开始就是强调教育是一个有组织、有系统的过程。相对于它一直批判的进步主义过于沉湎于学生的互动与活动，要素主义始终强调各个领域知识的"共同核心"的特点以及围绕这些共同核心而建构起来的有逻辑的学科

---

❶　James Bryant Conant. Modern science and modern man ［M］. Garden City：Doubleday Anchor Books, 1953：88.

❷　同上，111.

❸　同上，110.

体系。

要素主义教育理论针对美国教育中存在的弊病，探求解决问题的思路，在批判进步实用主义教育的种种弊病的同时，教育实践的价值追求中又展现出对实用主义的显而易见的继承。但它又不是彻底的实用主义思想，它的通识教育极力提倡培养"好人"，这里有对理想主义教育关于培养"文雅人"的思想的继承，但又不是回到原来古典教育对"文雅人"的培养。要素主义教育克服了永恒主义的过分理想化的不切实际和进步实用主义的放任自流，很好地将理论与实践、国家使命与个人发展有效结合起来，这就可以理解，为什么20世纪中后期以来，要素主义教育理论在美国广受推崇。

要素主义通识教育课程有着与永恒主义和进步主义不同的特点。如果说永恒理想主义通识教育课程是"以伟大经典名著为中心"，进步实用主义是"以学生为中心"，那么要素主义的课程就是"以学科为中心"的。要素主义者认为，人类确实有一些共同的、本质性的问题，但是，全部通过阅读伟大的经典名著来解决这些问题是不可行的。因为并非人人都能看得懂伟大的经典名著，这样一来，反而影响了对于这些人类文化中的共同核心要素的理解。要解决这样的问题，有经验的教师的引导就成为关键。老师们把那些本质的要素提炼出来，并逻辑的组织起来，以便于学习。这样才能避免进步主义一切都以学生为中心，完全自由导致在教育学习实践中的随意和混乱。因此，要素主义者认为要给学生提供分类的、有组织的学科课程，并强调学科之间以及每个学科内部的严谨的逻辑结构。这样才能真正发挥教育的效能，达到智慧训练的目的。

当然，要素主义教育强调学科课程，重视课程的学科体系。他们认为，为达到传授共同的文化要素的目的，应该恢复各门学科在教育过程中的地位，并按照严格的系统编写教材。它原本是希望通过有组织的、系统的学科课程体系，为学生提供更有效的教育，改变学生在进步主义的教育理念下形成的各种"活动课程"的盲目和混乱，并且在实践中也确实是有很大效果的。但是，这种课程体系本身就存在着不可调和的矛盾和缺陷。因为，人类的文化本身就存在着千丝万缕的联系，文化的复杂性根本就不是通过几个有组织的自认为完美的学科体系可以涵盖的，因此，学科体系从其一建立起就存在着自身无法克服的缺陷，另一方面，文化本就是一个整体，一旦强行将其割裂开来，文化的整体性就受到破坏，这样的学习必然导致学生的思维框架、知识框架、逻辑框架等是破碎的，要想重新建构则非常困难。原本是要通过对精要内容的学习，以便更好更快地达致完善的目标，结果反而导致学生在各个学科中都浅尝辄止地学了一些互不相干的东西，与其有效教育的目标相去甚远。

无论如何，要素主义力图弥合永恒主义和进步主义两者存在的问题的努力是值得肯定的，其平衡理念指导下的教育实践不仅为通识教育的发展打开了广阔的天地，也极大地促进了美国整体教育的发展。特别是其建构的通识教育核心课程体系，不仅在全美国得到广泛的模仿和应用，而且对世界各国的通识教育也产生了极大的影响。

　　总之，美国大学的通识教育理论是多样多元的，影响比较大的永恒主义教育理论、进步主义教育理论以及要素主义教育理论等，也都是在某一阶段占据着教育的主流，但并不能完全互相取代。发展到今天，更是各种理论互相借鉴，特别是在通识教育实践中，这种特点更为明显，除了极个别的学校，大部分美国的高等院校，在通识教育及其改革中，都尽可能地博采众长，实践中互有学习和借鉴。

第三章　美国大学通识教育实践案例

美国大学的通识教育经过发展，形成了几种基本的实践模式，既相互借鉴，又各有特点。美国高校的通识教育课程是随着其教育理念的变化而不断发展的。有研究认为其经历了"选修制""集中与分配制""名著课程""通识教育计划""核心课程"❶五个阶段的明显变革。这种观点是以历史纵向发展的改革脉络为梳理的基本逻辑，但是对于通识教育课程模式的总结并不是非常合适的。比如，"通识教育计划"就不是一种实践模式，只是以哈佛大学为主的通识教育改革中的一个比较重要的事件。如果从课程模式的角度来看，Levine 等人的研究结论更符合美国高校通识教育课程的实际，他们通过研究认为，美国的通识教育主要有四种模式❷，分别是：自由选修模式、分布必修模式、名著课程模式和核心课程模式。

自由选修模式就是学校尊重学生的兴趣和自由，由学生自己自由选择课程而不加任何规定或干涉。这种通识教育课程模式与进步主义教育理念紧密相关，这一模式下的通识教育比较容易出现混乱，甚至是形式化。

分布必修模式是作为纠正自由选修过程中过分专业化的倾向提出来的，主要是规定学生修课的内容必须分布在几个规定的领域（而不是集中在某一个领域或某种职业方面），比如，自然科学、社会科学和人文学科等领域，并在每一个领域修满规定的学分。一般而言，只要学校积极挖掘自身的教育资源，分布必修模式是最容易实施的一种通识教育模式，而且相对也能保证学生形成比较广阔的视野。但是，由于课程都是由专业院系的教师开设的，因此，"专业化的"教师能否实现通识教育的目标是值得怀疑的，事实上，从实践的状况看，这种方式的弊病也是极其明显的。

名著课程模式也称为巨著课程，主要是以西方经典名著为核心学习资料的一种学习计划，该模式并没有具体地规定通识教育的内容，而是把西方文明中的一

---

❶ 张凤娟．"通识教育"在美国大学课程设置中的发展历程 [J]．教育发展研究，2003（9）：92 – 95.
❷ Arthur Levine，Handbook on Undergraduate Curriculum [M]．San Francisco：Jossy – Bass，1978：9.

系列不同历史时期的经典著作作为学习的主要文本，以学生提前阅读和小组讨论为主要学习方式。赫钦斯在芝加哥大学大力推进的"阅读伟大的书籍运动"是该模式改革的典型事件，但是，该模式在芝加哥大学遭到了巨大的阻力。现实中真正实现这种教育模式的是美国的圣约翰学院。该模式最大的问题在于操作的难度大，但是其意义确实难以忽略。

核心课程模式是在对选修式、分布式以及名著式的通识教育课程的弊端都进行了规避之后，同时也吸纳了各种方式中的合理内容，最终形成的一种综合各个独立学科知识的基本内容以向学生提供具有共同知识背景和持久价值的课程设置模式。这种课程模式所遵循的教育理念是要素主义思想，在课程设置上与分布必修模式非常相似，即课程是按照一定的领域或模块设置的，不同于分布必修的过分专业性特征，核心课程强调的不是学科的专业特色，而是强调打破专业限制，注重学生的能力并且关注其道德与价值观的发展。哈佛大学实施的就是这种核心课程模式，美国教育家博克认为，这是迄今为止在理念上最完美体现通识教育精神的一种实施方式❶。但是，这种模式同样有其不足之处，那就是，在专业教育和职业教育非常强势的现实中，在各个领域众多课程群中的大量课程中选择一门课程，很容易出现学生选择"水课"或者因兴趣而定，来自专业院系的教师也很容易走向专业思维，与通识教育的初衷背道而驰。这也许是近年来哈佛大学再次启动通识教育课程改革的真正原因。

当然，无论美国大学的通识教育如何改革，课程设置方式有什么变化，不同大学之间有怎样的差别，这些都不影响一个事实，那就是美国高度重视通识教育，各个大学都积极推进通识教育改革，并选择与自己的大学相适宜的课程模式。不同模式的实践也为中国今天的教育改革提供了许多可资借鉴的经验。本章将以哈佛、芝加哥、哥伦比亚等大学为例，梳理美国的通识教育。

一、哈佛大学通识教育改革历程

1636 年 10 月 28 日，马萨诸塞海湾殖民地议会通过决议，决定仿照英国剑桥大学，筹建一所高等学府，每年拨款 400 英镑；学校初名为"新学院（New College）"或"新市民学院（The College At New Towne）"，这就是哈佛学院，哈佛大学的雏形，也是全美第一所高等教育机构。1638 年学院正式开始招生。1639 年 3 月 13 日，为感谢以及纪念约翰·哈佛牧师在学院创立初期的慷慨捐助，马萨诸塞海湾殖民地议会通过决议，将学校更名为"哈佛学院"。1780 年马萨诸塞州颁布新宪法，哈佛学院扩建、更名为哈佛大学。这所大学从最初的 9 名只有

---

❶ 德里克·博克. 美国高等教育［M］. 乔佳义，译. 北京：北京师范大学出版社，1991：34.

一个硕士学位的学生发展到现在，包括本科生、研究生和专业学生的 2 万多个学位申请人，成为全美、全球的顶级一流大学。❶ 哈佛大学经历了不同的发展阶段，在其发展过程中，既有紧随时代，反映社会现实的新教育理念，也有在历史发展中积淀下来的一些教育理念的坚守和完善。在哈佛大学的整个发展过程中，通识教育扮演着极为重要的角色。梳理哈佛大学的教育发展历史，就其通识教育而言，大致经历了以下几种模式：博雅教育时期；实用主义通识教育时期；要素主义通识教育时期。

1. 博雅教育时期

北美殖民地的教育是在汲取欧洲大陆教育营养、借鉴欧洲尤其是英国教育模式的基础上发展起来的。自英国 1607 年在北美大陆殖民为起点，欧洲移民怀着不同的目的来到新大陆，欧洲大陆的政治、经济、文化等因素也随着移民在新大陆生根、发芽。其中，教育的移植是很重要的一方面。殖民地对英国高等教育模式的移植以哈佛学院的创建为端倪。建校于 1636 年的哈佛，其初期的课程体系主要仿照英国的牛津、剑桥两所大学的办学模式，其教育的基本目标是培养两种人——神职人员和公职人员，前者是基于宗教目的，这是创设学院最根本性的主导目标；后者是基于世俗目的，教育的理念沿袭欧洲大学古典教育的理想，课程体系以古典文学和古典语言为主。在整个殖民地时期，哈佛学院课程主要内容是七艺（文法、修辞、逻辑、几何、天文、算术、音乐）和文雅学科（liberal arts），在所有这些科目中古典语言与文学占据了核心地位。它是一个标准化课程，学生没有选择权。有研究者指出，经过近百年的发展，直到 1723 年，哈佛学院的课程除了拉丁语在一年级得到强调，增加了形而上学，去掉了植物学，科目与教科书的名字和作者一起列出以外，没有发生大的变化❷。总体看来，在近几百年的历史时期中，哈佛大学的通识教育主要是继承了欧洲传统自由教育思想，更关注培养"有教养的""文雅的"人，实用技能不在学生培养的关注范围。

随着社会经济的发展，特别是大工业的兴起和发展，哈佛大学构建的古典课程体系远远不能适应美国社会经济的发展，古典博雅教育体系开始动摇。要求对大学的课程体系进行改革的呼声越来越多，改革势在必行。真正对哈佛大学通识教育进行第一次重大改革的是哈佛大学第 21 任校长查尔斯·威廉·艾略特。

---

❶ https：//www. harvard. edu/about – harvard/harvard – glance/history，2019 – 05 – 18 访问。

❷ John. S. Brubacher, Willis Rudy. Higher Education in Transition ［M］. New York：Harper & Brothers Publishers，1958：14.

2. 实用主义通识教育时期

美国独立战争后，美国从原来英国的殖民统治下独立，1783 年美利坚合众国建立，但是美国完全摆脱英国政治和经济上的殖民统治的斗争一直持续到 19 世纪初期。随后的发展在南北形成了不同的路向，到 19 世纪 60 年代初期南北战争爆发，最终以北方的资产阶级领导的联邦获胜，美利坚合众国形成统一的国家，这是美国成为现代国家的起点。随之而来的是国家的政治、经济、文化和社会等各个方面的急剧发展以及对各个方面大量实用人才的需要，因此，殖民时代形成的只重视古典人文学科的大学教育显然不能满足国家和社会的需要，一些注重实用技能的大学开始兴起，现实的需求及急剧的变化等对哈佛大学的教育提出了极大的挑战，改革那种以古典人文学科为主的博雅教育势在必行。

1869 年，艾略特（Charles. W. Eliot）当选为哈佛大学校长。他认为美国正在快速发展，社会不但需要思想深刻的人，而且更需要各种实用人才，大学必须反映现实世界的要求，自由艺术与实用学科应愉快地共处。同时，艾略特对美国高等教育没有充分地考虑不同学生个体的智力差异提出批评，他认为能使学生自己的独特能力得到最佳发展的课程才是明智的。为此，艾略特对哈佛大学进行了一系列改革。这可以说是哈佛大学通识教育的第一次改革。

艾略特认为传统的哈佛以培养"品格和虔诚"为中心，培养出来的是现实生活的旁观者和批评家而不是实干家，不能迎合时代之需。他明确提出要培养实干家和能做出成就的人，为此把各种实用学科引入了大学课程。在他看来，所有的课程都具有同样的价值，高等学校的课程必须反映时代的特点和要求，古典文学与现代语言、科学要兼容并蓄。因此，艾略特坚决在哈佛推行选修制。他大大地压缩了必修的规定课程，增加了学生自由选修的课程。1870—1871 年，哈佛大学打破开设课程的原有做法，把所有课程按阿拉伯数字逐一排列，以利于学生选修；每年都有一些必修课变成选修课，新增的课程也作为选修课，因此，必修课不断减少，选修课不断增加。哈佛大学在 1874—1875 学年，除了修辞学、哲学、历史和政治学以外，所有必修科目只限于一年级；在 1883—1884 学年，选修制也扩展到一年级，有 3/5 的科目实施选修制；到了 1895 年，剩余的必修课仅限于两门英语和一门外语 ❶。这表明这一时期的哈佛大学实行的是典型自由选修模式。

自由选修制度的实施给哈佛大学注入了自由的传统及对学生的尊重，这在很大程度上满足了各种学生对不同课程的要求，为学生的个性发展提供了充分的时

---

❶ John. S. Brubacher, Willis Rudy. Higher Education in Transition ［M］. New York：Harper & Brothers Publishers，1958：108.

间和空间。为了实现自由选修，为学生提供尽可能多的机会和符合学生需要的、契合社会需求的课程，迎合时代之需的实用学科取得了与传统学科同样的地位，大学课程因贴近了社会现实需要而显示出无限生机和活力。并且选修制给学生们创造了一个非常大的发展空间，学生可以自由选择自己所喜爱的学科，可以最大限度地发挥个人潜能，追求个人的学术成就。这种改革极大地促进了学科分化，使新课程在数量和种类上都有大幅度的增加。艾略特执掌哈佛大学 40 年，被称为"美国第一公民"，他积极推进哈佛大学的课程改革，采用选修制、小班教学等，形成了"哈佛模式"，对美国的中等、高等教育都产生了深远影响。

然而，随着自由选修制的推行与实施，自由选修制的缺点逐渐暴露出来：一方面，课程体系越来越庞大，课程之间的重复问题、课程质量问题、课程庞杂难以取舍的问题等非常突出；另一方面，由于自由选修制对学生的课程选择没有任何要求，对于还在成长中的青年学生而言，无论是从辨识能力还是自制能力等方面看，都还存在着许多不足，他们并没有在刚刚进入大学时就具备了良好的选择能力，因此，选课过程中不可避免地出现了根据授课时间是否方便选课，根据是否容易取得学分而选课，根据自己的兴趣选课，根据课程的实用程度选课，或者干脆无所谓的随便选课等现象。结果必然是学生自由选课的随意性大，所选课程要么缺乏系统性，要么过于单一。由于过于关注课程的实用性和技能性，关注个人的兴趣和技能培养，学科分化、专业化日益突出。学生越来越关注课程的未来职业前景和实用功能，越来越少关注和思考文化、价值等问题，大学的文化传承功能日益弱化，选修模式背离了大学的教育宗旨和教育理想。

自由选修课程模式本来是以尊重学生为中心，是在进步主义思想影响下进行的教育改革，大量的课程供学生们自由地选择，个人选择自己喜好或认为有价值观的课程学习，自己负责，这样的设想是很美好的。但是事实上，人都有惰性，一旦管理不严，学生在选修课程中的随意性就会加大，抱着只要拿到学分即可的想法，或者是选择当下有实用价值的课程，而不是为了合理知识结构和进行深入的专业化学习，更谈不上自身的完善和发展。随着这种模式的不断推广和应用，过于关注实用技术人才培养的问题日益突出，许多教师开始对自由选修制持批评态度，要求进行教育改革的呼声也越来越高。"集中与分配制"的改革就是在这样的背景下开始的。

"集中与分配制"是在对自由选课制有所保留的基础上进行的完善和改进。其改革既是对原有的实用主义教育理念的坚持，又是突破。可以说，"集中与分配"制是哈佛大学从实用主义为主的教育理念向精粹主义或者说要素主义教育理念转变的一个重要过渡时期。主导这一改革的是哈佛大学的校长劳威尔。

1909 年，劳威尔（Abbott. L. Lowell）成为哈佛大学校长。劳威尔认为，大学独特的目标就是把构成时代精髓的那些东西展现给学生。但是，他发现自由选修制导致了过分专业化等诸多问题，大学成了职业的训练场，人的全面发展被忽略。

在劳威尔看来，哈佛大学应当引导学生追求更有价值的目标，使学生获得充分发展。他强调说："每个学生应得到最大限度的发展，无论是学生的强项还是弱项。大学应该培养的……是有全面智慧、广泛的同情心和自主判断的人……在复杂的现代社会，最理想的自由教育旨在培养既通又专的人。"❶ 为克服自由选修制的弊端，劳威尔引入了"集中与分配制"，并希望通过这样的改进，完善选修制并使之真正具有系统性，克服原来的过分专业化或者散乱无序等问题。在保护个体差异、不同学术兴趣之追求的情况下，完善自由选修制度。这可以说是哈佛大学的第二次课程改革。

所谓的"集中与分配制"就是部分课程集中在某一方向，形成专业主修；另一部分课程则要分布在不同的领域，保证培养的全面性。具体操作中，哈佛大学规定每一个学生为了取得学士学位，必须从 16 门全年课程中集中选修 6 门主修课程，这些集中在某一方向的课程确保学生形成一定的主攻专业；同时又要有 6 门课程分布在人文学科、社会科学和自然科学三大知识领域，每个领域各选 2 门课程，以保证学生具备比较广泛的知识视野；其余 4 门课程则由学生自由选择。这样一来，通过集中与分配制的修正，在一定程度上遏制了自由选修制带来的修课混乱状况。随着时间的推移，美国社会大环境发生了变化，同时由于自身无法超越的局限性，劳威尔实施的"集中与分配制"改革本身秉持的教育理念依然是实用主义教育哲学，因长期以来开设的大量课程都是与现实需要密切相关的，一旦把这些课程"分配"到各个院系里，一方面，院系里的专业教师没有教授非专业学生的足够经验，授课的内容和方式都不能很好地适应非专业学生的需求；另一方面，其实也存在很多课程本身即使分到院系，也因其本身开设时的实用性，而很难有什么课程体系，因而学生被分配了一些课程，但是同样是杂乱无章的。更不用说，由于这种制度的"分配"部分没有自己独立的师资和管理实体，学生在选课时不能得到足够的指导，故所选课程依然混乱。归属到院系集中的课程随着学科分化，专业化程度也越来越突出，通识教育既无法实现对学生的人格完善的目标，也不能实现其拓展和加深专业学习的目标。学生修习的课程之间缺乏整体性，学到的知识支离破碎，互相之间缺乏有机的联系，专科化问题突出，等等。到了 20 世纪 40 年代，这些弊端逐步恶化，最终导致了 1945 年的课程改革。

---

❶ Richard Norton Smith. The Harvard Century ［M］. Simon And Schuster, Inc. , 1986：69.

劳威尔实施"集中与分配制"是希望完善和补充选修制。但是，依然可以看得出这一变革中的新因素，那就是与后来的通识教育核心课程改革有着高度关联的集中与分配。因为无论是"集中"还是"分配"都不可能是毫无章法的胡乱进行，而是按照一定的学科体系和知识领域而进行的，特别是要把各个学科体系中最主要的内容集中体现出来，这其实已经有了要素主义的思想。尽管改革过程中，没能达到明确地界定课程边界，但是这对于以后的改革还是有重要的借鉴价值的。此外，劳威尔在哈佛大学实施了"导师制"，后来一直被沿用。可以说，这一时期的教育改革是哈佛大学从实用主义教育向要素主义教育转变的一个过渡阶段。

3. 要素主义通识教育时期

（1）"二战"后的通识教育改革

哈佛大学的通识教育从实用主义的选修制转向要素主义的核心课程，其改革的标志性文件就是 1945 年发布的《自由社会中的通识教育》（又称为《哈佛大学通识教育红皮书》）以及 1978 年发布的《哈佛核心课程报告书》（*Harvard Report on the Core Curriculum*）。这是哈佛大学通识教育改革中影响最为深远的一次，不仅对于哈佛大学如此，对于整个美国大学的通识教育，乃至今天中国的通识教育都有非常大的影响。

"二战"之后的美国社会危机日益凸显，一方面由于战争的巨大耗费；另一方面则是战争结束后，大量军人重新进入社会，刺激了社会经济的多元和发展，也刺激了人们对物质的追求和欲望，社会上越来越多的人受物质利益的驱使，成为金钱的奴隶。社会的精神文明和道德发展却并没有跟上经济发展的速度，加之战争的影响，不同经历的人思想观念存在着很大的差别，从战场归来的人，与长期生活在国内安定环境中的人，他们之间的人生观、世界观、价值观等有着极大的差别，来自不同阶层、不同收入群体的人之间的思想观念差别也非常大，加上社会经济的急剧发展，造成了社会阶级的分化和分层，同时也带来了人们思想认识的多样性，人人都各有自己的看法，加之长期形成的个人本位主义的影响，美国社会的道德危机凸显，不同社会群体之间的社会仇恨危险增加，但是社会共识却很难达成。因为利益、个人观念等不同，人们对人生、社会的各种问题的认知都不一样；因为没有共同的信仰和价值观念，人更容易被误导。社会急需要教育能在引导和帮助人们树立人生观方面有所贡献。教育不仅仅在于训练职业工作者，更重要的是给人们提供一些相对稳定、不易被打破的框架，凝聚人们的共识。

正是因为认识到了这样的问题并敏锐地发现了问题的严重性，哈佛大学校长科南特（James Bryant Conant）于 1943 年组建由巴克（Paul. H. Buck）院长任主席的通识教育改革委员会，经过一年半的研究，1945 年，该委员会提交了著名的《自由社会中的通识教育》的报告书，这就是哈佛大学发展史上，也是美国高等教育史上著名的"红皮书"（The Red Book）。委员会在报告中强调，哈佛大学对自由社会中的通识教育的关注是继承性的、也是发展变化的。在这份报告中，委员会将"通识教育"定义为"首先将学生教育成民主社会中负责任的人和公民的那一部分教育"❶。通识教育的目的在于培养"完整的人"（the whole man，或译"全人"），此种全人应具备四种能力：有效思考的能力；与别人交流沟通的能力；做出恰当判断的能力；辨别价值的能力。哈佛委员会强调"这四种心智品质是不可分的，人的人格不能被分解成几个独立的部分或品质，每一种都是心智正常的人的头脑不可或缺的功能"。因为"教育的目的是培养整全的人（the whole man）"，"人性的完整不是除这四种能力之外的第五种品质，而是与它们相一致的，并且也是它们的结果"❷。通识教育要有意识地培养这四种心智品质，并且不能割裂它们之间的联系。哈佛通识教育委员会建议在学生获得学位所须修习的 16 门课程中，应有 6 门属于通识教育类课程，这 6 门课程中至少有一门属于人文科学，一门属于社会科学，一门属于自然科学。此外，在人文科学和社会科学这两个领域中，应当各有一门课程为所有哈佛学生所必需，这些课程应能提供共同的核心，即"那些构成了所有哈佛学生共同经验以及导入了西方文化传统研究和普遍关系思考的学问与思想"❸。这样的课程就是所有学生都学习的人文学科中的"文学经典著作"、社会科学中的"西方思想和制度"课程。自然科学中的物理科学或生物科学 2 门导论课程中的 1 门。在自然科学领域，建议"设立可供选择的课程以满足不同学生（即那些有不同知识基础和专业学习计划的学生以及在数学和科学方面具有不同能力的学生）的需要"。通识教育计划扭转了哈佛大学过去很长时间以来过分重视实用的课程模式，强化了着眼于人的各种素质全面发展的通识教育课程。

"红皮书"强调，教育不仅要向学生传播知识，更重要的是培养学生获得知识的能力和方法。教育要培养年轻人形成某些特定思维能力和习惯；要让青年学生懂得不仅要关注知识，更要关注人之作为一个社会人的善良。教育的根本目的是为了人本身，使人成为完整全面的人而不是为了未来能够获得什么。贯穿"红皮书"的通识教育理念主要有三：其一，强调教育的根本是培养"好公民"，强调对人的培养，对人的品质的培养才是教育的根本目的，只有培养出负责任的公

---

❶ R. Hofstadter and W. Smith, American Higher Education, A Documentary History ［M］. The University of Chicago Press，1961：964.

❷ 哈佛委员会. 哈佛通识教育红皮书 ［M］. 李曼丽，译. 北京：北京大学出版社，2013：58.

❸ 同上，155.

民，教育才真正完成了自己的任务和使命。他们"是共同历史的继承者和共同未来的创造者"，同时，"在天赋、兴趣和愿望方面都有差异"❶ 的公民。这是一种既有统一又有差异的学生观。其二，强调对传统文化遗产尤其是西方文明的传承。报告认为，所有教育的目的是帮助学生过他们自己的生活，由于文化遗产对现在许多重要问题做了权威的解释，因此，教育应当将西方文化中的古典因素与现代的科学成分结合起来，因为两者存在着许多相通之处。其三，强调通识教育和专业教育两者不可割裂，二者相得益彰。通识教育和专业教育共同构筑了完整的大学教育，通识教育不但应为专业选择奠定稳固的基础而且应为专业潜力的充分发挥提供一个外在的环境，专业教育只能在通识教育广阔的背景中才能实现其主要的目的。"专业教育永远来自通识教育，并永远要回归和丰富通识教育"❷。

该报告因强调了对西方传统文明的继承，精辟论证了专业教育和通识教育之间相辅相成、互为表里的关系以及为培养具有良好素质的负责任的社会公民而提出的四个能力目标备受瞩目，成为引领"二战"后美国通识教育运动的一面旗帜，被誉为美国通识教育的"圣经"。报告提出了哈佛大学通识教育计划的指导思想和总体规划，从此揭开了哈佛大学全面实施通识教育的序幕。根据报告的精神，哈佛大学的通识教育核心课程"应该至少占学生整个学习时间的一半"❸，并在大学的四年中完成，主要的通识教育核心课程大多要在大学前两年修完，以便获得广博的学识；到三、四年级，学生除学习专业课程之外，仍需选习一些通识课程❹。哈佛大学按照报告的设想，经过了五年的试验后，于1951年正式实施通识教育计划。随后，美国的很多高校模仿哈佛的通识教育课程模式，对各自学校的通识教育进行了改革。

哈佛大学的这次通识教育课程改革，其意义已经远远超出了课程改革本身。这次改革不仅仅着眼于学生知识体系的全面建构，而是对大学"应当培养什么样的人"的设计，不是仅仅立足于大学的课程设计，而是站在一个时代的高度，对美国高等教育改革未来发展走向的一个深刻思考。在这次的课程改革中，直面"二战"后美国大学教育面临的各种问题，并对未来的教育进行了系统描述和长远规划，回答了"二战"后美国高等教育"何去何从"的战略性问题。通识教育改革将教育中最本质、最核心的东西——国家的民族文化基因及国民认同的共同价值观——融入现实大学的教育中，融入教育教学体系中。

哈佛大学"红皮书"开启了美国大学通识教育改革的历程，提出要实行通

❶❷ 哈佛委员会.哈佛通识教育红皮书［M］.李曼丽，译.北京：北京大学出版社，2013：82.
❸ 同上，78.
❹ 王定华.走进美国教育［M］.北京：人民教育出版社，2004：233.

识教育核心课程。但是，在实践中，通识教育核心课程的建设远比想象中的更加复杂和困难，已经确定的核心课程也并非理想完美。在实施了 20 多年后，通识教育核心课程的各种弊病和缺陷不断被提出。"1945 年以后 25 年，《哈佛大学通识教育红皮书》通识教育课程偏离了设置目标，出现了讽刺性结果"❶。实践对通识教育课程提出了改革的要求。哈佛大学在进入 20 世纪 70 年代后开始了更进一步的关于通识教育核心课程的建设。这样，罗索夫斯基和他倡导的核心价值观体系思想政治教育课程进入了大家视野。

（2）罗索夫斯基与"核心课程体系"

博克（Derek. C. Bok）1971—1991 年担任哈佛大学校长，1973 年，他任命罗索夫斯基（Henry Rosovsky）为文理学院院长，并责成他调查本科生课程设置情况，提出课程改革计划。罗索夫斯基组织了 7 个小组，由 11 名教师和 2 名学生组成，在广泛征求教师和学生意见的基础上，于 1976 年提出了改革方案，主张本科生教育除专业课和选修课以外，建立一套共同的基础课程——"核心课程体系"。在 1978 年被哈佛学院采用，并且在 1982 年 9 月入学的新生中完全实行。

1978 年的《哈佛核心课程报告书》，对通识教育课程改革进行了新的理解和界定，认为核心课程改革不是通识教育课程的简单修补，而是重新阐释博雅教育的新内涵和新见解，并对通识教育的目标——培养"一个有教养的人"——进行了更加明确的解释和界定：

①一个有教养的人必须能清楚地、有效地进行思考与写作；

②一个有教养的人应该对某种专业有一定深度的知识；

③一个有教养的人应当能正确地评价我们取得和应用知识、认识宇宙、认识社会和认识我们自身的方法；

④一个有教养的人应该对道德和伦理问题有一定的认识和思考经验。一个有教养的人最重要的品质是道德问题，他应该具备道德识别与判断能力；

⑤一个有教养的、生活在 21 世纪最后三分之一时期的美国人不能眼光狭窄，以致对其他国家的文化和过去一无所知。

其实，扩展的五条基本素质，前四条只是对哈佛"红皮书"中提出的有效的思考能力、有效沟通的能力、做出正确判断的能力、辨别价值的能力四个方面能力的阐释，第五条则代表着一种开放的能力和态度。真正培养出这样的"有教养的人"，必须制定一套完整的核心课程体系，这个课程体系是围绕着"获得知

❶ Phyllis Keller. Getting at the Core：Curricular Reform at Harvard. Cambridge ［M］. Mass.：Harvard University Press，1982：17.

识的方式"而不是对特定知识本身的掌握组织起来的。正如罗索夫斯基所说："核心课程是向学生介绍'校方认为大学本科教育不可缺少的领域中获得知识的主要方法。其目的是指出在这些知识领域里有哪些类别的知识，获得这些知识的途径是什么，需要一些什么样的不同的分析方法，怎样去使用这些方法，以及其具有的价值。'"❶ 在这种思想指导之下，哈佛经过不断完善，建立起一套本科通识教育的核心课程，最初的核心课程包含着五大领域："文学与艺术（Literature and Arts）；科学与数学（Science and Mathematics）；历史研究（Historical Study）；社会与哲学分析（Social and Philosophical Analysis）；外国语言和文化（Foreign Language and Cultures）。"随着核心课程在教学中的实践、反馈等，后来对五大领域的课程进行了调整和修改，到 1985 年时，核心课程体系发展为涵盖 6 个领域，即文学与艺术（Literature and Arts）；科学（Science）；历史研究（Historical study）；社会分析（Social Analysis）；道德思考（Moral Reasoning）；外国文化（Fgreign Cultwes），❷ 后又增加了"定量推理"，最后形成了 7 个领域。核心课程是本科教育课程体系的重要组成部分，它与专业课、选修课形成了一个有机整体，课程之间的整和比以往历次改革更为圆满。按照哈佛大学《1994—1995 学年手册》的修课规定，每个申请获得学士学位的学生必须修 32 门学期课程，其中包括 16 门专业课、8 门核心课程、8 门自由选修课。

通识教育核心课程改革激发了美国高等教育界对通识教育改革的热情，但是随着时间的推移，这种热情也渐渐减退，对通识教育的关注减少，高校对通识教育的投入也在降低，到 20 世纪 90 年代的时候，通识教育的质量再次被人质疑。1989 年，美国人文学科基金会调查发现，1988—1989 年，通识教育课程很松散，不能达到通识教育的目的。并且，学生对通识教育课程的选读状况也令人沮丧，"毕业生中有 78% 在大学和学院根本没有读过西方文明史，38% 没有上过历史课，45% 没有进修过美国或英国文学，77% 没有学过一门外语，41% 没有上过数学课，33% 没有学过自然和物理学科"❸。博耶在一个报告中把通识教育比喻为，"一间空房间，因为没有专门的用途，可以随意地忽视，可以肆意地挪作用场上"❹。而随着时间的推移和课程的逐渐展开，哈佛的本科教育与核心课程在实施过程中也出现了不少的问题。课程质量下降，专业教师难以教授通识课程，等

---

❶ 亨利·罗索夫斯基. 美国校园文化［M］. 谢宗仙，周灵芝，马宝兰，译. 济南：山东人民出版社，1995：99.

❷ 罗索夫斯基. 罗索夫斯基论通识教育与核心课程（上）［J］. 黄坤锦，译评. 台湾通识教育季刊，1994：（1）.

❸ 贺国庆，华筑信主编. 国外高等学校课程改革的动向和趋势［M］. 保定：河北大学出版社，1999：26.

❹ 李曼丽. 通识教育———一种大学教育观［M］. 北京：清华大学出版社，1999：73.

等，正如罗索夫斯基早就指出的："教育在其最深层的意义上，永远有它变化莫测的因素，永远总有一些重要的东西是无法用数量化和科学描述来讲清并衡量出它的成效的。课程只是骨架，而它的血肉和精灵必须来源于师生之间难以预料的相互影响和交感作用。"❶ 如何解决这些问题，就是后来者的任务。

1991 年，陆登庭（Neil. L. Rudenstine）接任哈佛大学第 26 任校长，为了更好地协调学院与教师的关系，更好保障通识教育核心课程能更集中，1997 年，哈佛大学开展了 15 年来最全面的核心课程回顾和检查，1997 年 3 月，沃巴（Sidney Verba）教授主持的哈佛师生核心课程整顿委员会（6 位教授和 2 位学生）经过了 18 个月的咨询和调研，提出了一些基本改革建议。一是进一步完善"量化推理"课程领域的内容，增设包括概率论、风险分析、数据分析、人口统计、行为研究方法等内容在内的核心必修课，受到哈佛师生热烈拥护。因为现有的必修课看起来对于哈佛大学本科生太简单了，明显需要更丰富的量化推理知识；二是优化现有的通识教育核心课程，将 8 门核心课程必修课改为 7 门，并把原来 10 个组增加为 11 个组，允许系里符合核心课程目标和大纲的课程代替核心课程；三是增加学生核心课程的选择性，1998 年，教育政策委员会开始致力于减少专业课的数量。随后，增加了语言学习课程，作为识别学生是否很好地完成了外国语言学习的一种方式。2000—2001 学年开始，新生研讨会计划开始实施，为了鼓励学生参加研讨会的探索，核心课程的要求从 7 个领域减少到 6 个，更进一步的集中以解决大量课程开设带来的领域边界不清而限制学生修习等一系列问题。

尽管如此，进入 21 世纪以后，哈佛大学的通识教育核心课程依然面临着巨大的挑战。全球化、信息化的浪潮席卷全球，科学技术和知识的变化已经深刻地改变了大学的结构，哈佛大学以其敏锐和魄力，再次把目光重点投向本科生课程改革，特别是通识教育课程改革。哈佛大学通识教育课程开启最新一轮改革。

（3）21 世纪的通识教育计划

进入 21 世纪后，哈佛大学就已经开始酝酿对其大学通识教育课程进行改革，到目前为止，其课程计划已经启动了两个轮次，一次是 2007 方案，另一次是 2015 方案。整体来看，2007 方案依然是在原有的核心课程方案基础上的调整。2002 年 10 月，哈佛大学宣布启动近 30 年以来哈佛最全面综合的本科生课程改革。2003—2007 年，通识教育改革共出台了 4 个报告：2003 年 12 月，课程改革指导委员会提交的"关于课程审查进度的中期报告"；2004 年 4 月，课程改革指

❶ 亨利·罗索夫斯基. 美国校园文化［M］. 谢宗仙，周灵芝，马宝兰，译. 济南：山东人民出版社，1996：112.

导委员会提交的"哈佛学院课程改革报告"；2005 年 11 月，通识教育委员会提交的"哈佛学院课程评审报告"；2007 年 2 月，通识教育任务小组提交最终的"通识教育工作小组报告"。2007 年 5 月，哈佛公布了《通识教育工作组报告》（*Report of the Task Force on General Education*），以新的通识教育计划（General Education Program）取代原有的核心课程（Core Curriculum）。新的课程方案于 2009 年秋季学期正式实施。相比于以往的通识教育课程，这次改革最引人注目的一大举措就是以新的通识教育课程计划取代原有的核心课程。新课程计划提出了四点新目标❶，即为学生成为合格公民做好准备；教会学生理解自己既是传统艺术、观念和价值的产物，也是参与者；让学生为批判性地和建设性地回应变革做好准备；发展学生对自己的言行从道德层面上加以理解的能力。为实现这样的教育目标，新的通识教育课程体系分为以下 8 个类别：美学和阐释的理解；文化和信仰；实证和数学推理；道德推理；生命系统科学；宇宙物理科学；世界社会；世界中的美国。

根据哈佛大学官方网站公布的 2011—2012 年度哈佛大学通识教育课表可以看出，纳入正式列表的课程共 185 门，分布在八大模块中❷，分别是审美与诠释的理解（共 34 门）、文化与信仰（共 38 门）、实证与数学推理（共 9 门）、伦理推理（共 20 门）、生命系统的科学（共 12 门）、物理宇宙的科学（共 17 门）、世界中的诸社会（共 34 门）、置身世界的美国（共 21 门）。模块内课程相关性强，模块间课程具有相对独立性。通识教育所有课程均是半学年的，或春季或秋季学期授课。

与此前的核心课程的七大模块（外国文化、历史研究、道德推理、定量推理、科学与技术、社会分析以及文学艺术）相比，通识教育新体系增加了美学领域的课程，去掉了历史研究和社会分析，将科学分为生命系统的科学和物理宇宙的科学。把外国文化变为世界中的诸社会和置身世界的美国。从课程的数量结构来看，人文类课程所占比重最高，其次为社会科学，原来的科学模块细化为生命系统的科学和物理宇宙的科学，整体来看可自由选择的课程数量相对较少，但由于更为集中，且课程修习规定学生必须在八大领域中各选择一门修习，并达到规定的要求，结合这一分布必修制的学习要求，学生所接受的通识教育课程结构还是比较均衡的。除此之外，哈佛大学为大一新生提供了基于小组指导的讲座研讨课，即"新生研讨课"，通常由一名教授带领 12 名新生每周针对学生共同的兴趣

---

❶ 北航高研院通识教育研究课题组. 转型中国的大学通识教育——比较、评估与展望 [M]. 杭州：浙江大学出版社，2013：23 - 24.

❷ Home page. Program in General Education. http：//generaleducation. fas. harvard. edu/icb/icb. do. 2012 - 05 - 17.

主题研讨 2—3 小时。这种可自由讨论的基于讲座课程的新生研讨班，覆盖了大量的学科领域。❶ 2009—2010 年度，1307 名本科生被分配到 129 个研讨班中，由 135 位来自商学、牙科、设计、神学、教育、工程、治理、本科生院、法律、医学和公共健康学院的教授带领。

这一次的通识教育计划在执行 5 年后，哈佛大学通识教育审核委员会通过对哈佛大学通识教育课程的审核，提交了审核报告，对哈佛大学的通识教育课程提出了一系列的批评，并提供了针对性的解决方案，哈佛大学 21 世纪的通识教育改革开启了第二个轮次，即 2015 年的通识教育课程改革。

报告指出："尽管大多数学生认为运行良好的通识教育项目非常有价值，但他们对目前通识教育的目标感到困惑。"在这种情况下，学生避难就易，从中选取最容易拿 A、工作量最小的课程排进自己的课表。于是针对课堂质量低的议论也接踵而来。哈佛通识教育评估委员会主席、哲学教授肖恩·凯利认为，学生并不真正理解通识教育的意义，他们倾向于不严肃地对待通识教育项目。委员会还发现，教师搞不清楚当前通识教育要求和分布要求的差别。这是因为，目前哈佛通识教育项目本身就是一个"怪兽"，它实际上是理想主义、进步主义和要素主义的一个"杂糅"，它既继承了哈佛博雅教育的思想，也坚持着实用主义的思想理念，既有为了学生未来进入社会做准备的思想，也有坚持直面问题而教育的理想，这样一来，大学的通识课程就不断地增加，体量越来越庞大，却出现了一部分符合通识教育要求，另一部分则符合分布课程要求的情况。而这样的情况使教师在准备通识教育课程的过程中困难重重。学生在修课的过程中，也是问题不断，为此，新的通识教育进行了改革。当然，这样的改革也并不是完全否定哈佛以往的经验和教育理念，相反，它依然认为通识教育课程需要综合这些教育理论，这样才能更好地指导教学；但是，对于实践中课程界限模糊、难易程度不宜衡量等问题进行了有针对性的改进，最后提出了一个"4＋3＋1"模式，虽然还是八类，但是对于不同类别的课程进行了明确的界限划分。

"4"是指通识教育层面的四门课程，即审美、文化和诠释；个人、社会和历史；社会中的科学和技术；伦理和公民这四个领域的课程，学生必须在这四个领域的课程中各选择一门，共计 4 门。这四门课程主要是帮助学生探究在世界上智慧地生活的艺术，践行的是博雅教育理念。

"3"指 3 门分布课程，即艺术与人文；社会科学；自然科学或工程与应用科学。与上述四个领域里宽泛的通识课程不同，这三个类别的课程则分布在各个院

❶ Freshman Seminar Program. http：//www.freshmanseminars.college.harvard.edu/icb/icb.do.2012 － 05 － 17.

系的课程，相对而言，更体现专业的特征，需要有更深入的专业认知和学习不同学科所要求的不同的思维和方法。学生要从这三个类别的院系课程中各选择1门课程，共计3门。此三门课程主要是鼓励学生探索不同学科的学习方法和内容，实践的就是进步主义的教育理想。学生自由选择自己感兴趣的专业或学科，自己负责。当然，学生不能用和自己专业重合的课程充抵分布课程。

"1"是指1门实证与数学推理课程。主要是为了让学生能够对数学有一定程度的掌握。这是与哈佛通识教育一直以来强调的对于思维和方法的重视的思想密切相关的。无疑，数学对于学生的逻辑推理、思维以及科学方法的学习是最好的选择。

2015年的通识教育课程改革最大的特点就是把通识教育课程本身进行了再分类，从通识教育课程体现的教育的根本理念的倾向性的角度，把通识教育课程划分为三个不同层次的课程体系，即主要突出人类面临的普遍问题的通识教育课程，这部分与专业学科没有太大关系，相对而言，思考的问题更宽泛、更具有普遍性，不归属于某个学院或某个专业、某个学科，这是一大类，包含4个板块。第二类就是要理解不同领域、不同学科、不同专业的思维和方法，这一类是分布课程的3个模块。最后一类就是数学推理课程，主要是对于数学方法和逻辑思维的训练。这样的分类就保证了学生在选课的过程中，不会出现因为不想学习数学，感觉太难而避开这一类型的课程，也不会出现为了提前学习专业而把所有课程都集中在分布课程领域等问题。这是本次课程改革最大的特点。因此，从整体上看，本次的课程改革坚持的依然是原有的教学理念，改变的更多的是课程的管理模式。

4. 哈佛通识教育核心课程设置及特点

（1）哈佛大学通识教育课程设置的概况

哈佛大学的课程设置，从整体来看，学生的毕业学分要求基本没有变化，始终都是32门课程。最大的变化始终都是共同必修的课程与专业主修课程的比例关系，当然，随着两类不同课程的比例变化，教学的主导思想和教育理念也会不同，课程的管理也会随之发生改变。从通识教育课程的改革来看，哈佛大学的课程设置大致变化如下。

艾略特时期开始的基本以自由选修为基本特色的课程设置，规定的必修课程减少，主要是由学生自己在课程库中选修课程，自己选择，自己负责。教师则结合专业、学科，特别是社会需要等开设了大量的课程。由于课程体量大，学生选择困难，最终胡乱选课；另外，自由选也导致学生们只选择某类实用性强的课等，问题太多，到博克任期内改为"集中与分布"制，其实就是学校提前对课程进行了一些分类，并把一些类似的课程集中归属到某些院系，并要求学生的选课要分布在这些不同的领域，但是划分并不明确，学生修课依然混乱，而且还出现了一个更为突出的问题就是过分的专业化和学科化，这才有了哈佛 20 世纪 40 年代的通识教育改革，从这时开始了核心课程的改革与实践。通识教育核心课程的变化也经历了不同的阶段，大致可以分为三个阶段。

第一阶段，科南特改革通识教育，即《哈佛大学通识教育红皮书》构建的哈佛大学的通识教育是 6 门课，6 门课必须发布在三大领域，即人文学科、社会科学和自然科学这三大类，可以看出，这一时期，通识教育核心课程的分类还是非常宏观的，这也导致通识教育核心课程到后期不断被诟病，最终有了后来罗索夫斯基的核心课程改革。

第二阶段，罗索夫斯基通识教育核心课程改革。鉴于长期以来哈佛大学通识教育课程分类过于宏观的问题，本次课程改革最大的特点，就是将通识教育课程划分为相对而言更为精确的领域，即最初的五大领域课程：文学与艺术；科学与数学；历史研究；社会与哲学分析；外国语言和文化。可以看出，这一分类是把数学归到科学类中，而这一科学更多指自然科学，社会科学被取消，划分出了历史、语言与文化以及社会与哲学，这种划分中，有很多不同的领域是叠合在一起的，相比较以前的三大类划分要精细了很多，但依然混杂，随着核心课程在教学中的实践、反馈等，后来对五大领域的课程进行了调整和修改，到 1985 年时，核心课程体系发展为涵盖 6 个领域，即文学与艺术；科学；历史研究；社会分析；道德推理；外国文化❶，后又增加了"定量推理"，最后形成了 7 个领域。从这样的变化可以看出，通识教育课程设置更多地关注对"有教养的人"的培养，把更体现专业特色的课程归回到学科和专业课程中，如去掉了哲学分析模块，而改为道德思考或道德推理模块，也即，不是人人都要学习哲学，但是每个人都会遇到道德问题，并应该在适当的境遇下，能够有适当的道德选择，这与其课程改革的基本教育理念是一致的。当然，最终变化还将数学从科学中分离出来，最终设置成为"数理统计"，外国语言与外国文化分离，语言变成一门必修的公共基础课，不再作为核心课程中的内容。因此，在 2007 年通识教育课程计划改革前的哈佛通识教育课程为❷：

1. 毕业学分课程要求：32 门课

2. 共同必修学分课程要求：12 门课

符合要求：学生免修主修领域内的 2 门课

---

❶ 罗索夫斯基. 罗索夫斯基论通识教育与核心课程（上）［J］. 黄坤锦，译评. 台湾通识教育季刊，1994：1.

❷ 黄坤锦. 美国大学的通识教育［M］. 北京：北京大学出版社，2008：124.

2.1. 基本要求

a. 英文写作：1 门课

b. 数理统计：1 门课

c. 外国语文：2 门课

2.2. 核心课程

a. 外国文化：1 门课

b. 历史研究：2 门课

c. 文学与艺术：3 门课

d. 道德思考：1 门课

e. 科学：2 门课

f. 社会分析：1 门课

第三阶段，21 世纪通识课程计划，即针对通识教育核心课程学习过程中出现的质量下降问题进行的新一轮改革，课程设置既坚持了原来核心课程的一些基本理念，同时也把当今时代发展的最新成果纳入课程体系中，对核心课程的模块设置进行了比较大的调整，最后形成八大模块❶，分别是审美与诠释的理解；文化与信仰；实证与数学推理；道德推理；生命系统的科学；物理宇宙的科学；世界中的诸社会；置身世界的美国。模块内课程相关性强，模块间课程具有相对独立性。最新的一轮改革，最突出的变化是将这些模块又再次归类，形成了一个"4＋3＋1"模式，这个课程模式更多的是从学生修课的选择范围的视角进行的分类，但是，当前哈佛大学的课程体系中，实际的课程分类，主体依然是 2007 年计划中的 8 个模块，增加了一个"过去的研究"，即一切研究的过去的课程，不完全等同于原来的历史研究。

（2）通识核心课程简介

在 2015 年方案前，哈佛大学的通识课程基本延续了 2007 年的通识课程计划，课程类别划分得更精细，课程数量也比较多。2015 年方案实施后，大类归并突出，从原来的八大模块归并为四大类别，课程数量也有很大的压缩。从哈佛大学官网公布的 2019—2020 年度的通识教育课程目录看，四大类别 88 门课，相比较 2011—2012 年度的八大模块 185 门课程，大类整合的特征非常突出。哈佛大学 2011—2012 年度的通识课程❷，分布如下。

---

❶ Home page. Program in General Education. http：//generaleducation. fas. harvard. edu/icb/icb. do. 2012 - 05 - 17.

❷ 张会杰，张树永. 哈佛大学通识教育课程体系及其特点［J］. 高教发展与评估，2013（2）81 - 89.

①审美与诠释的理解

审美与诠释的理解模块集中发展学生的审美反应以及对诸如文学、宗教经文、绘画、雕塑、建筑、音乐、电影、舞蹈和装饰艺术等各种文化表现形式之内涵的诠释能力，培养学生以所学的原理和方法理性地、批判性地分析艺术品及其思想的能力。该模块由 39 名教师授课，课程有修辞原理，启程——手抄本之修饰，音域——变化世界中的音乐探索，诗、诗人、诗歌艺术，种族融合的文学，基督圣乐的演奏，超现实主义——先锋艺术与战争中的政治，当代圣经文学，消亡语言中的爱情——传统印第安文学与文学理论家，韩国文化历史的组成，佛教与日本文化，艺术与人文视野中的圣经引论，面向新时代的古老传说——在传统与现代中国，伊斯兰纪念馆，正在上升的俄罗斯文化——俄罗斯人读什么、怎么读，奥斯曼帝国的视觉文化，亚洲艺术，俄罗斯与东欧的艺术与政治，现代中国被压抑的浪漫，文学与医学，作为全球流行文化的日本动画等。该模块有着显著的人文性，授课内容以传统艺术作为分析对象的课程比重很高，而且，课程具有鲜明的国际视野，授课教师的专长集中在英语言文学、东亚语言与文化、建筑艺术史、斯拉夫语言与文学等领域，如表 3-1 所示。研究专长为东亚语言与文化的教师人数仅次于英语。这反映出哈佛通识教育对东亚地区的关注。

表 3-1　审美与诠释的理解模块任课教师的研究专长

教师专长	英语	东亚语言与文化	建筑艺术史	音乐与古典音乐	斯拉夫语言与文学	罗马语言与文学	女性、性别与性的研究，宗教研究比较文学，罗马语言与文学，近东语言与文化各 1 名
教师数（个）	9	7	7	5	4	3	

②文化与信仰

文化与信仰模块课程的培养目标在于对因社会、政治、宗教、经济以及历史条件不同而产生的思想与艺术品的理解和认同，既有美国文化内部的也有跨文化的，学生将检视上述差异如何影响个人及社群的认同。这类课程致力于在教学内容与当前关注和感兴趣的热点之间建立连接。开设的课程有医学与身体——东亚与欧洲，穆斯林宗教、文学与艺术中对上帝和先知的爱，西方历史中的人类与圣贤，传说与神话引论，制度化暴力与公共景观——以罗马竞技为案例，西方的理性与信仰，南美洲的文化、历史与信仰，古希腊文化中的英雄观念，格里高利圣歌，跨时空的佛教研究，中国日常生活中的文化，异教徒、基督徒与穆斯林文本中的犹太历史，印度教艺术与文化，所见即所信——摄影艺术的历史，圣人、异教徒、无神论者——基于历史分析的宗教哲学导论，东亚宗教研究入门，疯癫与医学——精神病治疗史的主题，经典神话，中世纪俄罗斯的偶像、仪式与文本，希伯来圣经，流行文化与现代中国，社群主义与政治文化——捷克斯洛伐克的布拉格之春与天鹅绒革命，意第绪人的世界，历史起源——古历史学家及对后世的影响，音乐、辩论与伊斯兰教，上帝、公义与《约伯记》，美国的抗议文学——潘恩到图帕克，"二战"后的欧洲——文学、电影与政治等。授课教师的学术专长主要集中在历史、近东或东亚或斯拉夫语言与文化、神学与宗教、音乐与古典音乐等方面。

③实证与数学推理

2019—2020 年的通识课程则整合在一个大类"审美与文化"中，开设的课程有传染病与社会不公，动漫作为全球流行文化，多感官宗教：通过艺术重新思考伊斯兰教，非殖民化文献，古希腊英雄，好莱坞的美国梦，黑人激进主义，通过作品看疾病、不健康和健康，世界末日的故事，损失，艺术、政治和公民文化，永恒无常：佛教徒为什么要建造纪念碑，古典神话：古代和今天神话的力量，美国文学与文化中的跨种族冲突，种族、性别和表演，绘画的不确定：让我们看见和表达的艺术是什么，什么是书，我们讲的故事，诗无国界，东亚电影，讽刺诗，转型社会：革命或改革等 22 门❶。从这两个时期的同类型课程名称就可以看出，2015 方案的通识课程更体现普遍的、通识性的特点。

④再比如，原来的"道德推理"模块改为"伦理与公民"

2015 年方案以前的"道德推理"模块课程教导学生学习有关道德、政治信仰和实践的理性推理的原则，并审议和评估学生自己提出的伦理主张。通过在道德两难中对善的生活、义务、权利、正义和自由等理论概念及伦理思想的审视发展学生权衡和推理的能力。学生在此类课堂上会遇到不同的价值体系，这将促使他们进一步关注自己的道德假设。开设的课程有人权——哲学引论，政治正义与政治审判，自我、自由与存在，伦理议题，如果没有上帝、一切皆被允许——有神论与道德推理，西方政治思想中的奴隶制，宗教伦理比较，中国伦理与政治理论经典，传统印度的善生活，道德推理与社会抗议，正义，伦理、政治与法律中的信任、想象与怀疑，生物伦理学，无神论伦理：马克思、尼采与弗洛伊德，伦理与世界关系，托尔斯泰与陀思妥耶夫斯基小说中的道德之问，当代的社会理论、人文学与哲学，哲学家与暴君等。❷

2015 年方案则改为"伦理与公民"，该类别的课程涉及大量关于对与错的问题，引导学生理解公民美德的本质，分析道德层面的问题。2019—2020 开设的课程有 K–12 美国学校的公平与卓越，安全，分裂世界中的冲突解决，技术伦

---

❶ 哈佛大学官网：https://gened.fas.harvard.edu/courses–listing，2019–06–26 访问。
❷ 张会杰，张树永. 哈佛大学通识教育课程体系及其特点 [J]. 高教发展与评估，2013（2）：81–89.

理：人工智能、生物技术和人性的未来，全球化的未来：问题、行动者和决策，医学伦理学与历史，医学与冲突：政治动乱中康复的历史与伦理，种族与正义，智力、身份与道德行为，现代世界的人口贩运、奴隶制和废除，当变革困难时做出变革：法律、政治和社会变革政策，道德进化：从原生汤到超智能机器，理性主义，重申论点：逻辑是一种永远的力量，无知、谎言、胡说八道和骗子，东西方哲学中的生活行为，经济正义，中国的商业等19门课程❶。与此前的课程相比，围绕着教育、积极、种族等问题展开的关于公平、正义、理性的探讨等依然是重要话题，同时，科技伦理和生物医学伦理课明显增加，凸显出对时代以及当下的伦理问题的高度关注。原来课程中的理论研究课程则减少了。

2015年方案以前的"生命系统的科学"和"物理宇宙的科学"两个模块主要是教导学生理解生命科学、生物工程、物理科学等以及与之相关的广泛领域内的核心理念、事实、理论和方法。开设的课程集中在"理解生命"和影响整个世界的物理科学这些主题展开广泛的探讨。这两个模块的课程在最新的改革中被取消，大部分课程归并到专业课程中，只有很少的几门课程延续下来，归并到新方案的"社会中的科学与技术"类别中。比如：自然灾害，如何建设一个适合居住的星球，科学与烹饪—高级烹饪到软物质科学，气候能源挑战等。从哈佛大学2019—2020年度的通识课程目录中看，除了保留的几门课程外，增加了当代发展中国家：解决棘手问题的创业解决方案，谁活着，谁死，谁在乎：重塑全球健康，睡眠，为什么没有治疗健康的方法，幸福的科学，我们能选择健康吗，人类进化与人类健康，能源与环境，人类诱发气候变化的挑战：向化石燃料后的未来过渡，改变我们世界的实验，水与环境，预测：未来的过去和现在，世界卫生：挑战和机遇等❷。这些课程的内容都与普通大众密切相关，体现的是真正地对所有人的生命的理解和关注，同时又与现代的生命科学和物理科学的发展紧密相关，但是课程本身的重点并不在于专业的探讨。

2015年方案前的通识课程模块中的"世界中的诸社会"是为了教育学生具有国际的视野，通过对世界上不同的国家、社会的资源、信息、思想等分析，了解人类社会组织的多样性，理解不同的价值体系、习俗和制度、行为与社会组织方式形成的差异。另一模块"置身世界的美国"则是通过当代的和历史的分析方法审视美国的社会、政治、法律、文化、经济、制度和行为等，通过对美国自身以及美国与美国之外的不同国家、社会及组织之间的观念的审视，帮助学生理解作为全球框架中的一个异质的多面的美国，理解美国价值的持久性及多元化。

---

❶❷　根据哈佛大学官网发布的2019—2020通识课程翻译。https：//gened. fas. harvard. edu/courses - listing，2019 - 06 - 26访问。

这两个模块的课程看起来覆盖的范围非常广泛，但是，这仅仅是在地域的层面，就具体的课程而言，大部分课程都属于比较专业的内容，比如埃及金字塔的考古学历史，日本武士革命，海外中国，英帝国，重建中的波士顿——变化着的美国城市，对宪法的思考等，这样的课程在新一轮的改革中，都归到了专业课程中。这两个模块取消，其中涉及的不同的国家、社会的主题归并为一个新的类别，即"个人、社会和历史"。从2019—2020年度的通识课程目录来看，2015方案的有关课程保留了这两个模块中倡导的全球视野，同时课程又集中在全球范围的某些重要的、对世界局势有明显影响的区域或主题，比如东亚的中国、非洲的埃及，南美洲的印加人及其创建的帝国，十字军东征和东西方的建立，伊斯兰教与中东政治，全球女性主义、大屠杀等。对于美国的学习也体现出历史与现实的结合，如美国内战还在进行吗，美国的枪：一个爱情故事，我们能知道我们的过去吗，选票和圣经：为什么和如何把圣经带入他们的政治，美国城市设计：公民愿望与城市形态等。新的课程方案取消了大量的专业性特征突出的课程，更加关注具有普遍性、影响范围广泛的主题，课程设计更具有时代性和现实性。

5. 哈佛通识课程改革的特点

（1）博采众长的改革思路

无论通识教育课程如何改革，哈佛始终对自己的教育理念有着某种高度的传承，即广泛吸纳各种教育理念中积极的养分，所以在哈佛的通识教育课程中，说它具有显著的实用主义色彩，其实它也体现出明显的要素精粹主义色彩，也有理想主义的痕迹。不走极端，各取所长，成就自己，这可能才是哈佛大学的真正特色。在哈佛的通识教育课程改革中找不到赫钦斯那样的"伟大著作"计划，但是，并不是说，哈佛的通识核心课程中就没有对伟大著作的研读的课程，就从2011—2012年度的通识课程来看，185门课中没有一门类似经典著作精读课程，即它没有经典阅读课，但事实上，在哈佛的通识教育核心课程中，几乎普遍都渗透经典著作学习的要求，并且课程对经典著作的阅读要求很高，如正义课，要求阅读亚里士多德、洛克、康德、穆尔、罗尔斯关于正义的经典之作，并要求以批判性分析的方式学习经典著作。这是明显地对永恒主义教育思想的借鉴。正如哈佛通识教育委员会就明确表示："我们不认为西方文化反映在任何一套伟大的著作中，它们必然会忽略这些标准与现实世界的联系。"[1] 如此可见，即使选择伟大的著作，也应该紧密地结合现实，而不是为了回到古典传统。其既实用又要从所有学习内容中凝练最精华的部分的要素主义思想都被有机地融为一体，共同构建了核心课程的体系。

---

❶ 哈佛委员会. 哈佛通识教育红皮书［M］. 李曼丽，译. 北京：北京大学出版社，2001：84－85.

（2）国际化的视野

进入 21 世纪，国际化、全球化加剧，哈佛大学的教育国际化程度也大大提升。2007 年通识教育报告中就提出，哈佛培养的毕业生不仅是某一地方某一国家的公民，而应是世界公民。这一改革思想在其通识核心课程中新增的"世界中的诸社会"和"置身世界的美国"两个课程模块中体现得尤为突出。一方面对于美国在世界中的地位影响等高度关注，将美国置于整个世界格局中来分析美国的作用、地位等；另一方面是培养学生的国际意识和公民意识，比如，通识课程对亚洲、欧洲、非洲等地区都有研究和关注。而且对于全球性的问题，比如，自然灾害、全球的健康问题等都有关注，这些课程既从世界社会的形态入手，也从影响全球的问题着眼，培养"世界公民"的思路很明显。

（3）均衡化的课程结构

通识教育的课程改革，始终都在努力做的是使各个领域的课程在学生的学习中保持均衡，无论是对古典教育的矫正而进行的选课制，还是为扭转实用倾向而进行的核心课程改革，乃至最近的为避免混乱和教育中的偏颇而最新的对原有模块的再分类等，其实质都是为了保障通识教育课程能在培养学生全面发展的过程中保持基本的知识、观念和方法的平衡。因此，在核心课程中不仅增加了"实证与数学推理"模块，而且把这一模块单独列出来，要求学生必须选修，同样，在强调人文素养的同时，科学素养一直是哈佛通识教育的重要组成部分。在通识教育的层面看，哈佛始终认为科学提供给人的不仅仅是某一学科或专业的知识和技能，或不仅仅是知识和技能，更重要的是科学的精神，不同的学科对待世界的方法，特别是科学研究培养出来的批判、严谨、逻辑推导，在充分的依据基础上的判断等，在哈佛人看来培育这种态度，才是教育的根本目的。因此，在为民主社会培养公民的活动中，科学的态度和习惯尤其是有价值的。❶ 2018—2019 年度，哈佛大学的通识核心课程总计 198 门，分布在 9 个领域，科学素养与数学推理的课程比重合计占总数的 45%，可见，科学素养与人文素养平分秋色。

（4）探究性的教学

通识教育关注的重点始终不在于某门课程的知识的灌输和掌握，而在于拓宽学生的视野，从不同的学科领域、视角，领悟不同的思维，学会运用不同的方法认识和理解人、社会乃至世界万物，因此，通识教育课程改革始终强调课程的整合性和贯通性，希望学生的学习不局限于某一领域，而是在决定自己的专业研究方向前，能够对知识体系有一个尽可能广泛的学习和理解，以免于狭隘。同时，

---

❶ 哈佛委员会. 哈佛通识教育红皮书［M］. 李曼丽，译. 北京：北京大学出版社，2001：38.

这样的学习也可以帮助学生在不同知识领域和学科之间建立联系，使学生能运用多学科的视角和方法思考并解决问题❶。基于这样的课程理念，其教学始终都强调学生的参与与探究，因此课程安排中，几乎绝大部分的课程主要的教学方式都是"讨论（Discussion）"，即使不是直接用讨论的方式，也会在教学中穿插使用，或者通过让学生自己实际参与研究或做实验等进行自主的探究，从而培养学生对知识的运用及其创造性思维等。比如，网易公开课中桑德尔教授的正义课，他的课堂，听课学生往往超过千人，但他仍然使用互动的方式进行教学，给学生提供讨论所讲内容的机会。他用苏格拉底"助产术"式的教学，即不断地诘问、应答、反驳和再追问的教学方法，引导学生对某些想当然的结论或常识作多维度的思考，使学生在对具体个案的分析中，当前提条件不断发生变化时，学生在正反辨析中养成批判性思维和伦理推理的能力。而这些条件，总是现实的，与生活密切相关的，他把学生对收入分布、同性婚姻、权利（人权与财产权）、平等、政治义务与社会需求等社会事务的想法和道德与政治哲学联系起来，以推进学习者对世界和人生的深刻精神感悟。

（5）灵活而有原则的课程管理

哈佛的通识课程管理始终都是既有原则性又有灵活性。这种管理特色体现在学生修课上，就是学生必须在四年修完核心课程，修习的课程，必须分布在核心课程规定的各个领域，不能出现遗漏某一模块的问题。在满足这些基本的原则后，学生选课则有极大的灵活性。一个学生可以在核心课程的各个模块领域自由选课，也可以在专业院系开设的、同时开放给通识教育选修的专业课程中选课。选修了这样的课程，要与专业学生一起学习，只是在学习和考核方面，会有不同的要求。对于难度比较高的课程，可以放在大学四年的后半段，或者征求教师的意见，在获得教师许可后选修。学生还可以在校际之间进行选课，只要是在同等的课程难度以及学科领域就可以被认可。

为满足学生的选课以及学习情况，课程的班级容量也很灵活，不会一刀切规定选课人数。有的不限定修课人数，比如，迈克尔·桑德尔教授的正义课，注册人数最高可达1000人。有的则有限定，比如，心理科学课人数限定在510人，生机勃勃的宇宙课人数限定在325人。对于不适宜于大班授课的课程，如音乐和声音中的物理学课，其选修人数则要求在60人之内。还有一些课程人数只要30人，课程的容量由课程的性质，特别是授课方式决定，需要大量实验的，一般课程人数会受到限制。

另外，课程的主讲教师也可以灵活，通识核心课程绝大部分是一位教师独立

❶ 李会春. 哈佛大学的通识教育课程改革透视［J］. 中国高等教育，2008（10）：60-62.

承担，也有部分是 2 个老师合作，由 3、4 名教师共同承担的课程很少，但是也存在。课程的授课时间一般每周 2 次，一次 75 分钟，也有个别课程，一周 3 次，或者 1 次的，一周 1 次的课都是连续 2 小时 45 分钟，教学过程中都会有讨论时间或实验时间。这部分活动单独安排时，课程就会分 2 次或 3 次进行，如果需要连续进行，就会安排在一起一次课程完成，具体设计由教师在备课过程中安排好，排进课表，一般不再改动。

总体来看，哈佛大学的通识教育课程一直都是美国大多数大学模仿的对象，也是中国近年来通识教育改革模仿的主要模板，其通识教育课程设置、管理都有许多值得学习和借鉴的地方。当然，哈佛大学的通识教育课程也有其自身的缺点，比如，课程规模过于庞大、课程界限越来越模糊、不同课程之间的质量差别大，等等，因此，尽管哈佛大学的通识教育课程具有突出的标志性意义，但是真正在实践中运用，则很难模仿和移植，因为，没有几个学校有哈佛那样的师资和实力。因此，很多高校也并不是全面移植哈佛大学的通识教育课程模式，而是结合自己的办学特色，发展出更加适合自己学校的特色的通识教育课程，这方面是值得我们学习和借鉴的。

二、芝加哥大学通识教育改革历程

芝加哥大学创立于 1890 年，相比于哈佛大学，芝加哥大学要年轻得多。也许正是因为年轻，芝加哥大学在发展中带着极大的热情和创造力，在很短的时间内就在教育和人才培养等方面取得了举世瞩目的成就，其在通识教育领域的改革也是具有创造性的，其通识教育改革的核心理念和成果为美国的通识教育发展积累了丰富的经验。

1. 初创时期的芝加哥大学通识教育

芝加哥大学是约翰·洛克菲勒投资创办的一所大学，创立于 1890 年，1892年正式上课。第一任校长是威廉·哈珀。接受建校使命的哈珀，与投资者洛克菲勒有着共同的理想——在美国西部建一所与哈佛、耶鲁齐肩的顶尖大学。为此，当时只有 35 岁的哈珀几乎以宗教般的热情投入到芝加哥大学的建设中。大学还未建成时，哈珀就为芝加哥大学制定了极为严格的教师和学生选拔标准。在他看来，要建设顶尖的大学，必须要有高素质的教师和学生，特别是要在极短的时间内建成与哈佛、耶鲁相媲美的大学，就必须把所有的热情和激情投入到引进有才能的教师、学生和管理者中去，吸引人才，诸如以高于学校教师收入多得多的补贴来吸引"美国最优秀的学者"，通过一年半的努力，到 1894 年时，芝加哥大学就已经建立了一个总数为 120 人的一流研究和教师团队，修建了 10 栋楼，成为美国高等教育与研究的顶尖学校之一。

哈珀对于芝加哥大学的建设理想即受到"现代大学之父"洪堡的教育思想的深刻影响，他坚信大学应该是高水平的教学与研究的统一。鉴于对当时美国实用主义教育思想的盛行，哈珀认为高水平研究需要完成基本的通识教育，而且把这部分教育与社区教育结合，这一思想催生了后来美国的社区大学，同时，也为芝加哥大学的通识教育和专业教育规定了学习的时间比例和阶段划分。即第一个阶段是通识教育，他认为应该用 2 年的时间完成通识教育，为后边高深的研究打好基础；第二个阶段是专业教育，学生要研究高深学问。他自己积极投身于教学工作，即使在与癌症病魔抗争中也没有停止教学。1906 年哈珀去世，年仅 49 岁，却留下了一所伟大的大学，成为大学公开或私下效仿的对象，奠定了芝加哥大学"厚智益生"的大学精神。历史学教授弗雷德里克·卢道夫（Frederick Rudolph）曾在 1962 年的著作《美国大学史》（*The American College and University*）中写道："芝加哥大学的创立对美国高等教育整体风貌的塑造是那个年代任何事件都无法企及的，它的创立是美国历史上代表时代精神的事件之一。"❶

但是通识教育如何展开，哈珀没有形成一套完整的和行之有效的模式。哈珀的继任者，虽然在哈珀的教学改革试验的基础上有所推进，但成效不明显。直至芝加哥大学的第 5 任校长赫钦斯才开始芝加哥大学通识教育的长期探索和实践。

2. 崛起时期的芝加哥大学通识教育

赫钦斯（Robert Maynard Hutchins，1899—1977）是美国教育家，永恒主义教育流派的代表人物。1899 年 1 月 17 日，他出生于美国纽约布鲁克林区的一个神学教授家庭。1929 年，赫钦斯应聘担任芝加哥大学校长，这时的芝加哥大学发展处于困顿之中，而美国的高等教育整体处于过分的职业教育中，大学的学术研究与课程的职业化和专门化问题突出，为了避免芝加哥大学陷入这样的境地，赫钦斯接任后，积极推行"芝加哥计划"，对这所大学进行改革。与此同时，他又推行"名著教育计划"，并专门设立了"西方名著编纂咨询委员会"。尽管赫钦斯的通识教育改革后来因过于极端而没能在芝加哥大学彻底实施，但其改革的基本理念和课程结构等核心思想都被继承了下来，并在经过改造后，一直形塑着芝加哥大学的通识教育，并对美国整个高等教育改革产生了影响。

（1）赫钦斯关于通识教育的目的

赫钦斯的通识教育是基于这样的一种认识，即通识教育是面向每个人的教

---

❶ 肖明波. 芝加哥大学校长赫钦斯［N］. 中华读书报，2013 - 11 - 27（22）.

育，不管他是否继续进大学深造。[❶] 赫钦斯强调通识教育对于人的重要和价值不是因为这样的教育可以帮助人赚钱，而是在更深刻的更为广泛的意义上，有助于培育人的理智，可以使人过上一种更有智慧、更有意义的生活。

首先，赫钦斯认为高等教育的目标是培养智慧。智慧是一种"理性的美德"，这种思想起源于古希腊的哲学家柏拉图。赫钦斯继承了这种思想，他认为用于处理人与自然、人与人之间关系的智慧需要通过普遍的永恒的知识来培养。他也深受纽曼的理想主义教育思想的影响，认同纽曼的知识像宇宙一样是一个无法截然区分的整体的观点，这个整体是由不同分支学科的知识组成的，所有的知识形成了一个整体，不能将它们割裂开来。因此，赫钦斯推崇用永恒的知识来培养和熏陶人的心灵。在赫钦斯看来，人最高尚的生活就是智慧的生活，智慧的生活需要理性，"人的幸福生活的秘诀全在于理性，全在于用理性来指导生活"。理性不是生而被完美地赋予人类的，而是需要发展，需要引导的。教育是引导和发展人类理性的最合适的手段和途径。既然理性生活是人类共同的目的，那么，教育的目标就应该与人类追求的最终生活目标相一致，教育就应该把重点放在发展人的理性上，"教育就是理性的培养"，通过培养人的理性而发展人的智慧。

其次，赫钦斯认为通识教育的目的在于训练学生的思维能力，追求真理。赫钦斯认为"大学的存在，是为寻找和沟通真理，假如大学不能完成这一点，便再也不是大学了"。在他看来，最有价值的教育、最应由大学承担的教育就是通识教育，它有别于"专业教育"或"职业技术教育"。只有包括以培养人的理性为目的的通识教育，大学才能称为真正意义上的大学，"如果没有通识教育，我们就不能办好一所大学。"通识教育的目标是"帮助学生学会自己思考，作出独立判断，并作为一个负责的公民参加工作"。他坚定地认为，大学所要解决的是思辨的问题。大学通识教育的目的就在于训练学生的理解能力、判断能力、逻辑思维能力。只有通过通识教育，不断训练学生的思辨能力与科学精神，才能使学生不断地把知识的碎片连接在一起，构成一个整体，这样才能有助于学生更好地理解自然、理解社会。

最后，赫钦斯认为通识教育的目的在于为人的全面发展奠定基础。赫钦斯坚定地认为"教育应是主体为人的教育，教育的目的唯在发挥人性，使人达到完善的境界"，"其目的是人性不是人力，教育不应成为可悲的经济工具"。批评当时的美国的大学教育远远地偏离了大学的根本目的和优秀的传统，在现实的物欲横流的社会现实中，被金钱和利益所诱惑，为了金钱，大学渐渐地放弃了自己神圣

❶ 罗伯特·M. 赫钦斯. 美国高等教育 [M]. 汪利兵，译. 杭州：浙江教育出版社，2001：37.

的理想，为了满足或迎合大众的浅近的需求，得到金钱，不惜曲意逢迎，向各种不利于学生理性和智慧培养的需要妥协。他甚至尖锐地批评"美国大学，看上去唯一关心的几乎就是钱，还有与钱相关的公共关系。公共关系可以产生捐赠、立法授予和学费收入。美国大学可提供任何课程，只要它可以取悦社区中的权势集团。除了金钱和公共关系，美国大学还乞求什么标准？我觉察到，对金钱的喜爱是美国大学蜕变的深层原因"。赫钦斯非常敏锐地发现了美国高等教育中出现的危险以及问题产生的深层原因，因而，他极力提倡通识教育，认为通识教育是改变这种状况的真正出路。他认为，过于屈服于现实需要，纯粹的职业教育，使人很早地陷入某一种职业当中，而对知识或领域一无所知，结果就是导致人们失去继续学习的可能，最终会导致青年人的畸形发展。而通识教育可以改变这种状况。他说"青年时期的自由教育的目的并不是把青年人需要知道的一切都教给他们。自由教育的目的在于给青年人继续提供他们自己所需要的习惯、观念和技能。所以，青年时期正规的、按一定的制度进行的自由教育的目的，是培养青年人能毕生教育他们自己"。可见，在赫钦斯看来，通识教育不仅能为人们的谋生奠定基础，而且还为他们一生的学习准备条件，保证人可以更加全面地发展自己，为人的发展提供了无限的可能。

（2）赫钦斯关于通识教育的功能的思想

赫钦斯把通识教育放置在大学存在的必要条件和前提的位置，与他对通识教育的功能的界定和认识有关。他认为通识教育具有如下四方面的功能。

首先，通识教育有助于人类文化精神的维护与传承。赫钦斯的通识教育强调对于那些永恒的文化的代表——伟大经典著作的学习。他认为这些伟大的名著包含了古代先哲先贤们对人和事的最本质、最深刻的看法，其对"人性的""人类的"等一系列问题的探讨具有"永恒性"，因此，一切伟大的著作都是现代的。通过对这些伟大经典著作的学习，可以更好地培养学生的理性，在伟大的著作中，与大师们探讨人类一系列最基本的、永恒的问题，在他们的启迪下，创造性地思考这些问题，既可以促进个人的心灵更丰富、更美好，也有利于西方传统文化知识的传承，更有利于把那些永恒的价值和精神传递下去。

其次，通识教育有助于人的全面发展。通识教育看起来不能让人获得更多的物质财富，也不能让人在现实中获得职位的升迁，但是通识教育为人的发展提供了无限的可能。正是因为接受了通识教育，一个人可以知道自己在未来不仅仅只有一种选择，只能去做一件事，而是可以通过独立的思考和判断，知道自己到底适合做什么，自己喜欢做什么，能够做什么，在做自己喜欢的事情中，自己还需要学习什么，到哪里获得学习的机会，等等，这些都是通识教育给人带来的财富——不仅有广阔的视野，而且有良好的思维能力、判断能力以及价值选择的能力等，一句话，通识教育有助于人的全面发展。

再次，通识教育有助于民主社会的进步和发展。通识教育培养的是一个有理性思考能力和判断能力的人，是一个负责任的公民，这样的人因其独立，因而其公民的民主意识强烈，他们不仅对自己负责，走上社会，也会对社会负责。通识教育也为人们提供了"共同的核心价值和精神"，这些共同的精神有助于人们的交流和沟通，有助于社会的进步和发展。

最后，通识教育有助于专业教育和高深学问的研究。赫钦斯高度重视通识教育，但他并不认为通识教育和专业教育是对立的；相反，他认为良好的通识教育是专业教育的基础，能为高深学术的研究奠定坚实的知识基础，也为学术研究提供多学科的视角和方法。通识教育训练了学生的思维能力和判断能力，为学生的进一步深入研究奠定了方法论基础，这些都有助于学生在未来的专业学习和学术研究中走得更高更远。

（3）赫钦斯关于通识教育的内容的思想

赫钦斯认为通识教育是要教给人们一些共同的东西，那么最适合完成这样的教育的"教材"莫过于"伟大的经典著作"，从古至今的各个历史时期的名著杰作包含了人类的最高智慧和理性，包含着绝对真理，它永恒不变，万古长青。通过对这些伟大的书的阅读、讨论、批判性的思考，再加上数学，构成了通识教育的内容。

赫钦斯认为当时美国大学里的课程设置杂乱无章、毫无目的。他抨击道："那些名目繁多的无聊课程，如美容学、捕鱼和踢踏舞，这些课程除了帮助学生无所用心地消磨四年时光以外毫无意义。"因此，赫钦斯指出，大学教育中的课程设置应建立在永恒的原则基础上，着眼于培养学生的理性。他认为"永恒学习"是理性训练的最好手段，应成为课程的核心内容。他说："课程应当主要由那些永恒的学习组成。我们提出永恒的学习，因为这些学习发掘出我们共同的人性要素，因为它们使人与人联系起来，因为它们使我们和人们曾经想过的美好事物联系起来，因为它们对于任何进一步的研究和对于世界的任何理解都是首要的。"❶ 这些"永恒学习"由两大类科目组成：一类是与古典语言和文学有关的学科，这一类主要学习的就是永恒的、伟大的经典著作；另一类是理性训练课程，即"智性课程"，主要涉及文法、修辞、逻辑以及数学等。赫钦斯认为，每一位接受大学教育的人都必须学习西方那些伟大的著作，因此，他竭力主张在大学课程中设置名著杰作。他说："一个从来没有读过西方世界的任何名著，我们如何能称他是一个受过教育的人？"❷ 他认为，古典名著在一定程度上代表着西方文明发展的轨迹，其本身就是知识和思想的广泛综合，它不仅是对人类共同人

---

❶❷　罗伯特・M. 赫钦斯. 美国高等教育［M］. 汪利兵，译. 杭州：浙江教育出版社，2001：46.

性的概述，是全人类的共同的文化遗产，还可以为人类提供共同的永恒知识，利于形成社会的整体意识和共同精神。

"智性课程"，主要包括文法、修辞学、逻辑及数学这样一类含有永恒性研究内容的学科。赫钦斯认为，学习修辞学在于掌握读、写、讲的基本法则，使学生能够将自我情感以合乎规范的优美的形式表达出来；文法的学习则能发展语言逻辑分析能力，陶冶心灵；逻辑训练可以发展学生清晰明了的推理和判断能力；而数学则是"以最明确和最严格的形式阐明推理的学科"，它依据人类思维普遍的和必然的过程，不受爱好、倾向和偏见的影响，"思维的正确性通过数学进行培养也许比任何别的方式更为直接、更为使人印象深刻"。通过古典著作和智性课程来训练学生思维，发展理性，提高人类普遍的理解力、洞察力、判断力，加强理智美德的培养，以弥补科学和物质高度发达的文化中出现的"精神贫血"现象。

（4）赫钦斯的通识教育改革

为了真正实施通识教育，赫钦斯对芝加哥大学的课程设置进行了大刀阔斧的改革。1930 年，赫钦斯将芝加哥大学重组为"专业学院和五个部门：人文，社会科学，自然科学，生物学和基础部。"❶ 基础部创立的目的就是为了发掘通识教育应该如何开展，怎样管理等。赫钦斯任命鲍彻（Chauncey S. Boucher）出任课程委员会主席，设计通识教育方案。1931 年该委员会设计的通识教育方案被通过。通识教育课程通过综合考试来检验"通识教育的完成以及进一步深造的资格"，"在基础部里，传统的用所修课程和花费时间的方式来衡量的方法已被遗弃。"❷ 为了衔接专业教育与通识教育，在前两年的通识教育中，允许学生选修一定数量的专业课程，在后两年的专业学习中，又要求学生必须选修三分之一的非专业课程。❸ 相较于芝加哥之前的本科教育课程体系，鲍彻的通识教育方案是一个重大进步，但是赫钦斯仍不满意，他认为这种方案对古典伟大著作的阅读重视远远不够。他在 1953 年出版的《乌托邦大学》中阐述了自己的大学通识教育思想："作为整体，教育系统的目的并非为工业提供熟练工，或者教给年轻人一些生存的技巧，而是让他们成为负责任的公民。"赫钦斯认为塑造了西方文明传统的那些伟大著作，恰恰是训练学生的知识能力并使他们成为具有独立思考和批判能力的合格公民的最好教材。但是，鲍彻的方案显然对此有所保留。

1935 年鲍彻离开了芝加哥大学。赫钦斯认为，理想的课程应该实行四年一贯制，在此前的课程体系中，自然科学的课程比重过大，人文学科的课程比重过

---

❶ 威廉·墨菲，D. J. R. 布鲁克纳. 芝加哥大学的理念 [M]. 彭阳辉，译. 上海：上海人民出版社，2007：283.

❷ 同上，283－284.

❸ 沈文钦. 赫钦斯与芝加哥大学的通识教育改革 [J]. 比较教育研究，2006（4）：41－45.

小，古典名著的阅读和研讨课程也过少，他强烈主张要更加专注于西方经典名著、伟大人物著作的研读与学习，提高古典名著在通识教育课程体系中的比重。1936 年，赫钦斯出版了《美国高等教育》一书，明确提出："通识教育课程'应由西方名著以阅读、写作、思维和说话的艺术组成，再加上数学，它是人类推理过程的最佳范例。'❶"他在芝加哥大学成立了一个人文课程委员会，希望以此为突破，重新探讨古代西方七艺在现代教育中的地位，这样，芝加哥大学的通识教育课程就逐渐演变为以西方古典名著为核心的课程体系。为了推行名著计划，赫钦斯为之付出了极大的努力。

在美国当时的大学教育体系中，如此的教育理念是超前的，是极具挑战的，同时，赫钦斯的一些极端做法，也使得他的理想主义改革有点脱离工业时代的实际。因此，赫钦斯的改革在推进的过程中，遭到了强大的阻力。赫钦斯为了增强通识教育的效果，力推将通识教育提前延伸至中学高年级教育阶段，形成中学高年级（2 年）和大学初级（2 年）连贯 4 年的完整通识教育做法，在当时美国的大学教育体系中，显得特立独行。毕竟大学 2 年与中学 2 年时的学生的水平还是有很大的差别，对于通识教育课程，他们的接受能力也并不一样，因此，当时受到很多教师的批评和抵制，最终的结果是，进入芝加哥大学学习的高中低年级学生，必须完成 14 门通识教育序列的课程，才能获得学士学位，而高中毕业后进入芝加哥大学的学生则只需要完成 8 门通识教育课程就可以获得学士学位。从1943 年到 1950 年，在赫钦斯的极力推进下，以及各方的互相争论与妥协中，几经实践，芝加哥大学逐渐形成了一套相对成熟的通识教育课程体系。这套课程体系"主要有 14 个序列课程，在 14 个序列课程中，包括三年人文课程、三年社会科学课程、三年自然科学课程、一年数学课程（还可以多选一年）、阅读与写作课程、外国语（选修）、O. I. I ［观察（Observation）、阐释（Interpretation）与综合（Intergration）]"，具体分布如表 3 - 2 所示。❷

表 3 - 2　芝加哥大学通识教育课程体系

一年级	社会科学 1	人文学科 1	自然科学 1	英语
二年级	社会科学 2	人文学科 2	自然科学 2	数学
三年级	社会科学 3	人文学科 3	自然科学 3	外语
四年级	历史	O. I. I（观察、阐释与综合）		

通识教育课程 1、2、3 都是自成体系、连贯一气的，比如，社会科学的三个序列课程分别是美国政治制度（American Political System，社会科学 1）、"人与

❶ 罗伯特·M. 赫钦斯. 美国高等教育 [M]. 汪利兵，译. 杭州：浙江教育出版社，2001：50.
❷ 沈文钦. 赫钦斯与芝加哥大学的通识教育改革 [J]. 比较教育研究，2006（4）：41 - 45.

文化"（Personality and Culture，社会科学 2）、"自由与秩序"（Freedom and Order，社会科学 3）。其中，四年级开始的两门课程则是综合课程，其目的是整合学生前三年之所学，使其对西方文明有一个纵览全局的认识，并学会将所学知识运用到具体的阐释、理解、分析问题中，旨在培养学生的创造性、思维创新性，培养学生的综合分析能力等。

从 19 世纪 30 年代赫钦斯在芝加哥大学推动和领导的通识教育改革开始，其通识教育就始终围绕着对经典名著的阅读和苏格拉底式的小班讨论这两个核心展开，但是在实际操作中，通识教育的入学条件放宽、以经典著作阅读学习替代所有课程等做法，也带来了一系列的问题，并在实践中遇到了激烈的抵制，在矛盾最激烈的时候，赫钦斯拒绝妥协，他以辞职来表示自己对理想主义通识教育的坚持，最终，赫钦斯离开芝加哥大学，继任者康普顿接任校长，他几乎是立即停止了赫钦斯的"名著学习计划"。

从这个结果看，赫钦斯的通识教育改革似乎是失败了，很多研究也是这样判断的。其实不然，从随后的芝加哥大学通识教育改革的调整看，后来修正的大多是一些具体的操作方式，赫钦斯的通识教育理念还是被芝加哥大学——如果不是校长明确提倡，也是被教师和学生们在实践中一直运用着的，特别是他对伟大著作阅读的坚持，提倡的苏格拉底式的小班讨论，学科交叉等教育理念，他注重培养学生进行独立的批判性思考的能力和辩论能力、培养学生发现与提出根本问题的原创性能力以及直接面对人类社会根本问题的思考习惯等教育思想，不仅在芝加哥大学，而且可以说，后来为整个美国的高等教育所吸纳。由此可以理解，为什么当时那么多人反对、批评赫钦斯，但随着时间的推移，人们越来越发现赫钦斯以及他的通识教育改革的价值，并称其改革为 20 世纪高等教育第一次伟大的改革。

3. 调整时期的通识教育

赫钦斯离开芝加哥大学后，他的很多重要改革举措都被废除了。这可能也让赫钦斯极为伤感，晚年的赫钦斯在回忆自己的人生时，自认为自己的人生很失败，他应该在 35 岁的时候死去，这从另一方面也说明，芝加哥大学的通识教育在后来还是有很大改变和调整的。在芝加哥大学工作多年的康普顿接替赫钦斯担任芝加哥大学的校长，1953 年 5 月，康普顿所任命的委员会开始对本科学院进行"标准化"改革。主要改变在以下几个方面。

改变原来的规定必修制变为选修课制。从 1953 年开始，芝加哥大学开始主要招收高中毕业生。1957 年，单一的十四门必修课政策逐渐被废除，从 1957 年开始，学生允许自己选择一些课程，在系（department）中接受为期一年的专业教育以及一的选修课学习，各系开始颁发各自的学位。最终，赫钦斯时期的四年一贯的指定性单一课程变成了两年制的通识课程，与哈佛大学等学校一样，芝加哥大学也采取了共同核心课程（core curriculum）的形式。通识教育课程的完成时间主要限于大学前两年。当然，这并不是说大学三、四年级没有通识教育课程，只是，如果没有完成大学一、二年级的通识教育课程，就没有资格学习三、四年级的通识教育课程。就通识教育的两个核心要素而言，三、四年级的通识教育并不是对通识教育的否定，而是以另一种方式对通识教育的延续和深化。如果说一、二年级的通识教育旨在训练学生的一种形成和表达核心智识问题的基本能力的话，则三、四年级的专业教育则强调在此基础上，训练学生在某个具体的知识领域更深入和系统地处理复杂问题的专业能力。三、四年级的专业教育虽然训练重点变化了，但是训练方式仍然延续一、二年级的许多核心特征，例如，仍然强调小班研讨的方式，强调对各专业领域中那些经典文献的研读和讨论。

实施学分制，取消大学本科学院的独立设置。在 1930 年，芝加哥大学的院系重组中，取消了本科学院，进行综合考试，采用学分制❶，同时废除在完成通识教育课程后即颁发学士学位的做法。将通识教育中学两年与大学两年连续四年的通识教育取消，不再提前把中学低年级学生纳入芝加哥大学的通识教育计划中，而是把大学前两年的通识教育与后两年的专业教育结合，形成完整的大学教育阶段。

经过 20 世纪六七十年代的发展和完善，最终形成了今天芝加哥大学相对完整稳定的通识教育课程体系。

4. 芝加哥大学通识教育课程的基本结构和操作方式

根据芝加哥大学官网提供的有关芝加哥大学的详细的课程说明，我们可以对芝加哥大学的课程整体以及通识教育课程设置有一个细致而明确的了解。从2012年和 2018 年对芝加哥大学官网平台公布的关于芝加哥大学课程的详细说明来看，其大学课程的整体结构、学时数量、基本要求都没有变化。课程体系非常稳定。❷

（1）芝加哥大学课程整体概括

芝加哥大学的大学课程有三个组成部分：通识教育课程、主修专业课程和选修课程。通识课程是所有本科生都必须完成的课程，主修专业课程由各个专业和学院自己确定，选修课程主要是为了满足学生依据个人兴趣自由地探索知识的需要，提供一些学生个人特别感兴趣但通识教育课程与专业教育课程都无法提供的课程。

---

❶ 威廉·墨菲，D. J. R. 布鲁克纳. 芝加哥大学的理念［M］. 彭阳辉，译. 上海：上海人民出版社，2007：283.

❷ 芝加哥大学官方网站（http：//collegecatalog. uchicago. edu/thecollege/thecurriculum/，2012 - 08 - 15 访问）所提供的关于课程体系的详细说明，2018 - 08 - 09 再次访问。

芝加哥大学修课时间按照学季计算，一年分 4 个学季，秋、冬、春、夏 4 个学季，其中夏学季的时间在暑假，课程较少，选修的学生也比较少，一些需要学生自己完成，不计入学分，但学校又鼓励学习的课程，如体育课，或者是需要参加外国的交换或考察的课程，比如，外国文明课程等，会安排在夏学季，也有一些不是很重要的选修课程等。

一个本科生要从芝加哥大学毕业或升入研究生阶段学习，至少要完成 42 个学季 4200 学时的课程。这其中通识教育课程必须达到 15 个学季（1500 个学时）、主修专业课程 9～19 个学季（900～1900 个学时）和选修课程 8～18 个学季（800～1800 个学时）。在所有获得的学分中，至少 3800 个学时必须是通过注册的全日制课程获得。

所有进入芝加哥大学的学生必须在第一、第二年级，即在前 8 个学季完成通识教育课程的学习，而且，通识教育课程除非得到特别的批准，不得以任何课程，如专业课程、选修课程、辅修课程等代替。可见，通识教育课程是整个本科生教育体系的基础部分。

（2）芝加哥大学的通识教育课程设置

芝加哥大学的通识教育课程分为三大类别，分别是：人文、文明研究与艺术类（Humanities，Civilization Studies and the Arts）；自然科学与数学（Natural Sciences and Mathematics）；社会科学（Social Sciences）。其中，"人文、文明研究与艺术"与"自然科学与数学"这两个类别，学生必须各修满 600 个学时，即各 6 个学季的课程；社会科学类别则必须修满 300 个学时，3 个学季的课程。各个类别的通识教育课程都有自己的教育教学的目标和课程要求。

①人文、文明研究与艺术类。"通识教育的核心要素是学习如何理性地、历史地和审美地鉴赏和分析文本。通过通识教育的这种要求，学生学会怎样去深刻地理解文学、哲学和历史文本；怎样去识别这些文本所带来的重大智力问题以及如何富有洞察力和说服力地讨论和书写它们。他们还要学习如何研究视觉或表演艺术形式以及怎样把这些文本和艺术形式放在特定的文化和特定的年代框架来学习。"❶ 如此看来，人文、文明研究与艺术类课程设置的明确目标就是帮助学生形成分析、欣赏、品味经典文本的能力，发现原问题的能力以及洞察力、说服力和理解力。这一类别又细分为三个模块，其实，它本身就包含着三个模块，即：

A. 人文（Humanities）：该模块强调对历史、文学与哲学文本的阅读、阐释和欣赏。要求所有一年级的学生都必须完成人文序列的课程，通过仔细阅读文

❶ 芝加哥大学官方网站：http：//collegecatalog. uchicago. edu/thecollege/thecurriculum/，2018－08－09 最后访问。

学、历史和哲学文本，参与到人文作品的令人愉悦和富有挑战的学习中。这些课程不是概览性课程，也就是说，不可能简单地随意浏览一下，就可以掌握，这样的学习也不可能获得成绩。本模块课程学习的可以描述的目标是通过文本学习，建立起鉴赏和分析示范性文本的意义和力量的方法。人文学科的文本阅读最集中地体现了芝加哥大学通识教育的核心理念，这一理念也是当年赫钦斯通识教育改革的核心，即高度重视经典著作的研读，并在此基础上，进行相关的课堂讨论和写作作业。为了配合本部分内容的学习，学生还被要求，必须要参加人文写作研讨会（HUMA 19100 Humanities Writing Seminars），这门课程是 0 课时，也就是说，这门课在学生的修课学时中不占课时，但必须上，在这门课上，单元研讨会介绍熟练的学术写作的要略并进行实践。

这一模块的课程在 2012 年的课表中是 8 门课程：《世界文学经典阅读Ⅰ—Ⅱ—Ⅲ》《哲学性地阅读人文经典Ⅰ—Ⅱ—Ⅲ》《古希腊思想与文学Ⅰ—Ⅱ—Ⅲ》《公民与人》（Ⅰ—Ⅱ—Ⅲ）《人文经典导论》（Ⅰ—Ⅱ—Ⅲ）《阅读文化：收集、旅行与交换》（Ⅰ—Ⅱ—Ⅲ）《媒体美学：影像、声音与文本》（Ⅰ—Ⅱ—Ⅲ）《语言与人类》（Ⅰ—Ⅱ—Ⅲ）。这 8 门课程都是系列课程，每门课程都分成了三个系列，这意味着要完整修完一门课程，就必须花费 3 个学期。到 2018 年的课表中变为了 9 门课程，除了《古希腊思想与文学》（Ⅰ—Ⅱ—Ⅲ）改为《希腊与罗马：文本、传统、变革》（Ⅰ—Ⅱ—Ⅲ）外，另外增加了一门《诗歌与人类》（Ⅰ—Ⅱ—Ⅲ）。9 门课程全部都是 3 个学季的序列课，而且这个类别的课程全部都要求必须按照课程开设的序列来修课，否则无法获得学分，例如：如果一个学生选择了《世界文学经典阅读》（Ⅰ），那么他就要继续选择《世界文学经典阅读》（Ⅱ）和（世界文学经典阅读）（Ⅲ），否则前边修习的《世界文学经典阅读》（Ⅰ）成绩将不被计算在学业要求的学时中。

B. 文明研究（Civilization Studies）：文明研究通过直接接触具有重大意义和示范性的文件和纪念碑，提供关于世界伟大文明的发展和成就的深刻审视。这些序列的课程丰富了以文学和哲学文本研究为中心的人文序列课程。同时他们也进行社会科学序列的基本问题形成的同步社会理论研究。他们的方法是强调历史背景中的事件和思想的根基以及社会变革中事件、制度、思想和文化表达的相互作用。文明研究序列的课程同样强调的是文本而不是概述。他们认为，认真地研读文本，才是理解不同文明的思想观念、文化模式和社会权力的最好方式，他们可以帮助我们去探索那些作为一个完整的存在实体的文明，其能够发展和演变的意义及其预示着的公民生活。

此模块包括两个部分：一部分是校园文明课程（Civilization Studies Courses on Campus），即在芝加哥大学上课，所有的学习活动都在学校完成；另一部分是海外文明课程（Civilization Studies Abroad Programs），这部分课程，一部分内容在校园学习，另一部分则需要到研究的文明所在地去学习和实践，大多都需要到当地的大学交流学习，也有一部分是利用夏学季，让学生到文明所在地实地考察。就第一部分的课程而言，校园文明研究课程开设出 30 门左右的课程。古希腊文明、古希伯来文明、古罗马文明、西欧的中世纪文明、伊斯兰文明、中国传统文化、地中海世界、拉美文明与历史、西方的音乐文明、西方近现代的科技文明等，都在可供选择之列。这些课程又分成了两类：第一类是全部在芝加哥大学学习的课程，总共有 20 门；另外一类是需要通过海外交换项目，到这些文明发生地的大学完成的项目，总共有 11 门。例如，第二类课程中的《罗马：从古代到巴洛克》，就可以通过交换项目到罗马学习，进行实地考察。2018 年的课程有：《殖民地Ⅰ—Ⅱ—Ⅲ》、《东亚文明概论》（Ⅰ—Ⅱ—Ⅲ）、《世界文明中的性别与性》（Ⅰ—Ⅱ）、《西方文明中的科学、文化与社会》（Ⅰ—Ⅱ—Ⅲ）、《非洲文明概论》（Ⅰ—Ⅱ—Ⅲ）、《欧洲文明史》（Ⅰ—Ⅱ—Ⅲ）、《西方文明史》（Ⅰ—Ⅱ—Ⅲ）、《世界文明中的美国》（Ⅰ—Ⅱ—Ⅲ）、《俄罗斯文明概论》（Ⅰ—Ⅱ）、《古代地中海世界》（Ⅰ—Ⅱ—Ⅲ）、《世界文明中的人权》（Ⅰ—Ⅱ）、《犹太文明》（Ⅰ—Ⅱ）、《拉丁美洲文明介绍》（Ⅰ—Ⅱ—Ⅲ）、《西方文明中的音乐》（Ⅰ—Ⅱ）、《古代近东历史与社会》（Ⅰ—Ⅱ—Ⅲ）、《古代近东思想与文学》（Ⅰ—Ⅱ—Ⅲ）、《古代的帝国》（Ⅰ—Ⅱ—Ⅲ）、《闪米特语言、文化与文明》（Ⅰ—Ⅱ—Ⅲ）、《伊斯兰历史与社会》（Ⅰ—Ⅱ—Ⅲ）、《伊斯兰思想与文学》（Ⅰ—Ⅱ—Ⅲ）、《南亚文明概论》（Ⅰ—Ⅱ）。除了少部分两个学季的连续课程外，大部分依然是 3 个学季的连续课程。

文明研究课程对于选修课程同样有严格的规定，要求一旦选择了某一序列的课程，就必须完成该序列的全部学季的课程，而且必须按照序列的开课顺序选修课程，不能自由组合，"因为文明研究序列课程提供了一种完整连贯的、明晰的研究文明的方法，所以学生不能改变序列。学生既不能把课程从一个文明序列与一个独立课程结合起来，也不能结合各种独立课程来创建一个文明研究序列。希望使用这种组合的学生很少得到他们的请愿，包括来自课程和安排冲突的学生的请愿书，这些人的文明研究课程推迟到了大学的第三年或第四年"❶。尽管课程说明中提到，如果有什么要求可以提出申请，但事实上，类似这样修改课程组合序列的申请，几乎就没有被接受和批准过，如果因为自己的课程时间安排或什么问题导致课程没有完成，那么，这些课程的学习就要在大学的三、四年级完成。

---

❶ 芝加哥大学官方网站：http://collegecatalog.uchicago.edu/thecollege/thecurriculum/，2018-08-09 最后访问。

一旦发生这样的情况，对于后期专业课程的学习压力就非常大，因为后两年还有近 27 个学季的课程要完成，一旦挤压在一起，不仅学习的压力非常大，而且时间无法保证，因此，这可能会导致学生无法在四年内完成大学学业。实际上，学校课程要求中格外强调，学生们要在大学的前两年完成这一序列的课程学习，也是为避免类似的事情发生。

对于那些只选修 2 个学季的文明研究课程的学生来说，他可以选择原本就开设 2 个学季的课程，也可以在 3 个学季的课程完成 2 个学季的课程，从这一点看，该部分课程的选课自由度比人文学科部分略微自由一些，选择的空间更大一些。

C. 艺术（Arts）：这一模块主要包含着三个部分——戏剧、音乐与视觉艺术。从通识教育的视角开设的艺术类课程，根本的目标在于通过对各种艺术中的专业术语的详细分析，特别是各种艺术是如何运用这些术语来创造意义，引导学生学会分析、理解和欣赏戏剧、音乐和视觉艺术作品的方法。为了达到这样的目标，教学中主要是通过对精选作品进行深入研究或者通过制作原创作品来实现的。

从其教育目标看，艺术模块的课程注重的是对学生欣赏和领悟艺术作品能力的培养，这种培养是以一种非常专业的方式，为学生提供学习的方法。授课依然是芝加哥大学的经典教学模式——名著赏析，由于艺术的独特性，重体验、重感悟，因此，教学中也会采取实践性更强的方式，例如，组织学生重演经典戏剧，把自己放置在作者创作作品的背景中，尽可能地去感受、领悟作品所要表达的思想、情感，在艺术实践中欣赏和发掘作品的意义，并可以在实践中创造意义。

艺术模块提供给学生选择课程的范围也比较广，2018—2019 学年总共有 19 门课程，艺术导论、艺术概览、语境中的艺术、视觉语言：图像、视觉语言：对象、视觉语言：时空、媒体艺术与设计实践、电影与动态图像、电影与媒体研究专题、基于作者阅读或流派导论、诗歌与人类Ⅲ、西方音乐艺术概论、世界音乐导论、音乐概论：材料与设计、音乐导论：分析与批评、戏剧：体现与转型、表演基础、文本与呈现、舞台设计导论。这一模块的课程与前两个模块最大的不同在于，全部是一个学季的课程，每门课程 100 学时，学生选课的自由度比较大，可以自由组合。在三个模块中，也只有艺术模块的课程是可以选择 100 学时的。

人文、文明研究和艺术类，总体要求 6 学季，600 学时，且三个模块都要包括，只要满足这个条件就可以自由选，但实际选课中，每一系列的课程又有自己的具体要求，特别是人文和文明研究两个模块不允许自行组合，所以选课如果不合理，学生的时间利用效率就会降低，比如，《世界文学经典阅读Ⅰ—Ⅱ—Ⅲ》，这是一门连续 3 个学季的课程，每年的秋冬春三季分别开设，如果学生只选择了《世界文学经典阅读》（Ⅰ），后两个序列的课没有选择，那么第二、三学季就可能没课，而如果还想学习这门课程，就需要到第六、七学季了，如果学生一开始没有选上序列（Ⅰ），后边的两个序列的课程也是不允许选修的，这样，整体的学习就必须要推后一年，此前一年的课程如果又不能自由组合，就会出现通识教育课程不能在前2年完成，只能推迟到大学的三、四年级的现象，这样会影响到后期的专业课程学习，甚至影响毕业。为了帮助学生更有效地选课，芝加哥大学提供了三种课程套餐。

套餐1：3门人文课（A模块）、2门文明课（B模块）和1门艺术课（C模块）

套餐2：3门文明课（B模块）、2门人文课（A模块）与1门艺术课（C模块）

套餐3：2门人文课（A模块）、2门文明课（B模块）与2门艺术课（C模块）

一般来说，学校不主张学生在一个学季内学习太多的人文类课程，因为每门课程的学习任务都非常重，选课超过3门，极有可能出现完成质量低，导致不合格的现象，因此，建议学生选修2门为佳。

②自然科学与数学类。这一类别包含着3个模块：物理科学（Physical Sciences）、生物科学（Biological Sciences）和数学科学（Mathematical Sciences）。作为通识教育的一部分，这一类别的课程与大学开设的普通自然科学课程，有重要的区别。这一类别课程的目的是激发学生对自然物理世界探索的兴趣，尤其着重于自然科学探索的激发过程。科学的通识课程得益于芝加哥大学丰富的科学发现传统。已故的芝加哥大学教授和诺贝尔奖得主苏布拉马尼扬·钱德拉塞卡很好地描述了科学在我们生活中的重要性，他说："科学是对我们周围世界的感知。科学是一个你在大自然中发现的使你愉悦的地方。"通过科学课程的学习，学生可以了解自然科学的观察、推理的威力与局限性。其中数学科学的课程着重训练学生形成逻辑推理能力，并为所有学科乃至文明现实的生活提供宝贵的工具。按照学校规定，学生必须在"自然科学与数学"类别的课程中至少选择6个学季的课程，修满600学时。在这6个学季的课程中，学生必须选修至少2个学季的物理科学课程，至少2个学季的生物科学课程以及至少1个学季的数学科学课程。根据学生未来主修方向不同，物理科学和生物科学两个模块的课程，又划分为未来主修相关专业方向的学生要学的通识教育课程和未来不主修该相关专业方向的学生要学的通识教育课程两大类别。具体情况如下。

A. 物理科学模块（Physical Sciences）：物理科学的通识教育目标是培养学生对物理世界的理解和评价能力。物理科学在科学实验、观察和探究原则的教学原则同样有助于人文教育中培养批判性探究的鉴赏力和判断力的目标的实现。对于那些不把物理学作为自己将来的主修专业的大学生，物理科学提供的几个序列的课程中，每一个都引入了不同的学科和不同的科学知识。这些课程主要分为四大类，为了方便，标记为"物理学""天文学和天体物理学""地球科学"和"化学"。

学生可以在物理科学模块的 4 个小类的课程序列中选课，但一般要求要连续选课，自己自由选课组合的做法不被认同。根据课程大纲的规定，一般来说，来自两个不同类别的课程是不能组合成为一个可以满足两个季度的通识教育物理科学中的要求的。也就是说，一个学生，在"物理学"课程序列中，随意地选择了 1 门课程，又在"地学科学"或"化学"或"天文学和天体物理学"任一类别的课程序列中随意选择 1 门课程，这样的组合是不被批准的，这样的选择也无法满足课程大纲规定的必须完成至少 2 个学季的物理科学课程的要求。因为物理科学模块中的课程选择不仅有顺序的要求，而且还有水平的要求，除非有规定的科目允许通过某些水平考试，并且得分在 4 分及以上的学生，才可能会被同意去选修高级的课程，而且这样的课程也是有限的；否则，没有选择前期难度低的课程，后边难度高的课程就不允许选修，而 2 个小类中都只选修了难度系数低的课程，又会被认为不能达到该模块教育的目标，因此，课程修习的时候，会有限制自由选课的规定。这一思路在人文、文明与艺术类别中是同样的。通识教育的物理科学课程要求要尽可能在前两年完成。因为有些课程在 2 年级以后是不能注册的。对于这些规定有异议的，可以提出改变申请，但被接受的可能性非常非常小，几乎为零。

B. 生物科学模块（Biological Sciences）：根据学校的课程规定，所有的学生都必须完成至少 2 个季度的生物科学课程。生物科学的目标是通过对生物学的概念的理解以及对这个学科中的一个或多个特定领域的更明晰、更具针对性的审视，为所有专业以及有学术兴趣的学生提供一个广泛的基础。这一模块的课程要求学生应在第二年结束时完成。比较而言，在这一模块的课程中，学生选课的自由度比较大，对于那些将来不想主修生物科学的学生来说，学校建议他们可以选择"核心生物学"这门课程，再加 1 门主题课程或 3 或 2 个季度序列课程中的 1 门。这样既完成了通识教育中的生物科学的课程学时的要求，又能很好地接受和理解生物科学的思维和方法。对于未来主修生物科学专业的学生，该模块的通识教育课程也是必须要完成的，而且不能用任何后来的高阶课程代替。

C. 数学科学模块（Mathematical Sciences）：该模块包括两个部分——微积分课程序列和非微积分课程序列。数学科学的通识教育要求和目标是，目前数学科学领域广泛适用的技术用于构想、分析和解决问题以及评估解决方案等，这些是符合通识教育的目标的。完成这一目标的课程，也包括一些计算机科学、统计学和数学课程，以及微积分。

数学科学模块的课程大多数都是 1 个学季的独立课程，根据课程规定，学生必须完成至少 1 个学季的数学科学的课程，如果在数学模块只选择了 1 个学季的课程，那么另 1 个学季的课程就必须在物理科学或生物科学中选修，如果要在数学科学中选修 2 个学季的课程，有一种组合是不被允许的，那就是同时选择了"基础统计学"和"统计方法与应用"，这 2 门课程要和数学课程组合，如"数学研究"等。数学模块的课程最后通过考试获得学分。

③社会科学类（Social Sciences）。作为通识教育的社会科学课程不是要让学生在社会科学浩瀚的知识领域中去尽可能地探寻，其最核心的目标是通过多学科交叉和比较概念的发展运用培养学生对社会现象的分析能力，向学生传递一种适用于社会问题的科学精神，培养学生循此精神解决类似问题的能力。这一类别的课程的重点是社会科学理论中的核心概念、基本问题与基本的理论与方法。通过展示社会科学的基础理论如何提出基本问题以及如何通过思想实验和系统分析的方法来分析这些基本问题，帮助学生观察和理解当今世界所面临的一些基本问题。

社会科学类的课程与前两类的课程设置模式基本一致，2011—2012 年度，可供选择的社会科学类别的课程主要是如下 5 个序列的课程："权利、认同与抵抗"（Power，Identity，and Resistance）、"自我、文化与社会"（Self，Culture，and Society）、"社会科学探索"（Social Science Inquiry）、"心灵"（Mind）、"社会与政治思想经典"（Classics of Social and Political Thought）5 门课程，每门都是 3 个学季的连续课程，其中"社会与政治思想经典"曾经长期由斯特劳斯主讲，在芝加哥一直被奉为经典课程，极受欢迎，每年这门课程都同时开设 10 多个小班。2018—2019 学年的社会科学类通识课程由原来的 5 门增加为 8 门："权利、认同与抵抗""自我、文化与社会""社会科学探索""社会科学探究：形式理论"（Social Science Inquiry：Formal Theory）、"社会科学探究：空间分析"（Social Science Inquiry：Spatial Analysis）、"心灵""社会与政治思想经典""全球社会"（Global Society）等，其中"社会科学探究：形式理论""社会科学探究：空间分析"和"全球社会"三门课程是新增课程，8 门课程同样都是 3 个学季的序列课程。学生一旦选修了某门课程，那么就应该连续选修这门课程。自由组合是不被批准的，学生需要在社会科学类课程中至少完成 3 个学季的学习，获得至少 300 学时。这一类别的课程学习同样要在大学第 2 年结束前完成。

④外语与体育类。除了上述通识教育课程之外，芝加哥大学的通识教育体系还要求学生必须学习除英语之外的一门语言，这是为了能更好地学习各国的文化和进行文明研究，为此，学校对语言学习提出了相当具体的标准，来考核学生的语言能力。在听、说、读、写四种能力中，对读和写的能力要求比较高，但对听和说的能力也有具体的要求。

有研究认为芝加哥大学的体育有 3 个学季的课程❶，但是，笔者从芝加哥大学官网 2018—2019 年度的课程目录看到，芝加哥大学对学生的体育没有学时要求❷，但是鼓励学生积极参加体育锻炼，这有助于学生的健康以及拓展与人的友好交往，等等。学校针对男生和女生开设有不同的体育课程，并有各种比赛、俱乐部等。

5. 芝加哥大学通识教育课程的特点

（1）兼容并蓄中坚持理想主义教育理念

芝加哥大学的通识教育改革始终坚持的都是理想主义的价值追求，这种理想主义既体现在投资者约翰·洛克菲勒的投资理念中——要建一所西部最顶尖的大学，也体现在首任校长哈珀的教育理想中——引进最优秀的教师和管理者，吸引最优秀的学生，培养优秀人才，研究高深学问，追求真理、扩展人类知识，这些理念凝聚为芝加哥大学的校训"益智厚生"，追求卓越，这是芝加哥大学历来的理念和目标，理想主义的通识教育改革集中体现在赫钦斯的教育改革中，他的"伟大名著学习计划"虽然被当时很多人批评和抵制；但是，亲近原典，直面最原初的根本问题、传承和发扬人性中那些永恒的东西、以讨论的方式践行教育自由的信念等，最终都成为芝加哥大学的持久传统，即使在今天，芝加哥大学的通识教育中，依然有着浓厚的理想主义特征，其人文类课程全部都是以经典文本为学习基础的，社会科学也是如此，也许有人会说，这些经典著作，并非人人都能读懂，也确实会有很多人读不懂。但是，如果你真的读不懂，那么你一定就进不了芝加哥大学。芝加哥大学对理想的坚持，在其通识教育课程中体现得淋漓尽致。

当然，随着时代的发展，固守着纯粹的一种教育理念并不是一所顶尖大学的合适做法，芝加哥大学的通识教育在赫钦斯之后，还是在坚持中有很多变化，最为突出的是课程的设置方式和管理方式，不再是规定必修，而是给学生一定的选课自由。既然允许选择，规定的名著就无法实现了，这样就需要按照要素精粹主义的理念，对课程设置形成模块或类别，这样兼容并蓄的结果，就是形成了今天的芝加哥大学的通识教育课程体系和设置模式。

（2）开放平等中追求卓越

芝加哥大学从办学之日起就秉持着一种开放发展的理念，这种大格局在大学的初期就已经开始，芝加哥大学是第一个招收女生，并任用女教师的顶尖大学，开了向女性开放的先河，从建校起芝加哥大学的大门就是向所有少数民族敞开

---

❶ 黄坤锦．美国大学的通识教育［M］．北京：北京大学出版社，2008：128－129．

❷ 芝加哥大学官网：http：//collegecatalog．uchicago．edu/thecollege/thecurriculum/，2018－08－10访问。

的；芝加哥大学向那些不能在通常时间或在通常地点上课的人开放，创设了函授和夜校、周末学习课程等方式，芝加哥大学始终坚持这样的开放思想，当然，开放给所有人的机会，并不代表人人都可以轻松地进入芝加哥大学；相反，无论是作为芝加哥大学的教师还是行政人员，无论是本课程还是研究生，都必须经过严格的选拔，只有那些最优秀的人，才能进入芝加哥大学，这是保障芝加哥大学始终保持在顶尖行列的重要条件。

当然，在今天，这种开放也体现在其课程中，芝加哥大学的课程同样是具有开放的国际视野的，特别是其通识课程的文明研究，涉及文明的课程，必然会有到文明所在地学习和考察的要求，而其课程设置包括欧洲文明、犹太文明、东亚文明、南亚文明、非洲文明、俄罗斯文明等，学校对学生的外国语学习有很高的要求；但是，学习外国语不是单一地为了获得某种语言能力的证明，而是为了学习某种语言代表的文明，这样才能保证所有的学习和研究是更加贴近这些文明本身的，才能更好地获得对文明的理解，研究也才能真正深入，保证领先和卓越。

（3）序列化的课程结构

如果把芝加哥大学的通识教育课程设置与哈佛大学的进行比较，表面看起来，没有区别，都是分成几个领域，细化为几个模块，每个模块都有一定的修课课时要求。其实不然，认真研究了芝加哥大学的课程目录和要求后，笔者发现，芝加哥大学的通识教育课程最大的特点是序列化设置课程，并要求学生按照顺序选择修课。比如，人文学科中的课程，除了艺术模块大部分是1个学季的独立课程外，其他模块都是3个学季，有少部分是2个学季的连续课程，随意选一门，如《人文经典导论Ⅰ—Ⅱ—Ⅲ》，就是连续开设3个学季，一名学生一旦选修了这门课程，就应该连续选修后边的2个学季的课，因为学生不能自由选课并自由组合，以达到学校规定的不少于2个学季课程的要求，所以，实际选课时，大部分学生都会选择把一个序列的课程按照时间顺序选修完。这个特点在自然科学与数学、社会科学类的课程设置和选修中要求基本也是一致的，设置更为突出，必须先选修了课程中的（Ⅰ），才能继续选修后边的（Ⅱ）和（Ⅲ），因为，不修前期课程，后期的就听不懂，也就不能全面深入地领悟到人文学科希望学生掌握的基本学习方法，最终也就无法领悟那些伟大的文本带给人的启迪、智慧，不能有效地进行思考。所以，芝加哥大学通识教育课程的结构除了涵盖人类知识的整体之外，最突出的特点就是它的各个类别中的课程的序列安排。这种方式从20世纪40年代就已经基本定型，延续至今，芝加哥大学的通识教育课程的变化基本上就是课程内容的完善，但是整体的课程结构和管理方式则非常稳定。这样的模式就很少出现在哈佛大学的通识教育课程中，学生自由修习，结果，很多学生都会在各个领域中选择最容易通过的课程，结果最后学到的东西杂乱无章，这也是哈佛大学近年来再次进行通识教育改革的最主要和最直接的原因。而这样的问题，在芝加哥大学的通识教育课程中一般都不会出现。这在我国通识教育课程建设过程中，非常值得借鉴。

（4）深入的小班讨论教学模式

芝加哥大学的通识教育课程历来以难学而出名。这种难学，一是难在绝大部分课程都是以经典名著的文本阅读为学习的主要材料的，部分自然科学的课程有实验，艺术课程除了文本之外，还有创造。这就对阅读、完成作业都造成了难度。比如，人文学科的通识课程《哲学性地阅读人文经典》3 个学季，这门课程要求阅读大量文本"阅读倾向于在哲学与同时代的文学作品之间分配，但也可能包括科学，宗教，或法律实践的文本"。具体到 3 个学季的课程中，第 1 个学季集中在古希腊时期，探讨的核心问题是"道德、美好生活、个人在社会中的角色的基本伦理问题"，主要阅读"柏拉图、亚里士多德以及希腊剧作家"；第 2 个学季主要阅读 16、17 世纪的作家的作品，包括笛卡尔、休谟、伏尔泰、牛顿等人，这一学季的焦点问题是"质疑关于各种知识的可能性和自由"；第 3 个学季讨论的核心问题是"行为和道德"，从启蒙和后启蒙思想的角度考虑，作者包括休谟和康德。❶ 仅就一个学季的课程，要阅读的书目和文本在质和量上就有很大的难度。这样的要求在模块也一样。比如，社会科学的"社会与政治思想经典"，也是 3 个学季，其阅读的文本"从柏拉图、亚里士多德到尼采、杜波依斯"，每个学季都会有所侧重，第 1 学季主要阅读"柏拉图、亚里士多德、阿奎那和马基雅维利"，第 2 学季阅读"霍布斯、洛克、卢梭"，第 3 个学季则要阅读"密尔、托克维尔、马克思、尼采、杜波依斯和西蒙娜·德·波伏娃"，而且每门课程的阅读都不能草草了事。有研究者获得的更详细的资料显示，就"社会与政治思想经典"课程的第 1 个学季，学生要在四个星期内读完柏拉图的《理想国》、两个星期读完亚里士多德的《政治学》、一个星期读阿尔法拉比的三篇文章，一个星期读阿奎那的《法律、道德与政治》的部分章节，最后两个星期读完马基雅维利的《君主论》及《论李维》的部分章节❷。这样的阅读还必须与讨论结合。

另一方面的难学则是因为，如果仅仅是阅读完了就了事也好说，更难的就是讨论课。这种由赫钦斯发起，继承于古希腊苏格拉底式的"Seminars"——诘问—讨论式教学方法，要求学生课下要进行精心的准备，阅读材料，提出问题，并尝试对自己提出的问题进行梳理论证，并要在每一次的讨论中，用 3 分钟的时

---

❶ 芝加哥大学官网：http：//collegecatalog. uchicago. edu/thecollege/thecurriculum/，2018 - 08 - 10 访问。

❷ 芝加哥大学官网：http：//collegecatalog. uchicago. edu/thecollege/thecurriculum/，2018 - 08 - 15 访问。

间，针对课程规定的学习文本提出问题，并进行阐释，讨论中，可以互相质疑，辩论，而且所有的讨论不能离开学习的文本，不能信马由缰地乱说。课后一日之内，学生必须把自己课堂学习的总结在网络上反馈给老师，以便于下一步的学习。

课堂讨论的材料，大多情况都是教师准备，小班讨论多以经典文本为主，老师布置后，学生要在课下提前阅读、整理，如果是大班分成多个小组，除了一部分共同的资料外，带讨论班的老师，也可以根据自己的考虑，再安排一些相关的阅读资料，这样保证了即使不同的老师指导学习同一门课程还是能让学生在一些基本的核心资料、核心问题等大方面上保持一致。

小班讨论课一直是芝加哥大学的主要授课模式，一般课程，每班20人，上课基本就是讨论，如果一个学生没有做好准备，将一无所获，当然，他也就无法获得该门课程的成绩。也有一些课程由于教师资源的限制，班级比较大，大多会采取集中授课，然后分小班讨论，要求是一样的。

芝加哥大学对于讨论课的重视，可以从它的课程规定的另外一门课程中窥见一斑。芝加哥大学通识教育课程规定，所有学生都必须选修人文学科的课程不少于2个学季，而且必须同时选修一门人文学科讨论会，这门课，所有学生都必须上，但是没有学分，这是围绕着人文学科的学习单独开设的一门类似于人文学科的方法的课程，这门课中不讨论人文学科中的具体课程内容的深入展开，也不是一门方法论课，而是运用已经学习的人文知识、接触的文本，在专业教师的指导下，领悟学习人文学科的方法、技术等，以提高学生对文本所传递的永恒性问题的理解能力和感悟能力，提高欣赏力。这是各门课程讨论之外的讨论课。可见讨论课的重要。

这样的通识教育课程，对学生的智力和能力的挑战是巨大的。许多本科生的通识教育课程，也有博士生去旁听和选修。这表明这些课程的设计者和主要讲授者的一种共识——并不因为是给大学低年级本科生开设的课程就降低课程的难度。就时间和精力而言，这些通识课程对学生的挑战也是非常巨大的，学生在学习时，必须全力以赴，才能够获得比较满意的成绩。这样也必然保证了芝加哥大学高水平的教育质量。

（5）自由而严格的修课管理

芝加哥大学的教育理念是崇尚自由教育。为此，建校初期的哈珀曾经强调，无论什么情况下，都不能干涉教师的研究自由，他说："无论兄弟院校采取什么措施，在芝加哥大学里，董事会成员、校长或任何一名学校官员都不能以任何形式强迫教师对所发表的公开言论做出解释。"哈珀认为学术自由是大学的根本，"培养学术精神的最基本原则是保证学者们在思想上不受干扰。只有得到这种保

障的学者才能专心科研，从而最大限度地造福全人类"❶。这种自由的思想在芝
加哥大学的学术研究和学习过程中体现得最为明显，学生在学习过程中、讨论中
可以自由地发表自己的思想和观点，与教师一起探讨。

当然，这种自由精神落实到学生的修课中，则又有不同。芝加哥大学的学生
修课是自由同时又有严格的限制和规范的。所谓自由，就是学生可以在通识教育
课程体系中，按照基本规定，在各个类别中自由选修不同的课程，以完成自己学
业要求的学时。每类别课程中都开设了很多个序列的课程，学生可以自由选择。
限制自由的则是，一旦选了某个序列的一门课程，就必须顺序地选择这个序列的
课程，如果是 3 个学季的课程，至少也要选修 2 个学季，不能自己自由组合的选
修，这样就避免了学生只选择比较容易的，或者轻松的、自己感兴趣的等课程，
而是在一个序列上不断深入、扩展，这对于学生的素养培养、领悟各学科领域的
不同的思维特点和方法都是非常有益的。

另外，对于学生修课要求严格，如果一个学生想选修某门课，必须参加该门
课程的第一、第二次课，也就是一门课程的前两次课，如果不参加，将不被允许
学习。也就是说，半路上插进来上课，这种情况是不允许的。无论选修什么课，
都必须保证自己是从头到尾完整地参与了课程的学习的，否则就会被除名，或者
难以获得理想的成绩。

这种严格的课程管理，既防止了学生修习中的惰性、防止了学生自我放松而
导致的教育质量下降问题，也防止学生断续上课，而不能完整地参与，无法对课
程期望的通过连续地、持续地学习获得的思想、心灵、创造力等各个方面的提
升。由此可见，通识教育课程的严格管理也是保证芝加哥大学人才培养的关键
之处。

细细地研究和琢磨，会发现芝加哥大学的通识教育课程在很多方面值得我们
学习借鉴。

三、哥伦比亚大学通识教育改革历程

1. 哥伦比亚大学简况

哥伦比亚大学（Columbia University），全称纽约市哥伦比亚大学（Columbia
University in the City of New York），简称哥大，是一所位于美国纽约市的私立研
究型大学，常春藤盟校之一。它坐落于曼哈顿的晨边高地，濒临哈德逊河，在中

---

❶ 威廉·墨菲，D. J. R. 布鲁克纳. 芝加哥大学的理念［M］. 彭阳辉，译. 上海：上海人民出版社，
2007：72－73.

央公园北面。哥伦比亚大学成立于1754年，根据英国国王乔治二世国王的《王室特许状》以国王学院之名于1754年10月31日成立，命名为国王学院（Kings College），独立战争爆发后，学校教学被迫暂停，1784年重建，并改名为哥伦比亚学院，1896年改名为哥伦比亚大学。

哥伦比亚大学目前有21个院所，本科生学院3所：哥伦比亚学院、通识教育学院、工程与应用科学本科生院。研究生学院14所：有世界排名第一的新闻学院，世界上最负盛名的国际与公共事务学院，与耶鲁、哈佛、斯坦福大学齐肩的法学院，融聚大批最杰出的物理学家的艺术与科学研究生院，等等。附属学院4所：巴纳德学院（女子本科生院）、哥伦比亚大学师范学院、美洲犹太教神学院、纽约协和神学院。巴纳德学院是独立招生，独立运行的，学生毕业可获得巴纳德院长和哥大校长联合签署的毕业证书。哥伦比亚大学师范学院又称为教育学院，是世界顶尖的教育研究生院。著名的教育家杜威长期执教于此。一大批学术领袖曾在此任教或求学。其中最为著名的包括实用主义哲学家、教育家杜威，动物心理实验的首创者、教育心理学体系和联结主义心理学的创始人桑代克，教育史学家孟禄，进步主义运动先驱克伯屈，教育生态学创始人劳伦斯·克雷明，比较教育学领军人物康德尔，人类学家玛格丽特·米德，人本主义心理学家马斯洛、罗杰斯与罗格·梅，临床心理学家艾尔伯特·艾里斯，等等。哥伦比亚大学教育学院是全美护理教育的摇篮，第一个将心理学与社会学整合进入教师教育并将教育活动推广至社会关怀，全球第一个开设比较教育学课程并创建比较与国际教育协会，创设全美第一个课程与教学系，等等。

2. 从"战争问题"到"当代文明"

哥伦比亚大学的通识教育课程变化不是很大，但其形成同样经历了一个过程。第一次世界大战结束前后，美国发现自己处于一种文化荒漠之中，旧的秩序、规范已被摧毁，新的还未产生，宗教怀疑主义盛行，公众失去了一种文化认同，迫切需要改革和加强面对所有学生的通识教育，以提供一种共同的价值观和解决问题的能力。所以当赫钦斯在圣约翰学院倡导"名著教育计划"，发展人的理性时，哥伦比亚大学则强调学生解决社会问题的能力的养成，而不是培养有教养的人。

1919年，哥伦比亚学院（后来升格为哥伦比亚大学）开设了"当代文明计划"课程。这是对日益专业化的自由文理学科的一种反应。现在被认为是真正的通识教育方案之一。1919—1920年学院记事上写道："该课程的目的是使学生深刻理解个人及社会的各种因素；探究今天政治、经济及知识分子生活中的主要特点及其与过去时代的不同点；探讨20世纪的大事对今天国家关系的影响，细致地分析国内、国际的永恒问题；让学生对客观的材料做出自己的判断，从而有助于学生对自己时代文明的探讨。"该课程并不要求掌握这些学科本身，而是强调运用所学分析当代的问题，从而形成一定的价值批判能力；主要着重于当代的问题而不是承继西方文化的遗产。这种课程的目的与"一战"后的时代背景是一致的。由于"当代文明计划"的确立，传统的历史课和哲学课被从大学通识教育课程中排挤出去。

"当代文明计划"是在哥伦比亚大学课程改革的浪潮中提出来的。这个改革主要是巴特勒的功劳。1902年，他任哥伦比亚大学校长，和哈佛大学的课程改革者埃利奥特一样，关注学生的个体性。但他反对选修制，认为这会使学生像吃草的牛一样，只注意咀嚼愉悦他眼睛的草。教育应当是一个有组织的过程，并以人类最持久、最高尚的东西为内容。他认为，伦理、经济、政治三个基本方面是任何有效的教育的中心。他的这种态度不仅为"当代文明计划"，也为课程的改革创造了有利环境。例如，当一年级学生学习"当代文明计划"时，"古典名著计划"在高级学院展开了。后来，他又提出了跨学科的"人文计划"。

"当代文明计划"曾使用的教材有：《人类特性及其社会意义》《人类和文明》《现代思维的养成》。1929年，"当代文明计划"成了一年级和二年级学生的必修课。"当代文明计划"课程是由校教学委员会管理，由哲学系、历史系、经济系、政治系、社会学系合作开设。豪克斯指出这一计划有两个目的：使那些对社会研究不感兴趣的学生对目前的文明及其起源有一个充分、合理的认识；为那些准备在高年级从事社会科学学习的学生奠定一个宽广的知识及智力基础。后来，"当代文明计划"发展为两种：一种主要涉及西方文明的理想及制度；另一种主要集中于美国的经济和社会政治问题。"当代文明计划"主要围绕下面三个方面展开：人类是如何谋生的；人类是如何形成社会的；人类是如何理解他所生存的世界的。学生通过历史的方法，批判性地探索回答这些问题的前提假设和方法论。鲁道夫认为，在1920—1940年，至少有30个学院和大学受到"当代文明计划"课程的影响。

3. 通识教育改革的新计划

"二战"后及冷战期间的大气候还是有利于通识教育发展的。20世纪50年代的一种社会危机感不仅刺激着美国对通识教育的兴趣，而且通识教育的课程也从着重个体目标和促进社会发展转向捍卫民主制度。60年代末持续到80年代，大学教育又开始强调个人的兴趣和选择权。克拉克·克尔认为，纽曼所描述和提倡的课程的统一性已不复存在了。这主要因为大学赖以生存的社会失去了统一性而走向多元化。但是，深刻的政治和道德危机（如黑人和少数民族争取人权的斗争、反对越战、妇女解放运动、性解放、堕胎等）及知识爆炸，都对通识教育提出了新的挑战。哥伦比亚大学的通识教育改革就是在这种背景下进行的。

到 60 年代，由于日益专业化和职业化带来的课程压力，哥伦比亚大学取消了二年级学生的"当代文明计划"必修课，代之以学生可以选修的人类学、经济学、地理学、管理学、社会学、东方文明等课程。许多教师认为以前的"当代文明计划"课太肤浅，并失之于陈旧，没跟上其他相关学科的发展。哥伦比亚大学的通识教育计划逐渐被专业化和职业化带来的课程的支离破碎所削弱，但是，这又恰恰为通识教育的改革提供了契机。

社会学家贝尔从 1966 年开始考察哥伦比亚大学的通识教育计划。他在《通识教育改革》一书中认为，国民经济的发展受到政府的计划干预，政府成为科学及研究的主要投资者，大学已变成了服务于公众的社会机构，成了社会系统的一个部分。社会计划性的增强是有利于通识教育发展的。

每一代人都寻求自身的完善，为了达到这个目的，必须同化历史上的某些观念。大学的使命不仅是为了保存过去，重新解释一些观点，还在于试验并创造未来。这种使命直接影响了通识教育。贝尔认为，在一个大众教育和狭隘的专业化时代，仅让学生做点人文研究、读点哲学或经典著作是不够的。问题不仅是缺乏个人修养，还有日益增长的专业化要求。他觉得传统的分配性课程计划和以学科为基础的课程已不适应现代社会发展的要求。和传统的观点相反，他认为，通识教育和专业教育之间从根本上说是没有差别的。通识教育应该关注学生以后的职业中有可能遇到的意义问题和道德抉择问题。他把通识教育定义为"探询自身行为和策略的教育"。他认为学习要强调方法，如抽象化、理论模式、解释的原则和对材料的判断等，而不是知识。大学介于中学教育和研究生教育之间，前者重视事实与技能，后者重视专业化教育，而大学则主要探索知识的理由、理论的标准、判断的标准、学科间的关系和界限以及这些学科的意义问题。

贝尔建议改革哥伦比亚大学的通识教育课程。他的目标有两个：重新组织学校的通识教育计划，为学生提供更加整合的经验；统摄大学低年级和高年级的课程，加强知识的统一性。他认为，"当代文明计划"应该如此变革：第 1 学期的"当代文明计划"应从古希腊和罗马文明中选择一些涉及多学科的讨论专题，然后学习 2 学期的欧洲史，也应采取专题性（而不是编年史性）的方法，围绕政治、经济和宗教认识问题来组织，第 4 学期将继续为学生提供一些学科的导论性课程。贝尔认为应削减阅读数量，精读一些名著，以减少一种智力上的泛览感。课程的目的不仅要使学生熟悉内容，还要使学生通晓内容的学术背景，不仅要激发自己的情感，还要意识到别人的情感，并对之做出恰当的反应。通识教育要渗透到大学高年级，增设第三层次课程，目的是探讨某一领域、专业的方法论和哲学基础，并探讨知识、技能运用问题和意义问题或那些需要跨学科的方法才能解决的问题，从而在较大的背景中探讨学科的应用情况。这种对知识的意义问题和价值问题的关注，是和当代西方社会一再关注科学的意义问题分不开的。贝尔认为，这种第三层次课程主要探讨：某一领域或专业的发展历史；某一领域或专业的方法论和哲学基础；该领域或专业对具体问题的探讨和这种探讨的局限性；比较研究，特别是在非西方文明中检验某些结论。

贝尔提出的通识教育贯穿大学各个阶段，借以统摄、整合大学课程和学生的经验。所以，他提出的大学课程计划包括四个部分："当代文明计划"和"人文计划"。目的是为学生提供西方文明的历史和传统；第四学期关于某些学科的导论性课程；主修课；第三层次的通识教育课程。

贝尔取消了通识教育和专业教育的界限。通识教育开始关注专业知识运用的方法问题和意义问题。以前的通识教育是在大学的前两年实施，还没有渗透到大学高年级课程中去。由于他的倡导，专业和职业的意义问题和方法问题受到了广泛的关注。不过，贝尔改革大学通识教育建议的实施受到学生造反运动和社会抗议运动的削弱。直到20世纪70年代中期，哥伦比亚大学通识教育委员会才真正着手实施他的建议。

从以上可以看出，哥伦比亚大学的两次通识教育课程改革，都是围绕知识的统一性和价值、伦理问题而展开探讨的。这既是有感而发，也是应运而生。因为过分的专业化和职业化造成了学生知识和经验的偏狭，而且美国社会中过分的个人主义已危及国家的凝聚力，迫切需要加强文化认同。自80年代以来，通识教育在美国再次兴起，人们希望通识教育能为大学生提供道德训练、重建国家伦理风尚，改变大学生成绩欠佳的状况。通识教育的兴衰是美国大学对美国走向现代化和实现现代化之后所做的反应和反思的标志。

4. 哥伦比亚大学通识课程设置

哥伦比亚大学的通识教育课程与哈佛、芝加哥等大学最大的不同之处，在于它的通识课程基本上全部都是共同必修的。核心课程是所有本科生所需的一门公共课程，并且被视为学生必要的通识教育，而不管他们在专业上的选择。共同学习——所有学生同时遇到同样的文本和同样的议题——以及在小组讨论会上的批判性对话的经历是核心课程的显著特征。

除了核心课程之外，哥伦比亚大学还有全球文明核心课程、语言能力要求和体育课程。基本课程结构如下。

（1）通识教育核心课程

自1919年以来，核心课程一直是哥伦比亚大学本科专业知识的核心。从20世纪初开始，核心课程作为美国自由高等教育的创始实验之一，经历百年的发展，在今天仍然充满活力。核心课程以自由教育的终极目的必然反映人类生命的终极目的的观点为指导。其秉持的是理想主义的教育理念，"课程旨在促使学生解决人类存在的基本问题，并深刻思考过去是如何形塑当代世界的"❶。哥伦比亚大学希望通过核心课程的学习，让学生们无论将来选择的专业和职业是什么，都要思考一些最基本的问题，如"人类经验是如何传递的？音乐和艺术是如何产生意义的？我们思考的是什么？我们思考的是值得知道的吗？我们应该遵循什么样的规则？"❷ 等。因此，其课程构成的最核心的要素就是文本和对话。

文本就是赫钦斯一直主张的"伟大的书"。课程主要由西方传统的重要书籍和艺术作品组成，后来增加了一些非西方的文本，但很少。课程注重对原始文本的阅读和理解，并在此基础上，进行讨论。具体的文本后面详述。

对话就是小组讨论，即"seminar"，哥伦比亚大学认为，核心课程的讨论，代表着一种复杂的艺术，即建立共识、妥协和诚实的辩论，作为对所有学生的非学科要求，对话和讨论是跨学科和专业化的。也就是说，学生和老师在讨论的过程中对知识的涉猎是多领域的、跨学科的，即使是对同一文本的学习，最终的个人解读和理解也是多样的。同时，讨论又是专业的，而非随意的、聊天性的。这样的对话赋予了核心课程无限的活力和力量，不仅带来了学术上的严谨，而且通过对人类经验的最困难问题的辩论促成了学生本身革命性的变化，它发展了学生的思维习惯，培养了学生批判性能力和创造力，小班的亲密讨论促进了学生智力和情感的整合，这些都超越了课堂，进入了他们的生活之中，有益于学生在大学毕业后追求和实现有意义的生活。

正是在着力践行这样的核心理念中，哥伦比亚大学核心课程的宗旨变得更加明确。即"培养在复杂的人类问题上做出合理判断的能力"。通过研究文本和艺术作品，直面人类经验的基本问题。通过分析复杂而富有挑战性的作品，以小组讨论的方式，达到"培养学生深入探究的能力，并养成终身自修和诚实接受思想的习惯"的目的。核心课程的重点不是掌握特定的知识，而是开发自我反思、审议行动和自由生活所需的人类能力。核心教育是通过确认每个学生的知识自由、不可还原的价值、道德自律和尊严来实现的。一句话，核心课程就是要培养智慧和品格的美德。为实现这些目标，哥伦比亚大学的通识核心课程主要包括六大部分：文学人文、当代文明、艺术人文、音乐人文、大学写作、科学前沿。

A. 文学人文（Literature Humanities）：本门课程的全称是"西方文学与哲学名著"（Masterpieces of Western Literature and Philosophy），最初称为"人文科学A"。从 1937 年开设以来，作为哥伦比亚大学核心课程的一部分已经 80 多年。这是一门全年课程，课程分为两个学期，每一个学期是 4 学分，要求大学一年级的所有学生必须选修。文学人文课程的每个小组最多不超过 22 人，每个小组都按

---

❶❷ 哥伦比亚大学官网：http：//www. college. columbia. edu/core/scholars，2018－08－11 最后访问。

照同一个教学大纲有序地阅读相同的文本。在这门课程中学生要阅读的书籍，从《荷马史诗》《圣经》、奥古斯丁的《忏悔录》到蒙田的散文《随笔集》和伍尔夫的《到灯塔去》等作品。从 1937 年开始，有些书名从未离开所需的阅读清单：如荷马的《伊利亚特》、埃斯库罗斯的《俄瑞斯忒亚》、但丁的《地狱》，有些作者从未离开阅读清单：如柏拉图、维吉尔、莎士比亚、塞万提斯等，他们的作品经常被以不同的主题而选择，人则轮流运转。从哥伦比亚大学官网平台查阅的 2018 年到 2019 年的文学人文课程的阅读文本包括：2018 年秋季学期：荷马的《伊利亚特》、莎孚的《如果没有冬天》、荷马的《奥德赛》、新牛津注释的《圣经与伪经》、希罗多德的《历史》、埃斯库罗斯的《俄瑞斯忒亚》、索福克勒斯的《安提戈涅》、阿里斯多芬的《云》、柏拉图的《会饮》、维吉尔的《埃涅阿斯纪》、奥维德的《变形记》；2019 年春季学期：新牛津注释的《圣经与伪经》、奥古斯丁的《忏悔录》、但丁的《地狱》、蒙田的《随笔集》、莎士比亚的《麦克白》、塞万提斯的《堂吉诃德》、弥尔顿的《失乐园》、奥斯汀的《傲慢与偏见》、陀思妥耶夫斯基的《罪与罚》、伍尔夫的《到灯塔去》、莫里森的《所罗门之歌》。每学期 11 本，人人都必须阅读，然后参加小组讨论。根据上课的时间，所有的阅读文本都规定了阅读的时间，比如，荷马的《伊利亚特》是 4 天的阅读量，我们可能会觉得，学生可以根据自己的能力来决定阅读的量，但这是不可以的，这本书要在 4 天读完，且两天一次讨论。大纲的计划中是按照天来安排的。因此，因人而异是不存在的，或者读完，或者被淘汰。

B. 当代文明（Contemporary Civilization）：简称"CC"，课程的全称是"当代西方文明导论"（Introduction to Contemporary Civilization in the West），这门课程是哥伦比亚大学最早的、也是最经典的通识教育课程。课程定型于 1919 年。1917 年哥伦比亚大学开设了"战争问题"（war issues）课程，由于第一次世界大战给美国社会带来巨大冲击，公众对于社会的规范产生质疑，美国文化出现低迷，人们的文化认同感很低，同时大家也在思考到底为什么要参与战争？"战争问题"课程就是在这样的背景下开设的。它是美国陆军委员会哥伦比亚大学教职员为学生军训团开设的一门课程。关于课程的意义，迪恩·霍克斯的解释是："从长远来看，最重要的基本原则是人的成就不可能高于他的理想，而且对于一个人所奋斗的事业的价值的理解是一个有智慧的人的有力武器。"❶ 由此可见，这门课程实际上开始探讨人们为什么要去参与战争，进而延伸为在现实生活中，人到底为什么而活着的问题？什么是值得追求的？这实际上是对道德、价值的追问。课程开设两年后，议题进一步拓展，1919 年，与战争议题相对应的又开设

❶ 哥伦比亚大学官网：http：//www.college.columbia.edu/core/histry，2018-08-11 最后访问。

了"和平问题"课程，最后把这两个议题的课程整合，更名为"当代文明"，主要介绍西方文明，从那时起，这门课程成为哥伦比亚大学最核心的课程。当代文明的中心目的是向学生介绍一系列的问题，包括人类为自己构建的社会、政治、道德和宗教以及它们预示和界定的价值。通过对这些共同且基本问题的探讨，培养学生成为"积极的和有见识的公民"。可见，当代文明课程尽管是从现实的"战争问题"入手的，但是，最终思考的却是到底要培养什么样的人的问题，作为一个合格的"公民"，应该是什么样子的，他们应该是积极的、主动参与社会的，而不是盲目的、被动的、不经思考的。这些基本的理念始终都贯彻在哥伦比亚大学的通识教育核心课程中。

"CC"课程以文本阅读和研讨的方式进行，无论是始终不变的文本，还是有所变化的文本，选择的标准主要有三：文本的历史影响；文本对恒久重要的理念的呈现；文本激发出富有成效的讨论的证明能力。

当代文明从开课伊始就是以文本阅读的方式进行，这种方式也成为后来文学人文课程的方式。课程长达一年，分两个学期完成。从哥伦比亚大学官网查阅，当代文明课程2018—2019学年的阅读文本主要有：柏拉图的《政治学》、亚里士多德的《尼可马科伦理学》和《政治学》《圣经》、奥古斯丁的《上帝之城》、《古兰经》、中世纪哲学家伊本·图菲利的《哈伊·本·叶格赞》、托马斯·阿奎那的《反异教大全》、马基雅弗利的《君主论》或《论李维》、笛卡尔的《形而上学的沉思》、霍布斯的《利维坦》、洛克的政治著作（如《政府论》）、卢梭的政治著作（如《社会契约论》和《论人类不平等的起源和基础》）。推荐扩展古希腊斯多葛派哲学家埃皮克提图和宗教改革的文本。所有这些文本被分为18个单元（sessions），有的文本需要2单元，如柏拉图的《政治学》、亚里士多德的《尼可马科伦理学》和《政治学》等；有的文本是1单元，如奥古斯丁的《上帝之城》《古兰经》等。所有内容都非常有序地体现在教学大纲中，学生要严格地跟着教学进度走，否则就会有遗漏的内容，导致出现课程不合格。2019年春季学期则分为17个单元，文本如下：斯密的《道德情操论》《国富论》、康德的《道德形而上学原理》、美国的《独立宣言》《美国宪法》《权利法案》、法国的《人权和公民权利宣言》《海地独立宣言》、埃德蒙·柏克的《反思法国大革命》、早期女权主义作品（如《妇女权利宣言》等）、托克维尔的《美国的民主》、密尔的《论自由》、马克思和恩格斯的相关阅读、达尔文的《物种起源》和《人类的起源》、尼采的《道德谱系》、杜波依斯的《黑人的灵魂》《白人的灵魂》、甘地的《自我统治》、阿伦特的《极权主义的起源》、法农的《全世界受苦的人》、福柯的《规训与惩罚》、自由主义文本及差异：凯瑟琳·麦金农的《差异与支配：性别歧视》、金伯勒·克伦肖的《映射边缘：相交性、身份政治和对女性的暴力》、帕特丽夏·J. 威廉姆斯的《看到一个色盲的未来：种族悖论》等，建议拓展阅读休谟的关于道德原则的探讨、牛顿的《哲学中的推理法则》等。所有这些文本分为 17 个单元，有的文本是以主题为核心，几个文本一起阅读，如关于人权、权利的主题，关于性别的女权主义主题以及关于自由主义的不同代表作的阅读等，其他大部分都是以作者为核心的一个代表作品或两个文本的阅读。

从这个文本清单可以看出，"当代文明"课的文本选择除了遵循其选择时要有历史影响力、有持久性理念等特征外，从文本内容看，从柏拉图的共和国开始，按时间顺序推进，文本的选择与学习，主要是道德和政治思想经典著作，包括《希伯来圣经》《新约》和神圣的《古兰经》等。这门课程要求所有学生在大学的第 2 学年完成。如果有人希望推迟关于这门课程的学习，学校是允许提出申请的，但是特别强调一定要去咨询自己的课程指导老师，因为如果不是有极特殊的原因导致无法完成学习，最好不要推迟，因为它会影响到后期的学业。而这门课程是无论怎样都不能被免修的。

C. 艺术人文（Art Humanities）：该课程全称为"西方艺术杰作"（Master-pieces of Western Art），这门课程是从文学人文中分离出来的一门主要以艺术杰作为研究文本的通识课程。1947 年以来一直是所有大学生学位要求的必修课程，是通识教育核心课程的组成部分。这门课程与文学人文采用的是相同的课程模式，只不过文学人文研究的是文本，而艺术人文主要是通过建筑物、纪念碑等作品进行研究。因此，它不是一门有关艺术史的概览课，而是通过对大量的古迹和艺术家的分析研究，培养学生学习怎样去看待和思考视觉艺术，并参与到对视觉艺术的批判性讨论中。这样的讨论是以广泛利用和通过实地参观纽约的博物馆、建筑物和纪念碑为基础的。这门课程主要让学生接触帕特农、亚眠的哥特式教堂以及拉斐尔、米开朗琪罗、伦勃朗、贝尼尼、戈雅、莫奈、毕加索、弗兰克·劳埃德·赖特、勒·柯布西埃等人的作品。在接触原著的基础上进行讨论的课程实施方式，不仅能够加深对原著的理解，而且能够活跃学生的思维，促进其思维的敏捷性。课程同样是小班讨论，每班的课程人数仅限于 22 名学生。

D. 音乐人文（Music Humanities）：全称为"音乐人文讲座"（Chair of Music Humanities）。音乐人文课程同艺术人文课程一样，是在 1947 年从文学人文中发展和分离出来的，其根本宗旨是培养学生对西方音乐的鉴赏力，通过让学生参与到对作曲家和音乐剧的音乐特征和目的的争论中，帮助学生理解和领悟各种音乐风格。该门课程不讲述西方音乐史，但是音乐家的作品却是以时间先后顺序排列的，包括：诺斯坎·德·普雷、蒙特威尔第、巴赫、亨德尔、莫扎特、海顿、贝多芬、威尔第、瓦格纳、勋伯格、斯特拉文斯基。学校为学生开发出很多有关音乐鉴赏力培养的资源，这些资源在学校的相关网站中都可以找到。

E. 大学写作（The Undergraduate Writing Program）：大学写作的目的是帮助学生阅读和撰写文章，以便于参与来自哥伦比亚大学知识界的学术对话。该课程特别关注阅读、修辞分析、研究、合作和独立的实质性修改的实践。通过写作论文，通常从 3 页到 10 页，学生将了解写作是一个形成和完善他们的想法和文章的过程。课程不是把写作当作一种天赋，而是把写作作为一种独特的技能，它可以被实践和发展。大学写作课程的核心思想是训练学生的写作能力，而这种技能不能被抽象地教育，因此，强调一定要把一般的写作规则与各个不同的特殊主题结合，这里开设的主要是针对人文学科的写作，在大学写作课程中没有涉及的科学领域的写作则需要在科学前沿课程中修习，这种前沿有专门要求。这体现出哥伦比亚大学对大学生写作能力的重视。

大学写作要求必须修满 3 学分，一般在第一年，与文学人文同时选修。大学写作是写作的一般要求与特定的主题写作相结合的，可以选择的写作课程主题有：美国研究读物、性别和性阅读、电影和表演艺术读物、人权读物、数据与社会读物、医学人文读物、法律与正义读物、国际留学生写作。学生从这些主题中选一门完成即可。如果没有选修大学写作，就要选修科学前沿的课程。

F. 科学前沿（Frontiers of Science）：科学前沿是一个学期的课程，它把现代科学融入核心课程，激励学生思考科学和周围世界的问题。课程的重点是科学探究方法的共性。在整个学期的每周一，领袖科学家在四个模块中的每一个都有多达 3 个讲座。在本周剩下的时间里，高级教师和哥伦比亚博士后科学研究员（研究科学家选择他们的教学能力）领导研讨会讨论讲座和相关阅读资料，进行课堂活动，并讨论最新科学的含义、特殊发现。与任何自然科学系的两门额外的科学课程一起，科学前沿满足了哥伦比亚大学的科学要求。

哥伦比亚大学核心课程的科学组成部分的目标与人文社会科学同行的目标是一致的，即帮助学生理解自己每天身在其中的文明，并有效地参与其中。科学前沿课程部分的目的是为学生提供机会来了解关于自然的问题，如何根据实验或观察证据来检验假设，评估测试结果以及检验对自然界的工作积累了什么知识。

学生在科学领域至少要选修 3 门课程，每门课程至少要有 3 个学分（科学部分共计至少要 10 个学分），才符合学位对通识教育的科学领域的要求。一般来说，在大学第一年不选修大学写作课的学期就要选修有关科学写作主题的课程，其余的 2 门课程，学生可以从批准课程列表中选择任何 2 门即可。

（2）全球核心课程（Global Core）

全球核心课程要求学生直接参与到对各种文明和多样性传统的探究中，这些多样性文明和传统与西方文明一起，构成了世界文明，在今天，依然互相影响着。全球核心课程通常在一定的历史背景下探索非洲、亚洲、美洲和中东的文化。这些课程围绕着这些从传统中产生的一整套原始材料而组织起来，可以从文本或任何形式的媒体中获取资料，也可以从口头来源或表演中，或更广的范围获取资料。

全球核心课程分为两类：一类是具有比较性、多学科或跨学科专注于特定文化或文明的课程，在相当长的时间内追踪文明或文化的存在方式，这些文明包括欧洲和美国；另一类是专注于那些比较常见的主题或一组分析问题的课程，也可能包括欧洲和美国。全球核心的内容要求包括的研究领域，不局限于文学人文学科和当代文明的主要焦点，而是要与核心课程一样，具有广泛的介绍性、跨学科性、时间和空间的扩展性。

所有学生必须完成全球核心课程中的2门课程的学习。

（3）外语和体育

哥伦比亚大学认为语言学习是哥伦比亚大学使命的一部分，了解别人的语言和文学是了解一个国家和人民的最重要的途径。外语学习可以使学生对世界文化更敏感，同时也能让学生了解到这种多元文化背景下自己国家的文化，通过语言学习可以了解不同语言之间的差异以及语言和文化意义之间的密切联系，有助于培养学生的批判能力、分析能力和写作能力。外语可以通过修课或者一些资格考试被认可。

体育也是所有哥伦比亚大学生必修的课程。学校要求学生必须完成2门体育课的学习，并且要通过游泳测试或者游半年泳，体育课在学位课程中需要4学分，但是学校又规定每学期体育课不能超过1门。

5. 哥伦比亚大学通识教育课程的特点

（1）坚持理想主义的教育理念

哥伦比亚大学的通识教育有着突出的理想主义教育理念特征。这种理想主义的教育理想首先体现在对永恒性问题的探讨中。其大学核心课程始终强调教育要引导学生思考那些普遍的、持久的人类问题，无论是文化还是科学，无论是自然还是社会，都有一系列最基本的问题，这也是文明身处其中的世界，学生要学会负责任地思考这些基本的问题，批判性地提出自己的理解，通过这样的思考和学习获得生活的意义。这是非常典型的永恒主义教育理念。为了实现对于基本问题的探究和思考，必须要学习和研究原始的经典文本，通过自己对最经典的原始文本的阅读，理解那些原始的文本阐释的基本问题，并提出自己的理解，这种避免二手的或学术性的文献的干扰，直面原始文本的、强调原创性的学习，在批判性的辩论、理解和分析中，培养了学生的创造力，也必然提升学生作为公民的责任感和道德感。这也正是哥伦比亚大学通识教育核心课程所追求的目标。

（2）跨学科的课程组织

哥伦比亚大学的通识教育课程最突出的特点就是少而精。相比较而言，哈佛大学八大领域，上百门课程，曾经最多的时候，可供学生选择的课程接近上千门，哥伦比亚大学从来没有那样开设过课程，其通识教育核心课程就只有4门，最早的时候，就一门"当代文明"，后来增加了"人文学科"，再后来人文学科细分为"文学人文"和"艺术人文""音乐人文"，与一直延续下来的"当代文明"合起来成为"核心课程"，这4门课是哥伦比亚大学的所有学生都必须要学习的，哥伦比亚大学自己也在通识教育课程的说明中骄傲地总结其特点是"统一必修"，即这4门课，人人都要学习，大家要顺序地依据同一个大纲，阅读同一个文本，参与讨论，并完成作业。这样看起来，课程似乎很单薄，事实并非如此，这就要归功于跨学科的组织模式。

哥伦比亚大学的核心课程是一组跨学科课程（interdepartmental curriculum）。一方面，是课程本身的内容和文本选择，强调比较、跨学科，突出问题的时空延展性。如"现代文明"课程涉及历史、哲学、文学、社会学、宗教等方面的名著，时间跨度，从古希腊一直到当代，"人文科学"课程也是如此。文本的作者选择亦是多样交叉，即使都是哲学文本或政治文本，也绝对不会只选择一种类型或一个流派或一个时期的，探讨的问题可能是持续的，但是问题的解答则是多元的、多视角的；另一方面，课程的教学是多学科的教师合作完成的。在核心课程中，不仅现代文明与人文学科是跨学科的课程，"科学前沿"与"全球核心"的课程同样是跨学科组织的。作为通识教育课程，每年学校都会从各个学科抽选优秀的专家和教师共同组成一个团队，完成各门课程的教学。更不用说还有大量的来自各个学科的博士、助教一起参与和主导的讨论课。这些来自各个学科的教师会有定期的聚会，讨论并确定随后的课程教学要如何进行以及学习和讨论的文本和问题。比如，"当代文明"和"文学人文"课，教师团队形成了每周讨论的传统，"每周，文学人文和当代文明的导师在午餐会上讨论下一周要教的文本。这些教师会议汇集了几乎所有人文社会科学系的教师和学术生涯的每个阶段：退休教授、终身教师、初级教师、博士后讲师、高级研究生和兼职教授等"❶。其他课程也是如此。跨学科其实不是在学术机构中，而是在专题讨论中实现的，来自各个学科的教授、专家、博士、助教等带着他们对问题的思考和洞见，也认真倾听和吸纳其他学科的人的思考和洞见，在通识教育核心课程中，以一种交叉的、

---

❶ 哥伦比亚大学官网：http：//www. college. columbia. edu/core，2018－08－11 最后访问。

跨学科的思维完成教学，即"在他们的知识舒适区之外进行教学"❶。

通过跨学科核心课程，学校为学生提供一种促进创新思维的广泛的知识，鼓励学生跨越历史、地理与文化空间去思索问题，从而使学生能够既具有特定的学科范围之内的思考能力，又能超越学科限制展示出学科之外的思考能力。核心问题的广泛对话，使得学生不再把自己看成一个孤立的个体，而是放在一个更广泛的、连续的、复杂的背景之中，并能在这种背景下思考他们面对的问题，在一个复杂的教育背景下，正确面对自己选择的专业，处理突发问题，不以看起来冒险的方式来回答面临的问题，寻求答案。跨学科的课程，通过知识的广度与深度的结合，发展了学生的智力适应性，培养了学生做出正确判断和合理选择的能力。

（3）注重文本基础上的探究学习

哥伦比亚大学的通识教育核心课程全部强调对经典文本的精细阅读，"当代文明"与"人文学科"如此，艺术和音乐人文课也不例外，这些课程不是概览性质的课程，对某个方面进行一个大概的介绍，也不是文化史、文明史或发展史之类的历史事实的描述，而是关注对思想、文化的领悟与探索的课程，学习的焦点和核心始终围绕的都是人类的一些最基本问题，这些基本问题就蕴含在那些具有重大的历史影响、历经时间的洗涤、探讨问题依然具有现实重要性的伟大作品中，因此，不论专业选择是什么，学生都应在通识教育中先进行这些基本的问题的探究，这些核心问题，不仅是学术问题，也是人们在生活中或多或少要面对的问题。大量的经典文本提供了不同的方案，而小型的讨论课则不仅让学生参与一系列"关于他们个人和集体经验的最具挑战性和持久性的问题"的对话，讨论中，学生学会条理分明地、引人入胜地表达自己的观点，听取相反的观点，并诚实地评价他们，并以他人可以理解的方式阐明他们的立场和理由。核心研讨班鼓励学生理性地审视自己的观点，并与那些观点迥异的人进行专注和开放的对话。

这种开放、诚实、理性的讨论，其价值远远不只是获取不同的观点，核心课堂也是大学最生动地认识到其多样性价值的地方。在核心课堂上，学生们面对面地相互倾听。因为核心对话是关于人类最深层次的问题，他们作为个体，有时从不同的背景来体验通过他人的眼睛看世界的意义。这必然会丰富学生的思想和人生，从而在情感、道德、价值等方面对学生的发展产生影响，它可以指导学生们离开大学之后的漫长人生。

综上所述，哥伦比亚大学通过广泛的、多学科的、深入研讨的核心课程，培养学生所需要的深刻理解力、适应性与责任心，使他们能够面对未来的

---

❶　哥伦比亚大学官网：http：//www.college.columbia.edu/core，2018－08－11 最后访问。

挑战。

四、圣约翰学院通识教育改革历程

1. 圣约翰学院简况

St. John's College（圣约翰学院）是美国的一所自由文理学院（Liberal Arts College），也是美国第三古老的高等教育学府。它拥有两个校区，分别在马里兰州的安那波利斯和新墨西哥州的圣塔菲。圣约翰学院的前身是建立于1696年的威廉国王学院，其当时还是一所预科学校。1784年，学院正式获准成为大学本科学院。

圣约翰学院是美国大学中最独特的一所，这就源于它的通识教育。圣约翰学院是美国唯一一所不分专业的大学。四年全部都是通识教育课程。这种模式的确立始于1937年。1937年，时任芝加哥大学校长的赫钦斯担任了圣约翰学院的兼职董事，帮助该学校实施以名著教育为主的教育计划，同为永恒主义教育哲学的坚定信仰者和追随者——巴尔和布坎南也来到圣约翰学院，他们一起，开始对圣约翰学院的教学进行改革。赫钦斯在芝加哥大学教育改革中极力倡导的"伟大著作学习计划"实施受阻，但是，最终在圣约翰学院被完整地实施并坚持下来。在这里开始实施他们的"大创意（big idea）"——"伟大的书"的计划，这就形成了圣约翰学院的"巨著（Great Books）"制度，这一独特的教学制度一直沿用至今。[1]

圣约翰学院的通识教育制度完全遵循了永恒主义教育的基本理念，永恒主义教育者们认为，大学是灯塔，而不是镜子，大学要引领社会，而不是迎合大众的需求，大学应该是一个思考的中心，思考那些人性中永恒的问题，为此，最好的方法就是学习"西方的伟大的著作（Great Books of The Western World）"，学生通过对历史上的伟大的经典著作的精细研读，参与到对那些具有普遍性的、永恒性的问题的讨论中，"它让学生沉浸在阅读伟大的书籍中，并在生动的、非中介的对话中与书籍本身进行对话，提升学生对基本问题的持续的、深思熟虑的讨论和研究"[2]。经由伟大的思想家就伟大的问题而展开的伟大辩论，这是最高的心智活动，而不是单单的某一方面的知识学习。伟大的书的标准就是那些在每个时代里都体现为当代性的著作。

---

❶ 圣约翰学院官网：https：//www.sjc.edu/about/history，2018 – 08 – 15访问。

❷ 圣约翰学院官网：https：//www.sjc.edu/academic – programs，2018 – 08 – 15访问。

2. 圣约翰学院通识教育课程结构

"巨著"教学制度的实施，从根本上改变了高等教育领域普遍实施的专业教学方式，因此，圣约翰学院流行一句名言："人生没有专业，所以圣约翰也没有。"圣约翰学院完全实行通识教育，没有专业，没有主修、辅修，全部课程必修，以西方经典名著为学习资料，主要方式是小型研讨会。圣约翰学院的学生在四年内的同一时间段，学习同样的书籍，参加同样主题的讨论，完成关于同样主题的文章，如果说，在这四年中有什么是不一样的，那就是学生的思考和他们思考的结果呈现——文章。

圣约翰学院的通识教育课程为研究者们所关注，并对其课程结构有不同的介绍。从黄坤锦对美国大学的通识教育研究看，圣约翰学院的学生要获得学位，顺利毕业，需要完成132学分，这132学分全部是共同必修课程的学分。

课程安排如下[1]。

大一：古希腊作品

大二：罗马、中世纪、文艺复兴时期作品

大三：17—18世纪作品

大四：19—20世纪作品

学习方式有。

①研讨会（Seminar）：17~21位学生，2位老师，一周两次（20：00~22：00）。

②小组讨论（Preceptorial）：大三、大四为主，每组10人以下，九周。

③学习方法指导（Tutorials）：学生13~14人，学习语文、习作、数学、音乐。

④实验（Laboratory）：数学练习、物理实验、生物实验……

⑤听演讲（The Formal Lecture）：每周五（20：00~22：00）。

有的研究者提出圣约翰学院的课程设置[2]包括。

①四年的文学、哲学和政治学研讨会

②四年的数学

③三年实验室课程

④四年语言（古希腊语、中期/早期英语、法语）

⑤大学第一年的合唱团以及第二年的音乐学习

这样的归类结果是不符合圣约翰学院的实际的，也是不明确的，很容易让人迷惑，好像学习的内容只有"文学、哲学和政治学"方面的名著，也只有这些

❶ 黄坤锦. 美国大学的通识教育［M］. 北京：北京大学出版社，2006：126-127.

❷ 纪语. 最重要的不是学问——谈圣约翰学院的通识教育［J］. 阅历，2014（2）：66-69.

名著采取讨论的方式，好像语言课是和名著课一样的必修课程，其实这些都是误解。从 2018 年圣约翰学院的官网平台可以看到，语言学习是为了更好地阅读经典名著，这些课程是辅助经典阅读的，开设四年，但并不是作为专业，而是为了更好地阅读经典，通过半年到一年的学习，学生就可以借助字典，翻译相关的书籍，进行深入阅读。实验课程不是独立的课程，而是与学习的经典书籍结合在一起的，除了大学二年级没有，其他三年都会有结合不同著作需要开设的实验课程，学生要选择班级，在阅读到这类书籍时，不仅要讨论，而且要在实验室重现这些实验，并进行讨论。从官网平台的资料看，圣约翰学院的课程设置以经典名著为主，以时间为序，同时又结合着一定的主题，包括古典研究与希腊；历史、政治、法律与经济；法语系列；文学；数学；音乐艺术；自然科学；哲学、神学和心理学等，这些主题是我们现有的大多数教育体系中熟悉的，反映这些领域的著作会被选择作为学习的材料，但是课程设置并不是以这样的领域模块进行的。即使有类似于黄坤锦那样的大致分类，一年级古希腊，二年级从罗马到文艺复兴，等等，但这样的分类也是不完全的，因为，在古希腊的阅读中就包含着非古希腊的作品，比如，拉瓦锡的《化学元素》、哈维的《心血运动》就是 17、18 世纪的著作。所以，圣约翰学院没有专业、没有模块化的分类，设置也不完全是严格地按照历史顺序进行，如果一定要找出一个标准的话，那应该是历史时间与名著的主题相结合的一个综合，然后在这个类似的主题下的历史顺序安排。具体到实际教学就是四年的研讨课。

一年级研讨课：在大学第一年的整个时间范围内，新生研讨会从《伊利亚特》和《奥德赛》开始，探索埃斯库罗斯、索福克勒斯和欧里庇得斯的戏剧。阅读希罗多德和修昔底德的历史以及许多西方哲学的精髓著作，包括柏拉图、苏格拉底、亚里士多德、欧几里得、卢克莱修、托勒密、帕斯卡等，涉及的主题范围有哲学、政治学、伦理学、物理学、数学、生物学、天文学等领域的内容。从四年的学习整体看，这一年的书籍都是相对基础的，通过一年的学习也为接下来的研究奠定基础。通过一年的大学新生研讨会的训练，希望学生养成认真阅读、探究和交谈的习惯。

二年级研讨课：二年级研讨班阅读文本的时间跨度是四年中最长的，文本年代从古代圣经世界到现代性黎明的曙光。这一年，从希伯来圣经、经典罗马诗歌和历史开始，紧随其后的许多阅读都试图把这两个非常不同的世界联系在一起，并寻找到透彻理解和判断它们的方法。多种多样的读物的研讨会最终是由共同的经典文本和《圣经》的根源和反映它们的积累起来的记录统一起来的。还有一些书籍是历年来持续被阅读的，如奥古斯丁的《忏悔录》、但丁的《神曲》和阿奎那的《神学大全》等。在二年级的第二学期，学生们与早期现代启蒙运动开始第一次"相遇",涉及这一时期的人文主义、政治和科学革命等,同样还有在蒙田、马基雅维利、笛卡尔和培根等人的著作中所表达的。关于莎士比亚的伟大的悲剧和喜剧的学习也要在这一年中结束。这一年涉及的主题领域更加广泛,有神学、哲学、政治学、历史、文学、诗歌、戏剧、音乐、数学、天文学、动物学等。二年级还需要完成一篇高级论文,其评定成绩会影响学生能否继续完成以后的学习,如果教师团认为学生不能达到应有的水平,无论是态度原因还是能力影响,都会被学校劝退,尽管比例非常小,但是有。其中只有极个别的人通过申诉又返回学校。二年级一年也是唯一没有实验课的一年。

三年级研讨课:三年级研讨班的阅读范围则相对而言很集中,年代跨度不大,主要集中在第17、第18和第19世纪早期,领会启蒙和现代思想持续审视的主题。在秋季学期及以后,道德和政治的研究与对形而上学的探究联系在一起,涉及笛卡尔、帕斯卡、斯宾诺莎、莱布尼茨、霍布斯、洛克和卢梭等人。春季学期的特点是休姆的《人性论》以及对康德的《纯粹理性批判》的延伸学习。文学文本包括弥尔顿、奥斯汀和斯威夫特。这一年也会延伸到对亚当·斯密的《国富论》的研究,并在对美国建国文件、政治思想家和小说家的实质性考量中达到高潮,允许我们反思我们自己的生活方式及其特定的开端(独立宣言、宪法和联邦党论文、霍桑和唐恩的作品等)。三年级同时也还有实验课程。

四年级研讨课:大四的阅读文本包括伟大的文学作品,如《战争与和平》《浮士德》和《卡拉马佐夫兄弟》。高年级学生也开始阅读一些最具挑战性的哲学课程,如黑格尔、尼采和海德格尔等人的哲学作品。作为高年级学生探究更多当代人类问题的各种声音和回应,要仔细研读克尔凯郭尔、马克思和弗洛伊德。高年级研讨会还包括美国民主和公民权的作品,包括亚历西斯·德·托克维尔对美国经验中的激进性质的评论、亚伯拉罕·林肯的演讲以及最高法院的关键判决。此外,大学四年级的阅读同样还涉及数学、物理学等方面的内容(各个年级的详细阅读书目清单见附件)。

整体来看,圣约翰学院课程的结构是:四年的经典阅读与研讨课,辅之以四年语言课(希腊语和法语)、四年数学课、四年交叉学科研究、三年实验课(生物、物理和化学)、一年音乐课、两个为期8周的训诫课、每周1次的全校讲演。所有课程内容都由历经考验的名著组成,不涵盖尚在不断拓展和完善的现代科学和当代作品。阅读清单是圣约翰学院名著课程的核心,1937年以来阅读清单不断得到修订和改进,但每年变化都不是很大。在学生大学四年中,前两年的课程以两千年历史为背景,后两年课程则以最近三百年历史为背景。第一年主要学习希腊作家的作品以及他们对人文科学的开创性阐释,辅之以一些其他时期的作品;第二年学习的名著覆盖罗马、中世纪和文艺复兴时期的作品,是涉猎主题比较广泛的一年；第三年的名著集中在 17—19 世纪早期，绝大多数用现代语言写成；第四年学生主要阅读 19—20 世纪的名著，更加关注文明当下的生存状况及其形成背景。这些课程围绕着经典文本的阅读，学习的组织方式比较丰富。

3. 圣约翰学院通识教育课程的组织方式

圣约翰学院的课程学习以研讨课为核心，形成了一个阅读、研讨、指导、实践、反思、表达的学习模式。其学习组织方式有名著课程的研讨课（seminar）、导师指导课（tutorial）、实验课（laboratory）、高级研讨课（preceptorials）以及周五讲座。

（1）研讨课

研讨课以最纯粹的形式体现圣约翰学院的使命，经常被描述为名著课程的心脏，是学生学院生活的中心。研讨课一般由 2 位导师同时主持，每班学生数限定为 17～20 名，每周两次，有时候是上午，有时候是晚上，2018 年秋季的研讨课是晚上 8～10 时进行，学生为自己的学习承担绝大部分责任。从导师提出的问题开始，随后几乎全部是学生讨论，讨论可以是自问自答，也可以和人对答，讨论时间持续约两小时，讨论走向和进程都不预先设定。研讨课鼓励学生养成专注的阅读习惯，引导学生判断、想象并直面新观点，使他们愿意接受反驳，培育学生的耐心、勇气、机智、领导力和团队意识。

（2）导师指导课

研讨课注重对文本进行全局把握，导师指导课则侧重于更深入、更细致的解读。导师指导课也使用研讨课的对话方式，但是讨论内容限定于导师指定的任务。语言指导课学习外语并将其译为英语，比较不同外语之间以及它们同英语的异同，从而对各种语言性质有大概的理解，对母语有更深刻的认识。学生前两年学习希腊语，后两年学习法语，每周上课四次。数学指导课寻求让学生深入理解数学的性质和目的，深入理解从定义和原理推导结论的推理方式，四年里安排学生学习纯数学、数学物理和天文学基础。音乐指导课三年级开设（每周上课三次），安排学生全面学习自然音阶体系，研究韵律、复调与和声，学习单词、音符的节奏，寻求通过视听练耳、研究音乐理论和分析音乐作品培养学生对音乐的理解。

（3）实验课

实验课为期三年（二年级没有开设），一般 14～16 名学生在 1 名导师的指导下进行，高年级学生充当助手。每周上课 2 次，每次课 3 小时，实验课程进行中用较多的时间完成实验，留出比较短的一段时间进行讨论。学生既从演讲中学习，也通过动手观察、分析学习，依赖原始文本、复制实验，思考不同时期科学家研究的基础性问题，探讨托勒密、哥白尼、开普勒、牛顿和爱因斯坦等人的科学理论，追随科学家革命性思想和决定性实验。一年级的实验课有生物、物理和化学三个序列，要求学生观察动植物、物理和化学现象，学会观察、解剖、测量和实验技能以及如何用绘图、符号、图标和数学表达方式记录所观察的事物。三年级实验课主要是物理学，教学方式是阅读、讨论和动手实验相结合。秋季学习动力学和光学。春季学习波和电学，文献自伽利略到麦克维尔。秋季学习运动，包括运动的性质和原因。四年级实验课包含生物学、遗传学和物理学，学生尽量阅读原始实验记录或实验解释，重复必要的原始实验。秋季接着一年级继续研究物质构成，延伸到原子结构，把三年级的古典机械学、光学、波的运动和电磁学四个领域融会贯通。

（4）高级研讨课

高级研讨课目的是让三、四年级学生更深入探讨某位作者的著作，或在更高水平上探索某个哲学问题，学生可以从 15～20 个主题中加以选择。高级研讨课要么是学生小组研究研讨课书单上的同一本著作，要么是研究几本著作中的同一主题，要么是研讨课的阅读主题，也可能研究课程中没有出现的名著或主题。高级研讨课安排年中 7～8 周时间，研讨课暂停，由研讨课导师提出主题，学生向教务长提交申请。训诫课的附加部分是校外导师的讲演，讲演之后是师生每周一次的讨论。两个校区选题一样，但主持导师并不完全一样。

（5）周五讲座

周五晚上的讲座，也是圣约翰学院课程学习的重要组织方式之一，而且独具特色。这些讲座与大学的讲座不同，它全部是由圣约翰学院的访问学者或是老师完成，涉及的主题从爱因斯坦到选举团、圣经、古兰经、梵文、亚里士多德、莎士比亚，等等。讲座实际上是老师或访问学者围绕着经典著作或某些主题的深入研讨。

4. 圣约翰学院的课程特色

圣约翰学院因其独特的课程设置和教育理念而与众不同。

（1）对永恒主义教育理念的坚守

圣约翰学院秉承自由教育传统，创办伊始就以"通过自由教育解放学生、让学生自由"为教育目标。20 世纪 30 年代以来，圣约翰学院深受永恒主义教育思想影响，至今仍留有深深烙印。圣约翰学院坚信自由教育具有永恒的适切性，能够让个体掌握广博的知识，学会严谨思考，拥有可迁移的能力，形成正确的价值观、强烈的伦理意识和公民责任感，从而获得生存和发展的力量。自由教育应该面向所有具有学习欲望和学习能力的人，无论其所属阶层和经济地位如何。圣约翰学院把学习欲望作为新生录取的重要标准，认为学习欲望比高分更能反映学生的学习能力。圣约翰学院从不向功利性教育妥协，他们认为，功利性教育只是手段，以谋生为目标，使用普通评价工具就可以测量；自由教育才是目的，目标是让生活有价值。圣约翰学院的教育注重培养学生的精神，塑造学生的灵魂，训练学生的理智。他们认为，人的精神和灵魂不能完全简化为科学公式，人的灵魂更需要优先培养。最好的教育不在于具体教什么，而是要像灯塔照亮学生内心，让学生们重新发现自己，更好地成为自己。名著能够转变思想、震撼心灵、触动灵魂深处，自由主要通过同名著的对话获得。名著是人类知性传统的源泉，不仅启发人们理解长期困扰人类生存的问题，而且与当代社会问题有很大相关性，因此其价值既是永恒的，也是合乎时宜的。

圣约翰学院把自古希腊至今的名著作为教学核心，目标是构建自由教育共同体。通过让学生研读人类文明，特别是西方文明中的经典著作，向学生传递对人类社会基础性问题的理解，这些问题不仅是过去的伟人们面对的，也是我们今天必须面对，甚至是所有时代都必须要面对的，学生在四年的学习中，通过与伟人的对话、自我对话、与同学和老师的对话，等等，独立思考，独立判断，逐渐从各种未经验证的观点和传承而来的偏见的禁锢中解放出来，培养自身的智慧和品格，让自身对生活的最终目的和方式做出明智选择。

（2）全部统一必修的课程特色

圣约翰学院实行的是以名著为学习资料的完全的通识教育，名著课程的最大特色是所有课程都必修。圣约翰学院自己对学校特色的概括是：所有学生在同一时间，阅读同一本书。所有课程都要求学生阅读、研究或讨论反映西方传统的名著，后来也增加了一些非西方文明的著作，如中国老子的《道德经》，但是很少，主要还是西方的著作。所有学生四年内，按年学习，所有毕业生都授予文学士学位。名著课程强调学科间的相互关联性，没有院系、专业和学系之分。圣约翰学院几乎没有教授讲演，也没有教科书。

（3）基于名著的共同学习

圣约翰学院是一个学习共同体，这里的所有教师都被称为导师（tutor），教师没有职称评审和发表论文的要求，教师的职责是激励学生。课堂上，师生聚集在一起共同探讨正在阅读的名著和彼此提出的基础性问题，从各自不同的观点中学习，发现彼此共同的深层次人性。所有人都可以互相学习探讨他们在阅读名著中遇到的问题。圣约翰学院的教学工作对教师要求很高，教师要具有语言学家的敏锐、数学家的周密和哲学家的深刻，要有乐意接触新材料的智力胆识、乐于承认无知的坦诚态度和不加掩饰的率直品格。为了达到更全面地理解这些伟大的著作中发现的那些最基本的、永恒的问题，圣约翰学院的老师们在主持、指导学生学习名著的过程中，是经常轮换的，这种轮换包括年级之间也包括阅读文本之间，因此，圣约翰学院的教师永远是非专业人员，这种非权威性教学对于学生反而是有益的。教师自己也经常感到困惑，困惑让教师成长为更好的教师，对学生的困难更富有同情心、更有新鲜感、更有敏感性。

这种共同学习、深入研讨的学习模式，要求学校的规模不能太大，为此，圣约翰学院刻意控制学校规模以保证小班教学。每年两个校区的招生数都控制在450~475名，师生比为1:8，师生之间很熟悉。❶ 这样才能真正保证，研讨课通常由2名导师同时为17~20名学生做主持，导师指导课和实验课是1名导师负责12~16名学生，高级研讨课则是1名导师最多指导10名学生。

研讨式学习使得圣约翰学院的教育充满着对话，这样的学习，很多时候不是由一个人完成，而是十几个人构成的有机整体共同进行。课堂上师生首要的活动是同伟大的先人们对话，教师要充分地调动每位参与者的积极性，课堂上的学习质量高低，在很大程度上可以说是学生自己决定的。通过四年这样的自主学习以后，学生知道自己喜欢什么，擅长什么，有能力找准自己的位置，知道如何开展自己的研究。

（4）高度注重过程的课程教学评价

圣约翰学院认为，强调效率和成本控制不适合课堂教学，只适合商业办公室、工厂车间和行政服务。1997年以来一直拒绝参加任何大学排名和评估。它认为，学习评价是学习本身的有机组成部分，应该留给课堂、教师和院校自身，外部测量工具无法获知师生之间、学生之间、学生和书本或设备之间到底发生了什么，无法获得任何有价值的东西。外部测量只会鼓励教学中最不好的倾向，让学校只重视可以测量的东西，只关注对深思的、受检视的人生最不重要的东西。❷ 因此，圣约翰学院倡导院校自我评价。

圣约翰学院对学生的学习评价，关注整个学习过程，传统的字母打分也会使用；但是，如果不是学生要求，一般并不公布，它仅仅是对学生学习状况的一个了解。学生最后的判定则是对包括传统评价工具在内的一系列过程，既包括短论文、简答、诊断性小测验、论文评级、课堂发言、出席率等，也包括每学期的师生见面会。圣约翰学院没有正式考试时期，只为学生进入研究生院做成长记录，学生的成绩在于整体表现，重点是在班级讨论中的贡献，也就是讨论课过程中的表现。每学期结束前要举行师生见面会（Don Rag），"Don"指教师，"Rag"指学生。其实就是针对一个学期的学习，学生轮流和自己的任课教师见面，无拘无束地汇报自己的学习及成长情况，教师用15分钟评价学生的综合表现，学生再

❶ St. John's College. About St. John's College, Quick Facts about St. John's College [EB/OL]. http://www.stjohnscollege.edu/about/quickfacts.shtml#csize, 2010-10-08.

❷ Christopher B. Nelson. Remarks before the Cato Institute Forum on the Spellings Commission Report [EB/OL]. http://www.stjohnscollege.edu/about/resources/06cato.pdf, 2006-09-27.

做出必要回应。见面会要求客观公正、严格精确，给予学生恰如其分的表扬是令人愉快的，但是给予学生清晰、准确和简洁的评语或有益的建议并不容易。教师的书面评价报告和"Don Rag"委员会给出的学生未来发展建议要报送教务长，记录在学生的成长记录册中。此外，在第三学期末，所有学生必须通过代数运算考试，这些知识是随后两年半数学和物理学习所必需的。二年级结束时还要通过授权程序，教师开会逐个讨论学生的学习记录并做出评价，决定学生是否应该继续留下学习，教务长和教学委员会出席的学习记录并做出评价，决定学生是否应该继续留下学习，教务长和教学委员会出席听证。大约5%的学生被要求离开学校，其中少数因上诉成功重返校园。四年级"口试"是学习生活的巅峰体验，学生身着学位服同3名教师就自己的短论文进行长达一个小时的深度对话，类似于我们的学生论文答辩，从时间长度看，类似于博士答辩，难度比本科生和硕士生的答辩要大，有时候亲戚朋友也前来观看。

通观圣约翰学院的通识教育课程，我们的教育体制几乎是无法模仿的；但是，除了它的课程设置方式外，它对通识教育的重视、对经典的重视、对研讨的重视、对过程的重视都是值得我们学习和借鉴的，不需要照搬，将其基本理念吸收过来，结合我们的实际进行改革，相信会在通识教育中有不一样的收获。

第四章　中国大学通识教育课程模式

一、复旦大学通识教育模式

1. 复旦大学通识教育课程改革理念

复旦大学对通识教育的探索起始于 20 世纪 80 年代，谢希德校长提出要借鉴国际先进的本科生培养经验，试行"通才教育"。2005 年 9 月，复旦学院正式成立，学院率先在国内实质性地推进通识教育改革。

复旦通识教育课程改革的教育理念主要有两个方面：一方面，通识教育坚持以人为本的全面素质教育思想。希望通过通识教育，同时传递科学与人文的精神，培养学生具有完全的人格，领悟不同的文化和思维方式，养成独立思考和探索的习惯，对自然和社会有更高境界的把握；另一方面，就是倡导学科交叉的思想。倡导通识教育旨在打破分门别类的学科壁垒，贯彻人类学问与知识的共同基础。

复旦大学进一步提高本科人才培养质量的指导思想中提道，"将通识教育理念贯穿人才培养全过程中，培养学生的健全人格和可持续发展能力"。核心课程是将通识教育理念贯穿人才培养全过程中的关键环节。通识教育核心课程旨在培养学生：

①对人类文明丰富性和多样性理解的能力，直面人类世界所面临的发展与挑战；

②对现代性社会基础性框架认识的能力，充分体会个体尊严、社会价值与全球化时代之间错综复杂的相互关系；

③对中国文化与智慧有深刻体认，从中华民族传统中汲取生命的滋养，把握中国国情；

④对科学方法论和批判性思维把握的能力，认同思想独立和学术自由的大学精神。

学校为此构建了六大模块的通识教育核心课程体系，要求学生在六大模块中选修 12 学分。目前为止，共计建设核心课程近 180 门。为保证通识教育课程改革的顺利进行，学校在制度层面进行了建设，2005 年成立复旦学院，复旦学院承续中国古代书院传统，借鉴西方住宿学院制度，发扬复旦历史文化特色，成立了志德、腾飞、克卿、任重、希德五大书院。书院以"读书、修身"为价值核心，辅以"转变、关爱"为两翼，力求建设一种富有新意的书院生活模式。各书院均有专职、兼职和特邀导师组成的导师团队，使之成为联系通识教育第一课堂和书院生活的桥梁。2012 年 9 月，学校正式组建了新的复旦学院（本科生院），整合了原复旦学院、教务处、本科招生办公室的职能和机构；全面推行住宿书院制度，所有学生都将在本科阶段有完整的书院生活。书院成为师生共有、共建、共享的文化场所和公共空间。同时，在校教学指导委员会下设通识教育委员会，负责通识教育核心课程的顶层设计和建设规划。制度的完善保证了复旦大学通识教育课程改革的顺利进行和深化。

近年来，复旦大学开启了新一轮的通识教育课程改革。目前国内大学在推行通识教育过程中，面临的普遍问题是师资力量不足、存在"因人设课"现象，导致通识教育课程设置"拼盘化"、缺乏系统性。此外，大学内各学科间的壁垒仍在，缺乏跨院系、跨学科、跨专业之间教师合作的空间和机制。针对上述问题，新一轮核心课程建设将在构建 50 余个基本课程单元的基础上，成立基本课程单元教学团队，凝聚不同院系、学科和专业的优秀教师，对基本课程单元内课程体系进行规划与设计，通过教学分享与合作整体提升教学质量、促进教学团队以及教师个人的成长和进步。

新一轮核心课程建设将重点强调教学模式从以"教"（teaching）为中心到以学生自主"学"（learning）为中心的转换，强调学生阅读、口头及书面表达以及相互交流的能力，加强课内外师生间、学生间的互动、研讨与交流。为实现这一转变，在大班授课之外，加强小班辅助环节的实施，即"大班授课、小班研讨"教学模式。

2. 复旦大学通识教育课程结构

复旦大学的通识教育课程是由思想政治理论课模块与通识教育核心课程模块两部分组成的，两个模块各占 12 学分。思想政治理论课模块中的 10 个学分是 4 门思想政治理论课，这部分内容在全国的各个高校应该是一致的，复旦大学只是在这个领域开辟出来 2 学分的思想政治领域的选修课，在此不做赘述。复旦大学改革幅度大的是通识教育核心课程部分。本书主要研究和介绍的也是这一步内容。

复旦大学的通识教育旨在打破分门别类的学科壁垒，贯彻人类学问与知识的共同基础。在课程建设方面，目前已初步建成了较为完备的通识教育核心课程体系："文史经典与文化传承""哲学智慧与批判性思维""文明对话与世界视野""科学探索与技术创新""生态环境与生命关怀"和"艺术创作与审美体验"等六大模块。在新一轮的核心课程改革中，新增加了"社会研究与当代中国"，这样就发展为七大模块。

（1）文史经典与文化传承。该模块课程的基本目标在于通过中国文化经典的阅读，对于中国文化传统有切实的认识和理解，对于文化传承有着生动的体会和主动的担当。这是培养复旦大学学生人文情怀的重要方面，是学生体认中国文化和智慧传统主要的途径之一。通过相关课程研习过程中潜移默化的作用，达到三个基本的教学目标：第一，使学生们从传统文化中获得一种安身立命的根本；第二，使之逐渐具备一种文化传承者的使命感；第三，初步理解人文研究的根基。课程的主要教学方法是中国经典阅读。

这一模块的主要课程如下：古典诗词导读、《庄子》导读、《周易》与中华审美文化、唐诗经典与中国文化传统、中国现代文学名著选讲、唐宋八大家古文、中国当代小说选读、中国新诗导读、中国诗学经典导读、鲁迅与中国现代文化、《史记》导读、宋词导读、《诗经》与传统文化、《红楼梦》与人生、《三国志》导读、《文选》与中古社会、中国现代散文导读、英语文学赏读、《说文解字》与汉字源流、《十三经》导读、《资治通鉴》导读、国学经典·三礼、《春秋》导读、国学经典·先秦两汉、国学经典·宋元明清、西学经典·战争志。从复旦大学当前的官网平台可以看到，新一轮的改革，把这些课程又归纳分类为7个课程单元：诸子经典、经学传统、史学名著、古典诗文、传统白话文学、现代文史名著、现当代文学。从以上的课程设置看，这些课程依然具有很强的专门性特征，更像是某一专著的深入探究课程，也就是大家经常批评的通识教育课程变成了"读经课"，专业课程的特点很突出。

（2）哲学智慧与批判性思维。该模块课程的基本目标在于将学生引入对各类基本的哲学问题及其意义的领会和思考之中，通过研读哲学原典，让学生真正进入思想的层面，领略东西方的智慧传统，形成对于人类文化创造和知识进展至关重要的反思和批判精神，以及形成思想独立、学术自由和天下为怀的知识分子品格。课程设计以问题为线索；课程内容倡导中外视野的对比与会合。本模块课程作为通识教育核心课程，其方法有别于专业教学的系统性和完整性，重点在于深入地阐发哲学问题本身的来历和意义，激发学生的问题意识和对哲学问题的准确提法、对东西方思想史上的各种不同的探索思路的介绍和比较。

该模块目前有7个课程单元：形而上学与知识论问题、科学哲学与认知问题、政治哲学与社会问题、道德哲学与人生问题、艺术哲学与审美问题、宗教哲学与信仰问题、批判性思维与论证问题。

（3）文明对话与世界视野❶。本模块关注对世界诸文明类型形成的框架性理解，由此实现对人类文明的丰富性和多样性的理解，探索不同文明彼此沟通、相互体认的可能途径，发现文明之间实现知性对话的空间。历史与理论并重，通过教学帮助学习者逐步形成"中—西—古—今"文明比较视野，进而帮助学生养成在不同视角之间的转换能力、学术思考能力和提问能力。课程以经典文献为核心，以主题研讨为形式，课堂讲授与研修讨论相结合，主要包括基督教、印度、伊斯兰以及包括中国在内的东亚文明。当前这一模块又划分为 7 个课程单元：古希腊罗马文明、犹太基督教文明、现代西方文明、东亚文明、印度文明、西亚与伊斯兰文明、文明比较与对话。有些单元包含着多门独立的课程，有的单元只有一门课程。

（4）社会研究与当代中国❷。本模块课程的教学是通过对社会科学理论的介绍以及适当的社会科学方法的训练，培养学生们能够运用科学、理性、批判和比较分析的能力，使用社会科学的视角去审视中国和世界的能力。希望通过本模块课程学习，让学生熟悉和了解经典的社会科学文献；掌握并运用社会科学多方面的基本理论和分析方法，包含政治、经济、社会、法律、传媒等分析方法，更好地认识现实社会的政治、经济、社会和文化现象，分析认识社会过程；培养学生跨学科的分析能力；提高学生对中外社会比较的全球化视野；培养学生掌握基本的社会科学分析方法。

本模块课程的设计要突出社会科学理论的特色，强调对于社会生活、社会现象的关注，引导学生运用科学的方法去理解和分析社会过程和机制。因此我们鼓励教师在教学时需遵循以下三个原则：多采取跨学科的视角，鼓励跨院系、多教师联合开设课程，如果单一教师授课，也应当在本学科的教学内容中引介学科的理论、观点和方法；必须针对现实，特别是中国的现实问题，避免从理论到理论，应当突出中国问题和现实关怀；强调比较研究，尤其是强调长时段、跨学科、宽视野的人类社会现代化道路的比较分析，让学生理解当代市场经济社会运作的基本原理与中国改革和社会发展的基本方向。

有鉴于此，"社会研究与当代中国"模块课程设计方案应打破传统院系分割，从几个能体现社会科学特色的维度透视社会生活，理解社会的构成和重要过程，以此作为本模块课程的内在结构。课程开设求精求简，定位明确。目前有 6 个课程单元：社会科学经典导读、社会科学研究方法、政治与社会、经济与社会、法律与社会、传播与社会。从课程单元的介绍来看，本模块的课程单元实际

---

❶ http：//gecc. fudan. edu. cn/PictureList. aspx？ info_lb = 31&flag = 3&info_id = 17.

❷ http：//gecc. fudan. edu. cn/PictureList. aspx？ info_lb = 32&flag = 3&info_id = 18.

上一个单元就是一门课程。

（5）科学探索与技术创新❶。本模块旨在通过讲授数学、自然科学与工程技术的重要知识点、方法论或发展历史、现状和趋势，增长学生的基础科学素养，使学生逐步建立对于人类自身和世界的科学态度，塑造理性批判、数理逻辑、科学探索和求实创新的精神。课程主要采用半定量方法或定性描述性方法处理和研究自然现象及其规律，展示数学、自然科学与工程技术的关键理论与发现的思想基础、规律和历史进程，以及科学的世界观；激发学生思考、开阔视野，使学生在主动的、体验性的和合作的环境中通过探究学习。课程内容主要包括数学、自然科学的主要学科（如物理学、化学、生物学等）和若干重要技术科学的思想基础和历史进程；每门课程应该能够在一定深度上阐述一个到多个学科的问题。目前该模块有 5 个课程单元：逻辑与数学思维、物理的致知与致用、化学与社会文明、工程理念与技术创新、科学技术及其数学发展。

（6）生态环境与生命关怀❷。本模块以生命和生命科学的发展史为主线，以人与自然、人类社会发展面临的现实问题为切入点，将生命认知教育、情感教育和意志教育有机结合。学习的目的在于引导学生深入理解生命的意义，了解自然与生命的发展规律，关注人与自然、人与社会的协调发展，培育保护环境的自觉意识，倡导健康的生活方式和生活态度，树立保护生态、敬畏生命的价值观和道德观，实现科学精神与人文关怀的渗透交融。

纳入该模块的课程须具备现代生命科学和社会伦理的基本内涵，以及环境安全和健康促进的必要元素，能够引导学生注重理性思考，感悟生命真谛，恪守道德准则，担当社会责任，激发创新思维；从而切实感受人与自然相互依存的客观规律，全面理解健康与社会、经济、文化、文明等因素的密切联系。课程应贯彻以学生为中心的教学宗旨，提倡研讨式、互动式学习，要求小班（小组）讨论课的时间不少于总学时的三分之一。

目前该模块有 4 个课程单元：生命的起源与进化、人类生命关爱、生命与社会、生态文明。

（7）艺术创作与审美体验❸。本模块旨在通过审美教育，增强学生的感性鉴赏能力、诸种知识的交会融通能力以及综合创造与表达能力，同时促进学生对古今中外优秀艺术作品的了解、对人类文明真善美理念的熏染。课程设置坚持实践与理解相结合。教学内容在重视学生实践体验的同时注意不局限于技巧的传授，在注意理解的同时又不流于简单的鉴赏。课程尽量将两者有机地结合，避免成为

---

❶ http：//gecc. fudan. edu. cn/PictureList. aspx? info_lb＝33&flag＝3&info_id＝19.

❷ http：//gecc. fudan. edu. cn/PictureList. aspx? info_lb＝34&flag＝3&info_id＝20.

❸ http：//gecc. fudan. edu. cn/PictureList. aspx? info_lb＝35&flag＝3&info_id＝21.

简单的鉴赏课或纯粹技巧的讲述。文学类课程应包含文学鉴赏和创作两类。

该模块原来设有八大课程主目，目前已经增加到 15 个课程单元，是七大模块中课程单元最多的一个模块，主要有：中国戏曲、戏剧经典与表达、中国书画、美术实践与鉴赏、陶艺与雕塑、诗文品读、写作艺术、表演艺术入门、中国音乐审美、音乐经典与表达、影视解读与实践、器物文明与文化、艺术专门原理与文化思考等，每一课程单元可包含数门略有差异和各具特色的平行课程。

3. 复旦大学通识教育核心课程的特点

（1）课程改革起步较早。复旦大学的通识教育课程改革，在国内可以说是起步比较早的大学。不溯及更前的历史，就改革开放以来而言，复旦大学也是比较早地意识到大学教育中过分的专业化、学科化带来了诸多问题的学校，因此，早在 20 世纪 80 年代，复旦大学就开始了各种改革尝试，比如：苏步青、谢希德校长倡导学生要全面发展，努力培养文理、理工相通的交叉型、复合型人才。90 年代，学校又在全国率先启动学分制改革，提出"宽口径、厚基础、重能力、求创新"的人才培养理念，将全校专业划分为 13 个学科大类，实施"通才教育、按类教学"。为进一步克服专业招生后，学生受专业学科限制，知识面越来越狭窄的问题，2004 年，在《全面实施文理基础教育的方案》中，复旦做出"2005 年保持目前按专业招生模式，先组建文理学院，新生不分专业管理，经过实际运转后，再实行新生不分专业入学"的重大决策。并与 2005 年 9 月成立复旦学院，作为推进通识教育改革的重要平台，率先举起了实施通识教育的旗帜。同年 11 月，通识教育研究中心成立，到 2006 年，根据通识教育理念，构建了六大模块的通识教育核心课程，现在发展到七大模块。这一系列的改革进行的早，为全国高校树立了样板，同样也因为走在前边，很多做法具有试验性特征，因此，课程建设发展中参差不齐等问题也很突出。

（2）课程建设循序渐进。与美国各个大学的通识教育改革比较，复旦大学的起步非常晚，从 2005 年正式成立复旦学院开始，至今也不过十多年的时间，无论是课程设置，还是管理，抑或是教学都很不完善，复旦大学也始终在完善着。比如，把课程模块从六类发展到七类，因为在六类课程模块的时候，缺失了对于当代各种社会问题的关注，更缺少对处在这些问题中的中国的研究，因此，补充进来，课程内容就更为完整。通识教育核心课程运行了十多年，实施中出现的专业化课程设置模式的影响非常深，因此，深入进行课程改革的任务也日议题上日常，新一轮的改革就在课程整合、教学团队建设方面多有着力，比如，把原来分散的模块课程再分类，形成课程单元，一般一个课程单元中的课程，内容更相近。随着教学中不断加强讨论教学时，师资力量严重不足问题也非常明显，复旦大学开始逐步建设助教制度，每门课程都有一批助教，大多都是由博士生和硕士生担任，协助教师进行小组讨论等。这些不断推进的建设措施促进了通识教育课程的进一步完善。

（3）通识教育课程内容兼有通识与专业的特征。从复旦大学目前的通识教育核心课程的课程系列以及课程介绍可以看出，七大模块中的课程内容之间还是有很大的差别的，有的课程通识教育的特点体现得要更明显、更突出，课程的整合力度比较大，强调各种知识之间的交叉与融通，比如，"社会研究与当代中国"模块中的"社会科学经典导读"课程单元，就强调要注重对经典社会科学文献的阅读，鼓励跨学科阅读文献，这是一门新生导论课，希望学生通过研读社会科学经典著作，养成读书的习惯，并通过相互之间的切磋探讨，对社会科学有所反思。授课内容涉及的主要文本有：巴林顿·摩尔《民主与专制的社会起源》、冯·哈耶克《通向奴役之路》、卡尔·马克思《路易·波拿巴的雾月十八日》、帕特南《让民主运转起来》、亨廷顿《变动社会的政治秩序》、奥尔森《集体行动的逻辑》、摩根索《国家间政治》、涂尔干《社会学方法的准则》、韦伯《社会学的基本概念》、怀特《街角社会》、戈夫曼《日常生活中的自我呈现》、哈贝马斯《公共领域的结构转型》、福柯《规训与惩罚》、布迪厄《单身者舞会》❶ 等，这些文本可能不是在一门课程中全部出现的，而是分布在不同的课程中，但是至少不是一门课讲授一本书的方式，通识教育要求的交叉性、融通性还是非常明显的。另外一些课程则更多地体现出了传统的专业课程的特点，比如，"文史经典与文化传承"模块中的课程单元"诸子经典"，这一单元中涉及的课程内容主要集中在中国传统文化的经史子集的"子"部，但是有些课程不具有整合性，比如，"《庄子》导读""《周易》与中华审美文化""《史记》导读"，等等，更像是专业课程中的专修课，这些经典很重要，但是，如果只选修这么多课程中的一门课，可能就很难达到对中国传统文化中诸子经典的整体的了解和掌握，也很难明白当年的诸子百家争论的基本问题到底是什么，这样的课程与通识教育的目标还是有一定的距离的。还有一些课程就是某一门类的知识的概述，以老师主讲为主，中间辅以一两次讨论，与当前的专业课程、长期以来各个学校都开设的选修课没有太大的差别，有所改进的地方，可能就是增加了讨论环节。因此，可以看出，即使走在通识教育课程改革前列的复旦大学，其课程内容也依然还有着非常大的进一步改进和提升的空间。

---

❶ http：//gecc. fudan. edu. cn/PictureList. aspx？info_lb＝32&flag＝3&info_id＝18.

二、北京大学通识教育模式

1. 北京大学通识教育发展简况

就通识教育改革的尝试来说，北京大学基本上是与复旦大学前后脚开始的。为创办世界一流大学，探索 21 世纪中国综合性研究型大学人才培养的新模式，北京大学于 1999 年 12 月成立了本科教学发展战略研究小组，专门研究北京大学本科教育的发展问题。小组成员进行了国内外的广泛调查，对中国近现代高等教育进行深入的研究，对北京大学的历次教育改革的成败进行了反思。在这一系列研究的基础上，北京大学模仿哈佛大学的核心课程体系、结合自己的实际情况，于 2000 年 9 月正式推出素质教育通选课。

根据 2000 年《北京大学本科素质教育通选课选课手册》的规定，开设通选课的目的是引导学生广泛涉猎不同学科领域，拓宽知识面，学习不同学科的思想和方法，进一步打通专业，拓宽基础，强化素质。通选课涉及数学与自然科学，社会科学，哲学与心理学，历史学，语言学、文学与艺术五大基本领域。该手册还规定，2000 年 9 月入学的新生，毕业时应修满至少 16 学分的通选课。其中，在每个领域至少选修 2 学分，在语言学、文学与艺术领域选修至少 4 学分，其中必须要有 1 门艺术课程。获得人文社会科学类学位的学生在数学与自然科学领域课程至少选修 4 学分。

2001 年，学校又提出并开始实施"元培计划"，这一计划的基本设想是：在低年级实行通识教育（含基础教育），在高年级实行宽口径的专业教育，同时进行学习制度的全面改革，实行在教学计划和导师指导下的自由选课学分制，并成立了元培实验班进行教育改革的试点。在此基础上，到 2007 年，元培学院成立。元培学院是北京大学第一个非专业类的本科学院，学院实行在教学计划和导师指导下、学生自由选择课程和自主选择专业为核心的培养模式，学生只按照文理两大类进行招生，学生入学不分专业，在低年级学习通识课程和宽口径基础课程，经过一年半的学习后，也就是在大二的第二个学期，学生可以自主地选择自己的专业。

从对北京大学的调研以及官网平台的资料研究看，元培学院的文理学院不同于哈佛大学的文理学院，北大的元培学院没有自己的教师队伍，学生的所有课程都要依赖于专业学院，对于学生的修课，元培学院与其他学院学生最大的区别只是在于他们有充分的自由选择的机会，对于通选课，元培学院的学生可以通过自由选择学院的课程来替代，除个别规定课程外，如元培学院开始的文理两大类学生都必修的"学术规范与论文写作"，无论是文科类还是理科类的学生都按照各个学院的专业计划，修习学院的专业平台课，理科类的学生选修的人文类的平台课可以代替通选课；而文科类的学生，除了要求要必修 4 学分的高等数学外，只要按照自己选择的类别或学院，修习学院规定的的必修平台课以及任选平台课即可，通选课其实已经被取消或替代了。可见，北京大学元培学院并不是一次真正的通识教育课程改革，而是针对专业人才培养复合人才的一种尝试。

随着学界对通识教育的研究深入，也伴随着北大通选课实践中发现的问题，北京大学深刻地意识到其当时运行的通选课模式远远没有达到通识教育课程改革的目标。2010 年，北京大学启动新一轮的通识教育课程改革，这一次的改革以"经典阅读和研讨式教学"为特征，在不改动原有的通选课的基础上，进行"通识教育核心课程"建设。截至 2015 年，北京大学共组织建设了 30 门"通识教育核心课程"，这些课程的宗旨在于"将通识教育理念贯穿在专业知识的传授中，透过对专业知识的学习和思考来提升学生的人生境界和思想品质，培养学生健全的人格和公民意识，使学生掌握阅读思考能力、反思创新能力和沟通表达能力，培养'懂中国、懂世界、懂自我、懂社会'的卓越人才"❶。课程从原来通选课的五大类精简为三大类，即人类文明及其传统、现代社会及其问题和人文、自然与方法三大系列。这些课程共同的特点就是鼓励"经典阅读"和"大班授课、小班讨论"的教学方式进行，其目的是培养学生阅读经典文本、深入思考问题的习惯，训练学生自主学习、批判性思考、分析解决问题和沟通协调的能力。按照"通识教育与专业教育相结合"的思想进行的改革仍在继续，有些改革尝试不合理的已经放弃，还有一些则推广了，比如，原来仅仅在元培学院试行的自由选课制度，从 2016 年 9 月就在全校实行，根据 2016 教学培养方案的修订版规定，"各院系本科必修和限选课程在教学资源许可的前提下向全校所有本科生开放。全校本科生在专业教学计划和院系导师指导下自主选择课程"❷。

2. 北京大学通识教育课程设置

（1）北京大学通识课程目标。北京大学的通识课程始于 2000 年的本科生素质教育通选课，据 2000 年《北京大学本科素质教育通选课选课手册》的表述，通选课的目的是引导学生广泛涉猎不同学科领域，拓宽知识面，学习不同学科的思想和方法，进一步打通专业，拓宽基础，强化素质。在此基础上，学校根据以下原则来开设通选课：①有利于学生在最基本的知识领域掌握认识和改造世界的各种思路和方法；②有利于加强大学生的人文素质、创新能力和基础知识；③有利于促进不同学科的交叉渗透；④有利于培养学生的思辨力，有较强的理论性和思

---

❶　http：//www. dean. pku. edu. cn/web/student_info. php? type = 1&id = 4.
❷　http：//www. dean. pku. edu. cn/web/rules_info. php? id = 75.

想性；⑤有利于引导学生了解学科前沿和新成果、新趋势、新信息；⑥有利于从综合角度掌握经典著作的基本精神，启迪思路；⑦有利于学生选修著名学者的特色课；⑧有利于学生了解现有的一级学科。从以上的课程建设原则可以看出，此时北京大学的通识课程改革的目标是拓宽基础、强化素质、培养通识的跨学科基础教学新体系、打破专业和学科壁垒，力求把单科化的专才教育转变为整体化的通识教育，在本科教育中建立以素质教育为取向的跨学科通选课体系，在最基本的知识领域为学生提供多学科交叉综合的精品课程，让学生广泛涉猎不同的学科领域，拓宽知识基础。教学的宗旨，不在于传授某种专门的知识，而在于提高学生的素质和进行跨专业的知识交叉，并且为学生了解大学的情况和以后选专业打下基础。可以看出，这一时期的通识教育改革明显处于起步阶段，对通识教育的认识集中在表面层次，关注的是知识性的问题，通识教育是为了专业教育而做准备的，对通识教育这样的认知，把通识教育放在手段和工具的地位上，实际上体现了对通识教育的极大误解。

随着北京大学通识教育课程改革的不断推进，通识教育的目标也需要重新认识。通识教育不是专业教育的补充，不是实现专业教育的工具和手段，通识教育是对完整的人的培养。没有这样的认知，通识教育改革不可能深入，也必然不会收到理想的效果。在经过一段时间的实践后，北京大学也发现了其中的问题，在2016年"关于加强通识教育课程建设的意见"中，重新界定了北京大学通识教育的目标，即"北京大学通识教育以'人的培养'为理念，以'立德树人'为根本，以学生的人格塑造与素质养成为主要目标。塑造学生的世界观、价值观和人生观，深化对人类文明传统的理解和中华民族伟大复兴历史使命的认识。通过对自我、社会、国家和世界的认识与理解，使学生认识自身存在价值并自觉承担社会责任。同时关注学生的科学素养、人文精神与国际视野，提升思考批判、交流合作与开拓创新的能力，为实现北京大学'培养引领未来的人'的本科教育目标发挥必不可少的作用"❶。这样的通识教育目标就把通识教育放在了正确的位置上，通识教育课程也就不是可有可无的，或者可以随意替代的课程，而是有着独特魅力的、大学生成长中必不可少的部分。它与专业教育、大学生活等共同塑造着每一个学生。

（2）北京大学通识教育课程结构。经过不断的改革，北京大学的通识教育课程形成了一个比较完整的体系，既体现着改革的痕迹，也展现着深化的努力。这个课程体系包括三个部分：思想政治理论课、通识核心课、通选公选课。

通识教育课程是2000年以来建设并形成的比较完整的课程群。具体构成

---

❶ http：//www. dean. pku. edu. cn/web/rules_info. php？id＝38.

如下：

A. 思想政治理论课：该部分课程的教育教学目标是"立德树人，注重世界观、价值观和人生观的引导和塑造，培育社会主义核心价值观"❶。课程包括国家规定必修的思想政治理论课。思想政治理论课内容与学分与中宣部、教育部要求一致，在此不做赘述。

B. 通识核心课：该部分课程的教育目标是"培养学生面向未来、面向全球，具有深度思考与批判创新的能力"。课程建设的基本指导思想是以"认识、理解、塑造自我"为核心，在"过去、现在与未来"和"个人、国家、文明与世界"两个维度扩展。通识核心课程从 2015 年首次推出 13 门课开始，到目前为止，已经有 30 多门课程。该模块依然还在建设中。学校希望用 2 年的时间，建设 60～80 门通识核心课。

从目前的课程建设态势看，北京大学希望把这些课程建设成为通识课程中的精品。所以，申请通识核心课或者从通选公选课转为通识核心课都有非常严格的审核程序，既有学校相关部门的审核，也有学生的评价，教师还必须要提前提交符合通识教育核心课程课程建设要求的一系列材料，诸如课程的大纲、教案、材料等。学校为鼓励老师们开设通识核心课程，有一些特殊的鼓励政策，比如，新开设的通识核心课程，学校每学期奖励 2000 元，已开设课程每学期奖励 1000元❷。这表明学校认识到了真正开设一门高水平的通识教育课程难度是很大的，教师付出了比目前开设的课程更多的劳动和智慧。这一部分具体包括 4 个模块：

①人类文明及传统：通过中西方传统文明中经典著作的深度阅读，加深对文明传统的理解，使学生具备跨文化的视野，认识问题背后的历史渊源。在 2015 年首次推出的 13 门核心课程中，有 6 门课是人类文明与传统的课程，分别是：中国文明及其传统：历史学系的阎步克、叶炜开设的"中国传统官僚政治制度"，历史学系的叶炜开设的"中国古代史（上）"，哲学系的王博开设的"孔子与老子"；西方文明及其传统：哲学系的李猛开设的"西方政治思想（古代）"，英语系的 Tom Rendall 开设的"欧洲文学选读"（英文授课），英语系的高峰枫开设的"《圣经》释读"（英文授课）。

②现代社会及问题：以问题为导向，围绕现代社会面临的挑战，从经济、政治、法律、社会和文化等角度展开阅读和思考，使学生了解不同学科理解世界的方式。在 2015 年首次推出的 13 门核心课程中，有 2 门课是现代社会及问题——国家发展研究院张维迎开设的"经济学原"》、历史学系昝涛开设的"伊斯兰教

❶　http：//www. dean. pku. edu. cn/web/rules_info. php? id＝38.

❷　唐瑞，于洋. 中美研究型大学通识课程的比较研究——以哈佛大学、北京大学为例［J］. 理工高教研究，2008（1）：34－38.

与现代世界"。

③人文与自然：使学生感受人文精神的熏陶，提升审美情趣；增强理性思维能力，从自然科学与现代技术的视角，深刻地认识科技飞速发展的当今世界；关注人类的发展与健康，认识个体、理解生命。在 2015 年首次推出的 13 门核心课程中，有 5 门课是人文与自然模块的，元培学院张旭东开设的"文学人文经典（近现代）"、中国语言文学系漆永祥主持 8 位老师开设的"大学国文"、历史学系朱青生开设的"艺术史"、艺术学院丁宁开设的"西方美术史"、化学与分子工程学院卞江开设的"化学与社会"

④思维与能力提升：针对学生进行专门的思维训练和语言表达能力、沟通交流能力、实践创新能力、量化分析能力等思维素养与基本能力的培养。本部分有时候也被写成"科学与方法"。在首次推出的 13 门核心课程中没有科学与方法模块的课程，最近几年的发展中，这部分课程越来越受到学生的欢迎。

C. 通选公选课：本部分是自 2000 年以来建设形成的全校本科生素质教育通选课，有 300 多门，到目前为止，中间有新增加的课程，也有停开的课程，2014 年的全校通选公选课是 310 门课❶，2018 年是 331 门，分布在八大领域中：数学与自然科学、社会科学、哲学与心理学、历史学、语言学、文学、艺术与美育、社会可持续发展。课程由各个学院开设和管理，报学校教务处，统一排课，由学生自主选择。

从 331 门课程整体看，数学与自然科学类别的课程合计是 58 门，如果把全部课程中涉及思维与方法的课程都归到这一类别中，是 60 门，其中数学与方法类课程有 8 门，如果把剩下的五类归总到一个大类人文社会科学类，那么，相比较而言，通选公选课中的自然科学课程比例就显得非常有限。不过从仅有的 50 门左右的课程看，自然科学领域与现实生活最为密切相关的几个领域，如物理、化学、生物与生命科学等几大领域都有课程，倒也能基本满足学生在自然科学领域的通识教育。考虑到学校后来改革中要求各个院系的必修课和限选课对全校学生开放，那么这方面的课程资源应该是可以满足学生的需要的。当然，院系的专业核心课、专业限选课，其实从根本上而言，与通识课程还是有很大区别的，如果一个学生不准备学习某个专业，有些专业课就算是允许学生选择，也会因为学生的基础和知识储备等方面的问题而导致无法真正掌握。

在这 331 门课程中，有很大的一部分课程是概论性课程和历史性课程，完全是某方面的历史介绍的课程就有 50 门，如"西方社会政治思想史""中华人民

---

❶ 北京大学教务部，通选课专栏，通选课手册下载，《2014—2015 学年第二学期本科生课程手册（Pdf 版）（包括平台课、通选课、公共必修课）》，http：//dean. pku. edu. cn/txkzl/scxz/2014 - 2015 - 2bkskcsc. pdf，2015 - 06 - 26.

共和国经济史""西方哲学史""西方美学史""20世纪中外关系史""中国图书出版史""中俄文化交流史""中国电影史""东方文学史""中国古代史",等等,这些课程明显具有传统的专业课程的特征。其实这一类型的课程也是中国绝大多数大学公共选修课的整体特征,因为北大的教育资源的优势,能够开出这么多的课程,对于高校,特别是理工科专业特色浓厚的学校,这样的课程根本开不出几门。由此可见,无论是北大,还是全国高校的通识教育改革任务之艰巨了。

在选课上,学校对学生只有基本领域的学分要求,至于具体选什么课,学生则可以在学分制约和教师指导下自主选择。一般来说学生每学期全部修课最少应为12学分,最多为25学分,其中对通选课的选修学校建议一般不要超过3门,以免学习负担过重。当然,个别学生因特殊情况在经过主管教学系主任批准后,也可以有突破。学校实行本科生导师制,导师的任务是对学生在选课、选专业和学习中所遇到的问题及时给予咨询和指导。

3. 北京大学通识教育课程的特点

(1)重视学生自主学习的课程改革理念。北京大学的通识教育改革与其他学校的一个明显不同之处是高度关注学生选课的自主性和自由权利。从2001年的"元培计划"开始,无论是当时的元培实验班,还是后来成立元培学院,都非常注重学生自主选择课程,选择专业好方向,从最基本的制度方向,保证学习自由,践行北京大学长期以来的"自由独立、兼容并蓄"的教育思想。在通识教育改革曲折的发展中,课程无论怎样改变,学生自主选择课程的理念坚持了下来,并最终在全校学生中推广。为了保障学生有更多的选择空间,北京大学开发出了300多门课程,这在国内大学是不多见的。由于各个大学的师资限制以及多方面的原因,大多数大学能开出一百来门课程就非常不容易了。北京大学的开放空间除了通选课之外,院系必修课和限选课也对全校学生开放,这就极大地拓展了学生们的修课空间。

(2)通专结合的课程改革模式。与很多大学的通识教育课程改革只专注于通识教育课程领域这一方面不同,北京大学的通识教育课程改革最终走向了通识教育和专业教育相结合的道路。"北京大学通识教育以'人的培养'为理念,以'立德树人'为根本,以学生的人格塑造与素质养成为主要目标。"这个目标将通过北京大学的"专业课程、通识课程以及课外教育等途径协同实现"❶。《北京大学本科教育综合改革指导意见》提出,要坚持"加强基础、促进交叉、尊重选择、卓越教学"的改革思路,完善"通识教育与专业教育相结合"的本科教育体系,北京大学将继续深化通识教育改革,规划建构通识教育课程体系,进一

---

❶ http://www.dean.pku.edu.cn/web/rules_info.php? id=38.

步加强通识课程建设。因此，在通识核心课程建设的过程中，学校对课程建设提出了很高的要求，"课程不要求有专业课程的系统性和完备性，但必须具备专业的深度""教师必须以专业的态度建设课程，提供包括大纲、课外辅助材料的准备以及对学生的课外辅导安排"❶。这体现了在北京大学，通识教育课程建设中与专业紧密结合的特点。此外，在通识教育课程改革的同时，北大的专业核心课程建设也是重头戏，也是各个学院课程建设的主要任务，而近年来北大在课程改革过程中，不断强调，各个院系在条件许可的情况下，学院的课程要尽可能对学院的学生开放，这其实无形中，就把专业核心课与通识核心课结合了起来，既拓展了通识教育的空间，也促成了通识教育与专业教育的良性互动。

（3）通识核心课程师资力量强。在北大通识教育改革不断发展的过程中，北大也与很多走在改革前列的大学有同样的感受，那就是通识课程对开课教师有着绝对不低于专业课程教师的要求。一门课程其实到底叫什么样的名称并不是最重要的，重要的是这门课程到底要教给学生一些什么样的内容，要怎样教，才能达到课程的理想目标？这些是课程的核心，而真正能实现这些核心目标的是高水平的教师。因为一个高水平的教师能创造性地、艺术性地引导着学生去不断地接近课程的目标，但是，如果教师的水平不够，或者投入准备不足，或者认识不到位等，任何一个原因，都会导致即使是内容相同的课程，最终的结果如果不能说是天壤之别，也会有很大不同。因此，北大在通识教育在启动新一轮课程改革时，首先就是在课程的师资上，给出了很高的标准。在 2015 年首批推出的课程中，很多开课教师都是各自领域中的领军人物，比如，阎步克、李猛、张维迎、卞江等，这些老师无论是就所涉及领域的知识储备、学术见识，还是教学的方式方法，教学的态度乃至对教育的理念都是值得称道的，因而，他们开设的课程就不仅吸引了学生选修，而且学生的收获也格外多。也正是在他们这一批教师的带领和榜样力量的影响下，学校随后的通识核心课建设才会更加严格，开设通识核心课，不是要职称或学历如何，而是从教师的课程申请和汇报中展示出其足以胜任这样的课程对教师的高质量要求，达到要求才可以开课。这就保证了通识核心课程能汇聚一批高素质的教师，以确保建设高水平的课程。

（4）通识课程改革行进中的问题。北大的通识课程改革，本是以西方国家大学为蓝本，特别是初期是模仿美国的哈佛大学的通识教育开始的，以改革专业化教育的弊端为目的，通识教育改革最初的通选课，是在国家要求纠正过分专业化推行文化素质教育的背景下提出的，但是对于到底什么是文化素质，这样才能培养其文化素质，这些基本的问题都不是很清楚，然后就又把从国外学来的通识

---

❶　http：//www. dean. pku. edu. cn/web/rules_info. php？ id = 38.

教育概念与文化素质捆绑在一起，因此，在课程设置的过程中，就出现了各式各样的问题。

由于不明白何为素质教育，素质教育与专业教育有什么区别，所以，通选课基本上是从专业课模化过来的；有些本身就是专业课，只是专业课压缩，有些课就转为通选课了，因此，通选课中的专业化色彩非常突出。在元培学院实验阶段，学校要求各院系必修课程和限选课程对全校学生开放，原本是为了丰富通选课的资源，给学生提供更大的选课空间，但是，实际上是以专业课程代替了通识课程，这是一种非常典型的偷懒的行为，也反映了大家对通识教育的普遍误解。

近几年，学校对通识教育改革越来越重视，建设通识核心课，组建核心课程的教师团队和助教团队等，但实际上在北大学生的这个知识结构中，通识教育课程的比例是下降的，较2008年之前的16个学分，现在北京大学的通选课程为12个学分，北大要求学生毕业的最低学分为140个学分，通选课程所占比例为8.6%。尽管学校出台了一些奖励措施，但是，由于通识核心课的难度大，加上很大一部分学生在选修通识课程过程中的各种应付态度，导致老师对通选课的积极性以及重视程度都不高，通选课的地位并不太高。

北京大学通识教育课程改革一开始模仿的就是哈佛大学。哈佛大学就以能为学生提供大量可以自由选择的课程而著名，曾经开出过上千门的课程供学生选择。北大模仿哈佛，因此，其通选课设置一开始，就有追求课程数量的特点，300多门通选课，再加上各个院系开放的课程，即使没有达到类似哈佛的上千门课程，应该也是有一个很可观的课程量了。如此一来，优点明显，缺点也突出。因为大量的课程涉及的领域广泛，各门课程之间的知识缺乏完整性的联系，在大量的课程中只选择6~7门课程，而且是学生自由自主选择，如果学生没有自觉性，就非常容易出现胡乱选课，选易得学分的、好通过的课程等，这些问题，在北京大学自己的课程评估中就已经发现了。2001年秋季学期北大校课程评估办公室对通选课做了重点评估，北京大学老教授调研组也进行了重点听课，发现通选课中存在的问题很多，比较突出的问题归纳起来，可以从教师和学生两个方面看。❶

从教师与课程的角度看，主要的问题是：

①相当多的任课教师对通选课的设置目的不了解，将通选课与原先的校公选课混为一谈，把通选课开成了科普课、讲座课、一般学科知识介绍课，严重背离

---

❶ 北京大学第三次通选课教学研讨会会议记录．doc，http：//dean．pku．edu．cn/txkzl/txkzl_main．htm，2015－06－26．

了通选课的理念。

②不少教师降低课程的质量标准和要求，管理不严，考试随便，使通选课成为获取高分的渠道。

③有的教师教学方法陈旧，教学环节缺失，严重忽视学生自学能力和创新能力的培养。

④有少数教师缺乏责任心，随意缺课，或由他人顶替；课堂秩序混乱。

从学生与课程的角度看，调查中发现学生中也普遍存在以下问题，如选课时选好过、易得高分的课程，上通选课态度不认真，逃课，考试敷衍了事等。

①关于选课的标准。很多学生首先关注的是分数，什么课最好过，什么课最容易得高分；其次才是兴趣；然后是时间问题（包括上课时间不与课冲突、考试复习时间充足）。只有少数已修过课的学生建议新生要注意建立合理的知识结构。

②课程考核方式也是学生们普遍关注的问题之一。根据网上同学们的发言来看，通选课一般都采取作论文和考试两种考核方式，学生普遍比较接受交论文的考核方式。

③学生比较关心自己的最后成绩。有部分学生反映任课教师给分有失公允，如认真做了反而得低分，敷衍塞责的反而能得高分；有的教师普遍给分偏低，有的则普遍给分偏高。

④教师的专业素质、授课方式也是学生们讨论较多的问题。学生对业务能力强、讲课生动、责任心强的教师评价普遍较高。

这些问题说明，即使像北京大学这样的全国排名数一数二的大学，其通识教育课程改革中也存在着各种各样的问题。通识教育改革绝对不是一蹴而就的事情，北大通识课程改革中出现的问题具有普遍性和代表性。北大启动的新一轮的改革就在努力纠正这些错误和出现的问题，只是文明同样不能期待它在短暂的时期内就能见效。教育，特别是通识教育本就是润物无声的渗透，因此，在通识教育改革的征途上，文明需要智慧，也需要耐心，需要毅力。

三、南京大学通识教育模式

1. 南京大学通识教育发展概况

南京大学是一所源远流长的高等学府。近代校史肇始于 1902 年筹办的三江师范学堂，历经多次变迁，民国时期改为"国立中央大学"，1949 年，中华人民共和国成立，易名为"国立南京大学"，翌年改称"南京大学"，沿用至今。杨振宁称赞南京大学为"中国最顶尖的大学",学校始终坚持"内涵发展"❶。

南京大学的通识教育正式起步是 2006 年匡亚明学院成立,并担负起全面探究适合南京大学的通识教育模式。不过,匡亚明学院并不是一时兴起而建立的,它是由原来的"基础学科教育学院"发展而来。再往前追溯,最早就是 1985 年南京大学成立少年部。这是基于"早出人才,快出人才"的思想,在大学招生时,在全国范围内招收的少年大学生,就是比一般的大学生年纪要小,这些少年大学生在少年部学习 2 年,不分文理和专业,三年级开始确定专业,分流到全校各院系学习。少年部的特点:单独、自主招生;前期拓宽、加强基础,而后自选专业分流;高起点、高难度教学;单独成班,集中管理。今天回看,少年部实质上就是一种为理科智力超长的青少年所提供的大学教育,其创办的目的在于使这些智力超常少年能够脱颖而出,并且探索早出人才、出好人才的教学规律。实际上,在培养过程中,过分强调对这些少年大学生的知识培养,反而带来一系列问题,可以说,这时不能算作通识教育的范畴。

1989 年,南京大学基础学科教学强化部基于原国家教委关于保护和加强基础学科的指导精神成立。强化部实施"以重点学科为依托,按学科群打基础,以一级学科方向分流,贯通本科和研究生教育"的模式,这一模式实际上是充分利用全校的教学和科研资源,按照学科群设置基础课,精心打造和建设了一批适合大理科教育模式的课程体系,并于 1993 年,建成国家理科基础人才培养基地唯一的"多学科综合点(大理科试验班)",发展了一套大理科培养模式,学生在学科分流方面实行了"多次选择,逐步到位"的机制(如表 4-1 所示)❷。

表 4-1 "多次选择,逐步到位"的学科分流机制

一年级	大理科					
二年级	数学与物理类			化学与生命科学类		
三年级	物理	生物物理	天文	化学	生物	生物化学
四年级	进入研究实验室/科研课题组					
	报送各学科研究生					

1995 年,文科强化班也在南京大学诞生。学校在中文系成立了文科强化班,实行文史哲贯通的教学计划。

1998 年 4 月,为了进一步推广"大理科"办学模式,南京大学在基础学科

❶ 南京大学个案:创建一流大学的方略与路径〔EB/OL〕.(2010-06-16).〔2015-04-22〕.中国网,http://www.china.com.cn/chinese/zhuanti/tqzggx/659435.htm.
❷ 表 4-1 来自南京大学匡亚明学院许望院长在"大学通识教育论坛"(复旦大学,2008 年 5 月)的发言《大理科模式及其拓展》.

强化部的基础上组建了"基础学科教育学院",在全校各理科基地推广这一教学模式,并且开始试点大文科教育模式和教学体系的建设。基础学科教育学院鼓励面向基础,注重学科交叉及全面培养,充分利用全校的教学和科研资源,按照学科群设置基础课,造就了有利于学科交叉的学术氛围。其特点是:多样化招生;加强基础训练,深化课程与教学改革;建立动态流动机制。

从这一时期的培养模式和教学模式看,南京大学改革的重点和关注点都在加强基础教育,重视学科交叉,这样的人才培育思路是值得学习和坚持的,也是南京大学在改革中延续下来的,尽管从其课程整体安排看,这时候的基础和交叉依然是学科内部的事情,远没有达到通识教育的高度,但是方向是值得肯定的。

进入 21 世纪,全国一些著名的大学都纷纷开始进行通识教育改革,在这样的背景下,2006 年基础学科教育学院被命名为匡亚明学院❶,肩负起为全校通识教育服务的使命。在办学的内涵上,学院将在基础学科教育学院原有的基础上,弘扬南京大学校长匡亚明创新、创造、求实、超越的教育思想,力图将中国高等教育的传统优点与当代世界高等教育改革和发展的趋势相结合,探索和全面试点适合南京大学学科特点的通识教育模式;建立和完善以通识教育与个性化专业培养相结合的人才培养体系;为南大全面推进通识教育、走向全校"2+2"培养模式做好试点。"2+2"培养模式即前两年由匡亚明学院按学科模块实施通识教育,后两年除强化部学生继续留在匡亚明学院内,各类学生由各院系进行专业教育,致力于培养有国际视野的宽基础、高素质、创新型一流人才。

在由匡亚明学院探索通识教育的过程中,南大提出了"学科建设与本科教学融通、通识教育与个性化培养融通、拓宽基础与强化实践融通、学会学习与学会做人融通"的四个融通人才培养理念,并将随后进行的本科教育教学改革的焦点放在贯彻"通识教育与个性化培养融通"之上,强调本科人才培养既要注重全面的科学与人文素质教育,培养学生高尚的道德素养、宽厚的知识面、敏锐的思维与判断力,更要注重学生个性化的选择和培养,为学生自主构建知识体系和模块搭建平台。

同时,学校开始实施"拔尖计划",以"少而精、高层次、国际化"为指导思想,对有志于从事本学科基础研究的学生实施个性化培养❷。学校对进入"拔尖计划"的学生前两年实施大理科人才培养模式,为学生打下宽厚扎实的基础,后两年进行"精而深"的专业教育,强调"以重点学科为依托,按学科群打基

---

❶ 资料均来自《南京大学匡亚明学院培养方案与教学计划 (2008)》,南京大学匡亚明学院网页,http://dii. nju. edu. cn.

❷ 南京大学基础学科拔尖学生培养试验计划网页,《我校举行"拔尖计划 2014 级招生宣讲会"》,2014 - 09 - 02,http://elite. nju. cn/content. aspx? ccid = d85a9e83 - c71b - 4d0e - b7ec - 1d74300e986e.

础，以一级学科分方向，贯通本科和研究生教育"为模式，以"创新本科通识教育和研究性教学、强化科学研究基本训练、推进国际化合作培养，提升政治思想品德教育，探索个性化人才培养，使高素质创新拔尖人才脱颖而出"为途径，以"培养具有良好科学精神、人文素养、宽厚学科基础、突出创新能力的拔尖人才"为目标。这一部分的改革，其实是此前南京大学一直都在努力做的事情——大理科人才培养模式。走的是学科与专业的路径，只是在基础上，不再仅仅强调大理科的学科基础，而是在基础上纳入通识教育的内容，可以说是以前的人才培养模式的继续和改进。

2014 年，南京大学为顺应国内外高等教育发展趋势，深入推进"三三制"本科教学改革，提高人才培养质量，学校经研究，决定启动南京大学"翻转课堂"教学改革项目。"翻转课堂"教学改革是"三三制"教改第二阶段专业课程教学改革的重要内容之一，其目标是立足于教改需求，深入推进研究性教学，带动专业教学领域的教学方法改革、教学模式变革，将"翻转课堂""混合式教学"等新型教学理念及方法引入传统课堂教学，提高教学效果，促进因材施教和学生个性化学习。严格地说，"翻转课堂"是教学方法的改革，而不是通识课程的改革。

2. 南京大学通识教育课程设置

（1）南京大学通识课程设置的基本指导思想

南京大学的通识教育改革是在全国高校普遍开始进行通识教育改革的背景下开始的，同时也像国内的各个大学一样，其通识教育的课程模式是模仿国外著名高校的模式进行的。当然，这种改革也同样是基于中国高等教育中过度的专业化问题而开始的。在进行通识教育课程改革中南大澄清了几个容易出现的误区，这就保障了随后的改革尽可能少走弯路。

南京大学的通识教育改革，一开始就明确，通识课程要求打破专业局限，开阔学生的学术视野，培养文化通感和科学精神，要求教师能对自己专业领域的知识有深入系统的把握，对研究前沿动态有敏锐的眼光，并善于深入浅出地讲解，保证课程既有深度又有新意，同时对不同学科学生有广泛吸引力和思维启发性。

通识课程不同于专业课程，专业教育主要关注学生某种专业知识的传授及其职业能力的培养，而通识课程的目的在于通过重组教学内容，对学生进行多方面能力的训练，发展其思维能力，提高学生表达思想、判断和鉴别价值等方面的能力，并以此促使学生的感情和理智都得到发展，使其全面发展，塑造完整人格。这样的思想保证了随后的通识教育课程开设中，不至于大范围地出现在大多数高校出现的问题——专业课程直接移植到通识课程领域，变化的仅仅是由原来的专业必修或选修变成了通识课程体系中选修。正是因为明确地意识到了通识教育与专业课程的不同，南大的通识课程才能真正体现通识教育的理念。从可以收集到的公开课程资料来看，南京大学做得可以说是比较好的。

通识课程也不同于素质课程，素质教育更多地强调拓宽学生的知识面，强调提高学生的人文精神和人文素养，以提高大学生的文化品位、审美情趣和人文素养；通识课程的特点在于不同学科的知识相互通融，遇到问题时能够从比较开阔的、跨学科的视角进行思考，收集资料，与人交流合作，达到不同文化和不同专业之间的沟通融合。

结合本校特点，本校通识课程内容将着力确立以下5个基本特性❶。

①基本性：课程内容涉及人类文明中最根本、最重要、最不可或缺的素养；

②主体性：课程内容直接或间接地建立人的主体性，引导学生能以本身为主体去看待知识，通过讨论、思辨、批判与比较，去了解自己以及与自己相关的自然世界、社会环境及时代与文化；

③多元性：课程内容应该拓宽学生视野，养成尊重多元差异的人格与精神；

④整合性：课程内容整合不同领域之知识，以启发学生的心智，拓展专业知识之直观与创意，并赋予新的诠释和内涵；

⑤趣味性：课程内容探讨的问题具有一定的深度，能激发学生求知的兴趣。但问题的设定，不以学生已修读系统性专业知识为前提，讲授方式深入浅出，借由问题的探讨深化思维方法的训练。

教学形式方面，通识课程积极探索研究性教学，强调大班授课与小班研讨相结合，注重考核方式多样化。

基于通识教育的理念，并参照海内外著名高校的通识课程实践经验，南京大学本科生通识教育将初步围绕中国历史与民族文化、世界历史与世界文明、价值观与思维方法、科技进步与生命探索、经济发展与社会脉动、文学艺术与美感、跨文化沟通与人际交往等七大类别，选聘高水平教师，以课程建设的形式展开。

（2）南京大学通识课程结构

南京大学坚持"适度扩大规模、着力提升内涵"的办学思路和"以学科为龙头、队伍建设为核心、人才培养为根本"的办学理念，贯彻学科建设与本科教学融通，通识教育与个性化培养融通，拓宽基础与强化实践融通，学会学习与学会做人融通的"四个融通"人才培养思路，大力推广南京大学匡亚明学院"拓宽口径、鼓励交叉、多次选择、逐步到位"的成功经验，构建个性化、多元化的人才培养体系，为社会各行各业培养具有创新精神、实践能力和国际视野的未来领军人物和拔尖创新人才。

---

❶ 南京大学官网：http://jw.nju.edu.cn/jwoldweb/661/menu663.html.

南京大学本科生的课程结构是三大课程模块❶：①通识通修课程模块：包括通识教育课程、思想政治理论课程、军事课程、分层次通修课程；②学科专业课程模块：包括学科平台课程专业核心课程；③开放选修课程模块：包括专业选修课程、跨专业选修课程、公共选修课程、第二课堂。

与中国的一些著名的大学不同，南京大学自己界定的通识课程体系就是其课程结构中的通识通修课程模块，包括 A 通识教育课程（文化、历史、艺术、法律等）、B 思想政治理论课程、C 军事课程和 D 分层次通修课程（大学语文、大学体育、计算机、英语等）。其中，A 类课程可在 1~8 学期内完成选修，B、C 类课程在 1~6 学期内灵活设置，D 类课程包括非专业类数学、大学英语、计算机基础课程，该类课程须在 1~4 学期内完成选修。

从这个通识课程体系看，南京大学与其他大学一样，通识课程体系中包含着必修的思想政治理论课、军事课程以及大学英语、体育、计算机等课程，大学语文在南大是必修的，但是在有些大学则是选修课，有些大学则没有开设。此外，这一部分课程中，B 类课程中的《马克思主义基本原理概论》和《思想道德修养与法律基础》课程各自拿出 1 个学分、《毛泽东思想和中国特色社会主义理论体系概论》课程拿出 3 个学分纳入社会实践。这与其他高校没有变化，在此不做赘述。

南京大学在自己的通识课程体系中，没有包括原来已经开设的大量的选修课程，这与北京大学有很大不同，北大是计划把所有课程都纳入通选课范畴。而南大则把这些课程放在了另一个模块"开放选修课程"模块，这个模块包括专业选修课程、跨专业选修课程、公共选修课程、第二课堂（科研训练或社会实践），如表 4-2 所示。

南京大学在通识教育改革数学指导下，开设出来的通识课程就是其 A 类课程，包括通识教育课程和新生研讨课程。通识课程最初简单划分为文化、历史、艺术、法律等，现在则分为七大类，即中国历史与民族文化、世界历史与世界文明、价值观与思维方法、科技进步与生命探索、经济发展与社会脉动、文学艺术与美感、跨文化沟通与人际交往❷。要求每位大学生在毕业前修满不少于 14 个学分。具体的课程分布以及学分分布如表 4-3 所示。

---

❶ 南京大学本科人才培养计划指导性教学计划的意见（前言及相关文件），http：//jw. nju. edu. cn/EduContentList. aspx？MType＝PX－SSZJGZQ－PYFAJXJH&FType＝SSZJGZQ&res_type＝eInfo，2015－04－22.

❷ 南京大学通识课程建设要求，南京大学教务处，http：//jw. nju. edu. cn/jwoldweb/661/menu663. html，2015－04－22.

表4－2　南京大学本科课程框架●

课程模块（学分）	课程性质	序列	课程类别（学分）	课程名称（部分）	建议学分	开设学期
	指选	A	通识教育课程（14）		14	1～8
Ⅰ通识通修课程（52～66）	必修	B	思想政治理论课程（11＋5）	马克思主义基本原理概论	2＋1	1～6
				思想道德修养与法律基础	2＋1	
				毛泽东思想和中国特色社会主义理论体系概论	3＋3	
				中国近现代史纲要	2	
				形势与政策	2	
	必修	C	军事课程（3）	军事理论	2	
				军训	1	
	指选	D	分层次通修课程（19～33）	非专业类数学	4～14	1～4
				大学语文	2	
				大学英语	8	
				计算机基础	3～5	
				大学体育	4	
Ⅱ学科专业课程（38～45）	必修	E	学科平台课程		38～45	2～4
		F	专业核心课程			3～8
Ⅲ开放选修课程（31～52）	选修	G	专业选修课程		31～52	3～8
		H	跨专业选修课程			
		I	公共选修课程			
		J	第二课堂			
毕业论文/设计（8～10）	必修	L	毕业论文/设计		8～10	7、8
共计					150	

● 南京大学本科人才培养计划指导性教学计划的意见（前言及相关文件），http：//jw. nju. edu. cn/
EduContentList. aspx？MType＝PX－SSZJGZQ－PYFAJXJH&FType＝SSZJGZQ&res_type＝eInfo，2015－04－22.

表4-3　南京大学通识通修课程模块❶

课程模块	课程分类	课程性质	课程编号	课程名称	课程学分	各学期周学时分配										
						一	二	暑期	三	四	暑期	五	六	暑期	七	八
通识通修课程模块	通识及新生研讨课	选修		七大类通识课程	14											
		选修		新生研讨课												
		选修		名师导学		1										
		选修		英语口语与听力			2									
		选修		英语词汇与写作					2							
	思想政治理论课	必修	000020	思想道德修养与法律基础	11+5	2+1										
		必修	000050	形势与政策		1	1									
		必修	000040	中国近现代史纲要					2							
		必修	000010	马克思主义基本原理概论								2+1				
		必修	000030A	毛泽东思想和中国特色社会主义理论体系概论									3			
		必修	000030B	毛泽东思想和中国特色社会主义理论体系概论											3	
	军事课	必修	000510	军事理论	3		2									
		必修	000520	军训		1										
	分层通修课	指选		高等数学	13	6	6		4							
		指选	000610	大学语文	2		2									
		指选	000210	大学英语	4	4										
		指选	000322	C语言程序设计	3		3+4									
		指选	000410A	大学体育（一）	1	2										
		指选	000410B	大学体育（二）	1		2									
		指选	000410C	大学体育（三）	1				2							
		指选	000410D	大学体育（四）	1							2				
	必修/指选学分总数				45											

❶ 南京大学官网：http：//jw. nju. edu. cn/EduContentList. aspx？ MType = PX - SSZJGZQ - KCZX - XSYTK&MID = root&FType = PX - SSZJGZQ - KCZX&res_type = elist，2018 - 08 - 23 访问。

（3）南京大学通识课程的管理

南京大学的三大模块中的所有课程性质分为必修、选修两类：必修课为专业指导性教学计划规定学生必须修读的课程，主要包括通识教育类课程、分层次通修课程、军事课程、体育课程和思想政治类课程以及各专业指导性教学计划中所规定的准入准出课程。选修课为专业指导性教学计划中学生可以选择性修读的课程，包括专业选修课程、专业实践类课程和公共选修课程（包括文化素质类课程）。学生选修专业选修课的学分数不得低于专业指导性教学计划中所要求的学分数。

通识课程属于"三三制"教改课程体系中的"通识通修课程模块"，这一模块包含着 4 类课程，占 52~66 学分，要求学生修读通识教育类课程即 7 大领域和新生研讨课，不得少于 14 个学分。这部分课程，每门课程 3 个学分，课程修读人数在 200 人左右，授课对象为全校本科生，在目前课程资源紧张的状况下，低年级学生优先选修。每门课每学年至少开设 1 次，连续开设 3 年。

学生选课原则上应参照专业指导性教学计划按学期进行。院系应委派有经验的教师予以指导，首先保证必修课、指定选修课，再选其他类选修课；有严格先修后续关系的课程，应先选修课；选课应避免上课时间的冲突。学生选课数量应从个人实际出发，在专业课表所要求的课程之外，选修的开放选修模块课程每学期不得超过 3 门。

新生研讨课是小班制授课，这一部分课程与 7 大类通识课程一起为学生的通识课程修习拓展了空间。一般而言，开课两周内，学生可通过"教服平台"自行退选通识或研讨课程，并同时递交经任课教师签字的书面退课申请。如遇个别新生研讨课开课较晚，学生需在上课两周内提交书面申请。鉴于课程资源宝贵，学校呼吁学生慎重对待。一旦选中，要认真完成课业学习，参加课程学习过程的所有环节，并获得学分，否则会在学籍档案中有相关处理记录。

3. 南京大学通识教育课程的特点

（1）相对准确的课程定位

整体而言，南京大学的通识教育改革是在对通识教育有了更为清晰的认识的前提下展开的。当 2006 年成立匡亚明学院，并由其全面探索通识教育改革时，南京大学就明确认识到通识教育是与专业教育不一样的存在。不能用专业教育的思路和方法来建设通识课程，因此，在通识教育改革过程中，始终高度关注课程的基本性、多元性和整合性，南京大学的基础学科人才培养优势突出，交叉学科人才培养理念和经验在国内居于领先地位。这既是长期以来南京大学教学改革的基本经验，也传承在通识教育改革实践中。因此，在课程设置方面，南京大学就没有出现像北京大学那样，把专业必修和选修课也同样纳入大通选课的范畴的事情，相反，为了真正建设好通识课程，南大把原来开始的公共选修课都排除在通识课程的范围之外，可见其对原有课程中存在的专业化、学科化过于突出的问题的高度警惕。

（2）不断探索的教学方法

南京大学的通识课程从一开始就是独立于原有的教学模式的，在建设各门通识课程的过程中，南京大学把课程教学方法的改革提上日程。同样一门课程，老师自始至终主导着全程，学生只负责听，那么，无论什么样的课，其收获都会大打折扣。正是认识到了教学方法的重要，南京大学在通识课程改革的过程中，除课程建设外，积极探索能达成通识教育目标的教学方法。以小班为主，强调讨论的新生研讨课就是这样发展起来的，后来，又积极地进行"翻转课堂"的改革，突出强调教育构成中学生学习的自主性和积极性，并在全国新一轮的翻转课堂教学改革中走在前列。翻转课堂的教学改革和实践不独在通识课程领域，但是其方法和理念都有助于促进通识教育的发展。

（3）有限的课程资源

相比较而言，南京大学通识教育课程学科门类比较齐全，但是要在短期内建设出一大批高质量的通识课程，是非常有难度的。因此，实际中就会出现分类很多，但可以选择的课程难以满足学生的需要的问题，为了解决这个问题，南京大学在 2010 年开始，集中建设了一批新生研讨课，并将之纳入通识课程体系中，既是教学中的探索和改革，也是为了切实解决课程资源有限的问题。即使如此，由于师资、经费、认识以及师生比等原因，目前依然存在资源紧张的问题，所以才会有学校呼吁学生修课后，不随意退课，学生自主选完课以后，还要进行抽签，因为课程容量难以容纳下太多的人，学生要么另选其他课程，要么就要等到下一学期再重新选课。

（4）镶嵌在各项改革中通识教育课程改革

南京大学的通识教育课程改革，在初期匡亚明学院进行试点实践后，就开始逐步在全校推广。这一改革不是单独进行的，事实上，如果想真正进行通识教育课程改革，没有整体的课程改革的配合进行，通识教育课程改革是无法真正进行的，而当通识教育课程改革与学校整体的教学改革结合在一起时，优势的地方，就是学校整体的改革为通识教育改革提供了有利的环境，便于通识教育课程改革的一些措施的落实。当然也有不足，那就是通识教育课程改革镶嵌在整体的学校课程改革，在专业教育议案非常盛行的背景下，通识教育课程改革很容易被消解，因为从整体的学分比例来看，改革当中最大，最下力气的部分——通识课程和新生研讨课，只需要 14 分，所占比例很小，学生不重视的、院系忽略等最终会使得镶嵌在南京大学的通识教育课程改革被消匿于无声。

四、浙江大学通识教育改革

1. 浙江大学通识教育概况

2000 年 5 月浙江大学竺可桢学院成立，它是为浙江大学优秀本科学生实施"特别培养"的荣誉学院，同时也成为浙江大学探索通识教育的标志。竺可桢学院实施"厚基础、宽口径"的通识教育，大类基础教育与自主性、个性化专业培养相结合的培养模式。❶学生进入竺可桢学院后，不分专业，先在文、理、工三大类平台上进行通识课程和基础课程的前期培养。通过前期培养，学生逐渐了解各专业及学科情况，在第二学年，根据自己的兴趣、特长确认主修专业，并进入后期培养阶段，同时实行本科生专业导师制。

浙江大学在不断总结竺可桢学院办学经验的基础上，于 2006 年 1 月出台了《关于制订 2006—2008 级本科专业培养方案和指导性计划的原则意见》，基本原则是要在本科生前期实行厚基础的通识教育，后期突出宽口径和交叉培养，至此，通识教育在浙江大学全面展开。

从 2006 年秋期开始，浙江大学对新生实行按大类培养，学生可在两年内再次确认主修专业。学生入学后，通过学校组织的新生教育培训以及高年级学长的指导、与导师的交流等，合理制订培养计划、安排学习时间。学生先经过 1 年至 2 年的通识教育培养，再根据自身发展规划、兴趣、特长，确认主修专业，进入专业学习阶段。

同时，浙江大学正式实施由通识课程、大类课程和专业课程三大类组成的全新课程体系。通识课程又分为思政类、军体类、外语类、计算机基础类、导论类、历史与文化类、文学与艺术类、经济与社会类、沟通与领导类、科学与研究类、技术与设计类等 11 类。学生在每类通识课程中都必须修满规定的学分量。大类课程分为人文科学类、自然科学类、工程技术类、艺术设计类等四大模块，学院根据专业特点选择其中一个模块设置培养方案。这种全新的课程体系，立足于宽厚的学科知识基础，拓宽知识面，奠定学生今后学业发展的基石。

2. 从竺可桢学院到本科学院的探索

浙江大学通识教育改革是蕴含在其本科教学改革之中的，从历史顺序看，应该是先进行的竺可桢学院的试点性改革，然后是将其经验在全校推广，推广中组建了本科学院，同时，竺可桢学院作为"荣誉学院"保留，挑选最优秀的学生，

---

❶ 浙江大学官网——竺可桢学院：http://ckc.zju.edu.cn/chinese/redir.php? catalog_id = 50011, 2019 - 05 - 18 访问。

配备最精良的师资，实施"特别培养"和"精英培养"。

（1）竺可桢学院的试点改革

浙江大学竺可桢学院成立于 1984 年，以"为杰出人才的成长奠定坚实的基础"为宗旨，培养造就基础宽厚，知识、能力、素质俱佳，富有创新精神和创新能力，在专业及相关领域具有国际视野和持久竞争力的未来领导人才。为此，学院尝试实施"厚基础、宽口径的大类基础教育与自主性、个性化的专业培养相结合"的培养模式，以建立宽、专、交的多元化知识结构。强化学科知识基础、多种思维方式及人文素质的培养和训练。具体的培养目标体现在三个方面：

①熟练掌握扎实的基本理论、知识和基本技能。强化外语和计算机应用能力；

②系统了解和掌握学科专业知识和科学研究的基本方法；

③具备初步的科学研究和实际工作能力，具有创新意识和精神。

全校每年从新生中选拔优秀学生，实施厚基础、宽口径的大类基础教育与自主性、个性化的专业培养相结合的培养模式，单独编班，因材施教，特殊培养。一般情况下，前两年，学生在竺可桢学院理科、工科、文科大类平台上进行基础培养，打好扎实的基本理论和基础知识，强化英语、计算机应用能力、数理（人文社科）基础的培养，为优秀人才成长奠定坚实的基础。在此基础上，自主确认主修专业，进入正常专业通道培养。

竺可桢学院的课程体系有四个部分构成：通识课程、大类课程、专业课程、个性化课程。就通识课程而言，特色并不十分明显，而是继承了专业教育传统的相关部分，将思想政治课、军事体育课、外语、计算机等基础技能课整编为通识教育课程。最能体现学校教改决心和通识教育特色的是由浙江大学教务处精心打造的共计 15 学分的通识修养课，要求所有本科生至少选修其中一门。这部分的通识课程包括："历史与文化""文学与艺术""经济与社会""沟通与领导""科学与研究""技术与设计"。

自 2008 年起，浙江大学全面推广竺可桢学院的培养模式，全部按照大类招生，新生入学不分专业，并按照专业相关性修习大类平台基础课程。

（2）本科生院的全面推广

自 2008 年起，浙江大学在全校推广竺院模式，创建本科生院。打破按照专业学院招生培养的传统模式，开始按照大类（理、工、农、医、人文、社科六大类）招生和培养学生。本科生院由学工、教务、招生、思想教育等部门合并组成，负责本科生的管理、思想政治教育、教学管理，以及通识教育课程建设等。

全校推广后，本科生培养方案中的通识课程最终变为两大部分，即"全校通识课"和"通识核心课"两大类。全校通识课包括思政、外语、计算机等基础技能课程。本科学院在 2012 年前后已经建设了 30 门通识核心课，每个学生必须至少选修一门 3 个学分。通识核心课程由教师讲授和助教组织讨论两部分构成，选课学生必须参与两部分的学习方能获得学分。学校规定学生必须在一、二年级修完所有 16.5 个学分的通识课程。

3. 浙江大学通识课程结构

浙江大学的通识课程原来分为两大部分即"全校通识课"和"通识核心课"。思政类和军体类课程根据教育部的相关指示和文件精神设置；外语类课程包括英、德、法语（拉丁语系）、俄语（斯拉夫语系）、日语等课程；计算机基础类课程包括计算机基础课和程序设计等实践课程，这些都属于全校通识课。

通识核心课程又划分为 6 个领域：A. 历史与文化：探讨各民族和国家的历史与文化，主要通过对不同历史时期的特殊性研究和不同地区文化的了解与学习，目的是有助于学生理解历史长河中的重大事件产生的来龙去脉以及世界各民族国家文化发展迥然不同的形成原因；B. 文学与艺术：主要通过对经典文学与艺术作品分析和批判，探索文学与艺术作品风格的形成和转变以及社会环境对作品的影响；C. 经济与社会：主要通过学习社会科学的基本方法、概念与理论来理解政治、经济、社会中的重要问题；D. 沟通与领导：培养学生的人际交往能力和领导素质，通过综合运用心理学等相关理论；E. 科学与研究：科学与研究类课程主要在于培养学生科学思维、科学研究、科学计算和逻辑推理能力，通过对自然科学的基本定律与原理的研究学习，训练学生严谨求实的科学态度，加强以理性的科学视角钻研和研究问题的能力；F. 技术与设计：技术与设计类课程主要是加强对学生进行工程技术与工程设计基本概念和方法的学习，提高学生工程素质和设计、创新能力，了解知识产权、技术创新、创业方面的基本知识。最初的核心课程是 30 门，要求学生至少修读 1 门通识核心课程，3 学分。到 2017 年公布的核心课程名单中有 46 门课❶，即使如此，通识核心课程课程依然非常有限。根本无法满足全体学生的选课需求。

从 2018 级的培养方案看，学校对整体的课程进行了重新组合，最大的变化就是明确将原来的选修课纳入通识课程体系中，增加了"创新创业类"课程，通识课程分类也有一些变化。第一类是规定必修通识课程，包括思想政治理论课、军事与体育课程、外语类课程、计算机以及创新创业类课程，这部分课程全部都是必修，而且无论什么专业学分要求都是一样的；第二类是通识选修课程，这部分课程包括七类，即在原来的中华传统、世界文明、当代社会、文艺审美、

---

❶ 浙江大学官网：http：//ugrs. zju. edu. cn/chinese/redir. php? catalog _ id = 711180&object _ id = 1118028.

科技创新、生命探索等六类基础上，又增加了"博雅技艺"类，这一部分课程，每一类都包含有通识核心课程和普通通识选修课程。这样就极大地扩展了学生的选课范围，也缓解了课程资源紧张的问题。这一类的课程全部都是选修，且所有专业的学生必须修满最低 10.5 个学分，且对于每个不同的类别的修习课程都有一定的要求，防止学生在一个门类中选课过于集中，而类别的课则没有丝毫涉及；第三类就是自然科学通识课程类别，这一部分课程是所有专业都必须要选修的，差别在于不同专业对自然科学的通识课修习的学分要求不一样，有多有少，比如，哲学专业要求 4 学分、经济学专业要求 13.5 分，地质学专业要求 28 分。具体情况如表 4 - 4 所示。

表 4 - 4　浙江大学通识课程及学分修读要求❶

课程结构		课程名称	课程性质	必须取得的最低学分		
通识课程	思政类	思想道德修养与法律基础	必修	3	14 + 2	48.5 + n
		中国近代史纲要		3		
		毛泽东思想与中国特色社会主义		5		
		马克思主义基本原理概论		3		
		形势与政策		+ 2		
	军体类	体育	必修	4	5.5 + 3	
		军事理论		1.5		
		军训		+ 2		
	外语类	外语水平测试	必修	+ 1	6 + 1	
		大学英语（其他语种）	选修	6		
	计算机类		必修	5		
	自然科学通识类		必修	具体学分因专业而定		
	创新创业类		必修	1.5		
	中华传统		选修	10.5		
	世界文明		选修			
	当代社会		选修			
	文艺审美		选修			
	科技创新		选修			
	生命探索		选修			
	博雅技艺		选修			

注：1. 根据浙江大学 2018 级培养方案自制表格；2. 不同的专业对自然科学通识类课程要求差别非常大，比如哲学要求 4 学分，地质学要求 28 学分，因此，在此表中只列入类别，没有列入学分。

❶ 浙江大学官网：http：//ugrs. zju. edu. cn/chinese/redir. php? catalog_id = 711183.

浙江大学的课程主要有必修、限制性选修和自由选修三种修习形式。其中必修即是指学校、院系规定学生必须学习某种课程的形式，通常学校对其都有统一的安排和要求。相比之下，自由选修对于学生而言有很大的自主性，即根据学生的兴趣或者专业的需要进行自主选择而限制性选修，顾名思义，即是介于必修与自由选修之间，有一定的限制性，通常学校或院系在某些课程进行一定范围的限制，让学生在其规定的范围中进行选择。就通识课程而言，其主要的修习方式是必修和限制选修，有一定的课程是自由选修的，但是这种自由修习也是在限定了类别之后的自由，所以应该归在限制选修的范围内。这样就保证了学生在选修课程一环不至于出现太过于随意等问题。

4. 浙江大学通识课程的特点

（1）便于整体协调的本科学院管理机制

浙江大学的通识教育最为突出的特点应该是它的管理，为了保证通识教育改革的顺利进行，在竺可桢学院试点完成后，浙江大学就成立了本科生院，作为通识教育改革和课程管理的组织平台。浙江大学的本科生院包括了教务处、学生工作处、招生就业处等，这样就有利于于学校站在更全局的层面，汇集、整合和协调全校资源，为更好地开展通识教育，提供人力、物力等方面的支持，保证了通识教育改革的顺利进行。

另外，通识教育与大类培养办公室放在本科生院，在制订通识教育课程改革计划时，就可以很方便地把对学生的培养与招生、就业等紧密结合起来，本科学院以组织者和协调者的身份，全面负责课程的设计、建设、跟踪、监督。既能把控人才的进口，也能设计培养的过程，而且了解人才的出口，这样，学生的培养就可以形成一个连续的、可跟踪反馈、可修正改进的培养模式，这是浙江大学在通识教育改革过程中，探索出的有效管理方式，值得学习和借鉴。

（2）落实到位的讨论课

浙江大学的通识教育课程每个领域都包含着通识核心课和普通的通识选修课，学校着力建设的通识核心课更注重学生的自主学习和讨论。当前各个大学都采用了"大班讲授＋小班讨论"的模式，但是，很多学校在运用这一模式时，主体依然是教师主讲，讨论是点缀，即一个学期的课程，中间安排 2～3 次的讨论，少的一般也就安排 1 次，其他时间以教师讲授为主。浙江大学的通识核心课程则很早就采用了这种"大班讲授＋小班讨论"的模式，直接把讨论环节纳入到课程的教学进度安排中，而且讨论课与教师主讲课的课时分配基本是 1:1，各占一半，一门通识核心课，每周排课 2 次，一次是教师主讲，一次是助教主持的小班讨论，修习通识核心课的学生必须全程参加，既要听老师的讲授，也必须参加小班的讨论，否则就无法获得成绩。这样的方式最大的优点在于真正落实了讨论式教学，能通过讨论激发学生的自主学习、批判性思维以及表达沟通等能力，而且，这样的安排能把学校的所有学生都涵盖到这一教学模式中，使所有人获益。

（3）有限的课程资源与参差不齐的通识课程

浙江大学的通识核心课程已经建设了 50 多门，但是对于浙江大学的学生来说，这些课程资源实在是太过于有限了，无奈只能把原来的选修课重新纳入到通识课程体系中。这样一来，课程就会出现参差不齐的问题。并不是说原来的课程质量都不好，也不是说新建设的核心课程就一定全部好。只是就授课方式而言，通识核心课程就比普通的选修课要复杂，讨论课其实非常难上，因为它对教师的要求更高，老师不仅要设计讨论的问题，还有应对学生的问题，讨论课的变数非常大，这也是其魅力所在，所以师生付出都要多很多。但是整体的通识课程学分要求在整个毕业学分要求中也只占很小的比例，这些说明无论怎样改革，通识教育其实地位依然有限，在整体教学环境没有根本改观的情况下，通识课程自身存在的问题就会使得学生们极容易投机取巧，所以即使像浙江大学这样的名牌大学，学生依然会在选课时到处询问，"哪门课程容易混到学分""哪门课程有趣"，等等，这不是浙江大学通识课程独有的问题，但是也确实有类似问题。

此外，基于专业人才培养而进行的改革，诸如竺可桢学院等，容后再叙。

五、中国大学通识教育改革及课程设置特点

中国大学通识教育改革尽管各大学起步有早有晚，学校的资源和特色也各不相同，到目前为止的通识教育改革中，还是有很多共同的特点和经验值得总结。这些特点既有需要我们在以后继续坚持的，也有值得我们认真思考，在以后的改革中加以改进的地方。

（1）各个大学都非常重视通识教育，在教育部并没有对通识教育提出具体而明确的建设意见的情况下，各个高校纷纷根据自己学校的特色，积极开展通识教育改革和课程建设。尽管每个学校的情况都不一样，课程建设的进展和质量也千差万别，但是，各个大学已经意识到了通识教育在人才培养中的不可替代的作用，开始进行有意地探索和尝试，这是各大学通识教育改革中最大的特点。

在通识教育改革的过程中，大家的目标基本集中在以下三方面：首先，通过打通文、理、工等专业及学科之间的壁垒，使学生掌握宽厚的基础知识，这是其适应未来社会和进一步深造发展所必需的人文、自然、社科等领域的基本知识，是提高综合素质的基础；其次，强调"宽口径"，即通识教育基础上的宽口径的专业教育，将以前单科化的专才教育转变为综合化的通识教育，有助于学生成为通专并重的社会有用之才，增强职业竞争力；最后，重视培养大学生创造性思

维，使其获得创新意识及独立思考能力，善于观察、分析问题的能力，这是大学生进一步深造或从事科学研究以及获得优秀的专业、职业素质的关键。

（2）各个大学的通识教育改革都是与学校的其他教学改革密切配合进行的，主要的改革模式都是将通识教育课程改革与本科大类培养模式结合，以上介绍的四所大学基本都是如此。学校在人才培育中发现了学生的基础薄弱，专业过分狭窄、学科过度分化、细化等问题，开始努力打通专业限制，把过于分化和细化的专业归并到一个更大的类别中，建设大类平台课程，拓宽学生的培养基础，尽管这依然是专业教育的思维，但这样的改革努力为后来的通识教育改革奠定了基础，所以，通识教育改革走在前列的几所大学，他们在进行通识教育改革的试点的过程，都是以学校的大类平台的本科教学改革为基础进行的，由此也就可以理解，这些大学大多在追溯本校的通识教育改革发展时，会谈及学校的本科试点学院或试点实验班。如北京大学的"元培实验班"以及后来的"元培学院"，复旦大学的"复旦学院"，南京大学的"匡亚明学院"，浙江大学的"竺可桢学院"，还有像中山大学的"博雅学院"、清华大学的"新雅学院"，北京航空航天大学的"知行文科实验班"，等等。因为有一定的前期改革作为基础，因此，当着手进行通识教育改革时，就有了可资借鉴的经验和课程支撑，否则，无法在极端的时间内建设出基本体现通识教育改革理念的课程。当然，因为与这些基于专业人才培育的实验班或改革计划的密切关系，中国大学的通识教育改革一开始就不彻底则是后话。

（3）各个大学的通识教育课程体系基本上都是一致的，不论后来的通识核心课程到底分为多少个类别，整体的通识教育课程体系一般都包括思想政治理论课类、军事和体育类、计算机类、外语类。最近两年，很多大学把创新创业类课程也纳入通识课程体系，再加上通识选修类。通识选修类课程中包括各个学校原来已经开设的全校素质公共选修课以及通识核心课程。各个学校着力建设的基本都是通识选修类课程中的通识核心课程。无论对这部分课程划分了多少领域或模块，三大领域或六、七大模块，课程内容基本都能涵盖人文科学、社会科学、自然科学三大领域，区别只在于各个学校限于自身的资源，不同领域之间的课程数量多少有些差别。从整体的课程比例来看，这部分在各大学的整体课程中所占比例都比较小，在学生修习的课程学分中所占比例也比较小，一般都在12～14学分。个别学校再高一些，也就16学分左右。比如，浙江大学就只有10.5学分，北京大学也只有12学分，南京大学是14学分。

（4）通识课程的选修自由度比较大，无论是怎样的模块划分，实际上，学生在选修通识课程时，自由度还是比较大。由于通识教育课程的资源非常紧张，所以大多数学校都把原来的全校选修课纳入通识课程体系中，这些课程，只有一个大概的类别划分，学生选修其中的哪些课程是没有限制的。因此，经常出现学生拥挤到一些"水"课中，轻松、有趣、容易获得学分成为学生选课的标准，并不是说学生抢着选修的都是"水"课，但是，现实中确实存在着一些学生投机取巧的问题。这种状况持续会影响到老师对课程的投入程度。

第五章　中国通识教育改革的
背景与困惑

一、中国通识教育改革的背景

中国的通识教育有着世界各国高等教育的共性问题，当然，也有自身的背景。可以从以下几个主要方面追寻改革开放以来，中国通识教育改革的背景和缘起。

1. 中国通识教育改革是应对过于专业化的教育倾向的反映

中国高等教育的专业化问题，并非是改革开放以来才刚刚出现的，过于强调专业和技能是近代以来中国高等教育中最为突出的特点，也就成为最突出的问题。改革开放以后，市场经济的快速发展及其不完善，使得这一问题变本加厉。

中国古代采取以"四书五经"为中心的、面向科举取士的经典人文教育。中国的大学教育在于培养有德行的人，"大学之道，在明明德，在止于至善"[1]。教师的任务不在于传授具体的谋生技巧，而是"传道、授业、解惑"[2]。中国传统教育培养的是君子，是心怀天下，能辅佐君王"治国平天下"的能人贤士。他们要"明经""孝廉"，但是，他们不必懂"稼穑"，更不能让自己成为一个"匠人"。因此，在孔子看来，"四体不勤，五谷不分"不是什么了不得的事情，而寡廉鲜耻以及无法在智力与道德上为国家服务才是君子之恶。君子的修德与修学最终应满足治国理政的需求，所以"学而优则仕"成为中国古典教育的基本伦理性目标。这原本是很好的教育传统，正如中国的历代大家不断强调的，"人要有浩然正气"大丈夫要顶天立地，这是过于"人"的教育，而不是把人当作一块材料，雕刻成某个职业的工具，具有突出的通识教育的特征。这种教育也与古希腊亚里士多德所谓的"自由教育"（liberal education）高度相似。但是，任

---

[1] 《大学》。
[2] 韩愈在著名篇章《师说》中明确界定了中国古典教师的职分："师者，所以传道授业解惑也。"这是对中国古典教育理念的精辟概括。

何事情都不能走向极端，当"学而优则仕"成为教育的唯一目标，中国传统教育的路也就越走越窄。

在中国传统经学教育中，长期忽视逻辑与科学技术，专门化的技能都被鄙视为"奇技淫巧"，读书人的重心在"圣贤书"，长期以来，坐而论道蔚为风气，实用的技术则始终不受重视。鸦片战争以一种残忍野蛮又极其有技术含量的方式将中国裹挟进入近代，鸦片战争在带给中国人民深重灾难的同时，也冲击着国人的思维，特别是其先进的科学技术。这可以说是导致中国教育改革的最直接的因素。1905 年废除科举和兴办新学（西学）的科举制度改革，是中国在教育实践中开始学习西方的标志，不论是持"师夷长技以制夷"的观点，还是持"新民"的思想，不论是提倡改革的"立宪派"，还是反对改革的"顽固派"，最终都选择了"废科举，办学堂，兴西学"，这是近代中国高等教育的起始，一开始就是以学习西方的"长技"为核心的，技术的专门性、专业性、职业化、实用性等直接影响了中国近代以来的教育发展取向和路径。这种专业化、职业化的教育发展很快就与注重人的礼义廉耻、家国天下的价值观发生冲突，这实质上就是专业化教育与通识教育之间的矛盾。在整个民主革命时期，近代化、工业化、独立富强等一系列的历史使命，使得中国在建立大学制度的过程中，始终处于一种急迫、焦灼又不自信的状态中，将西方的教育分门别类的"拿来"中国，中国的教育发展也越来越趋向于专业化。对此，民国时期的教育家梅贻琦先生有过精辟的论述，切中时弊：窃以为大学期内，通专虽应兼顾，而重心所寄，应在通而不在专，换言之，即须一反目前重视专科之倾向，方足以语于新民之效……通识之用，不止润身而已，亦所以自通于人也，信如此论，则通识为本，而专识为末，社会所需要者，通才为大，而专家次之，以无通才为基础之专家临民，其结果不为新民，而为扰民。……通识之授受不足，为今日大学教育之一大通病……❶认识到问题并不代表问题的解决，在救亡图存的年代，梅贻琦先生的理想很难实现。

中华人民共和国建立后，中国的教育有了比较稳定的政治社会环境，但是，无论是原来教育中的专业化趋势的惯性影响，还是新中国面临的更加艰巨的建设任务，都急需新中国的教育要尽快地培养各个领域、各个行业的专门人才，加之当时国际环境的影响，新中国的高等教育选择了苏联式的发展模式，1952 年的院系调整，使得新中国高等教育一开始就走上了极其专业化的道路。通识教育不断被弱化，最终，以技术人才培养为核心目标的专业教育成为新中国成立以来大

---

❶ 梅贻琦. 大学一解 [J]. 清华学报，1941，13（1）. 转引自陆一. 教养与文明——日本通识教育小史 [M]. 北京：生活·读书·新知三联书店，2012：4-5.

学教育的基本模式。改革开放后，大学恢复招生，高等教育首先拨乱反正，这时的教育改革是恢复到原来的教育模式和状态中，这种专业教育有效支撑了新中国成立初期的工业化进程，培养了大量的技术人才。在这种专业教育思想指导下，我国的理工科大学获得了很大的发展，形成了中国相对庞大的理工科高等教育体系。当然，这种专业教育存在的问题也是很明显的：①学生知识窄化，可持续创新能力不断下降；②学生人格教育缺失，难以有效融入社会，承受挫折；③整体技术群体缺乏有效地合作基础和经验，协同创新能力较差。这些缺陷已经严重困扰着国内综合性大学、理工科大学的高等教育体系，并构成这些教育机构纷纷开展通识教育改革与创新的基本背景与原因。❶ 可见，专业化、职业化突出的问题就是中国教育的主要问题。我们今天谈论的通识教育改革就是在这样的历史前提与体制现实之下开始的。

2. 中国通识教育改革是应对全球化人才挑战的反映

随着中国的改革开放，中国越来越与世界密切地联系在一起，世界全球化的进程对中国的教育，特别是通识教育产生不可避免的影响。

全球化（globalization）是一种人类社会发展进程中的状态。学界对于"全球化"的定义有很多。通常意义上的全球化是指全球联系不断增强，人类生活在全球范围基础上的发展，并强烈地意识到这样的状态。全球化带来的变化就是经济资本、信息以及人员等的全球范围流动，国与国之间在政治、经济贸易上互相依存，各国、各民族的文化相互交流碰撞。20 世纪 90 年代后，随着全球化的不断发展，其对人类社会影响层面也不断扩张，从经济到政治到文化。无论对于"全球化"的观感是好是坏，但是全球化已经成为事实。全球化带来的文化上的最突出的特点是文化的多样、开放、交流和冲突，全球化极大地拓展了世界各国、各民族的交往，同时也带来各个国家和民族之间的竞争，而在激烈的竞争中人才的竞争成为核心，从而教育就被推到了风口浪尖上。能适应激烈的国际竞争，在全球化的浪潮中立于不败之地，教育培养的人才就不能仅仅是有某一方面专业技能或专长就可以的。全球化要求人才不仅要有专业技能和特长，有扎实的专业知识和技能，更要有广阔的视野，能够理解别的国家和民族的文明，能够进行跨国界的文化交流，理解其他国家和民族的生活，并能在不同的文化和生活方式中找到一致的地方，要能够兼容不同的文化和价值观。能够在这样的文化交流和多层面的交往中创造性地解决问题等，所有这些都对中国的教育提出挑战，中国长期以来的应试教育，过于关注分数，连专业技能都有欠缺，更不要说培养具

---

❶ 高全喜，姚中秋. 转型中国的大学通识教育——比较、评估与展望［M］. 杭州：浙江大学出版社，2013：68.

有创新能力和文化理解力的高级人才，如此的形势之下，中国的教育必须改革，原来的路子肯定走不通，通识教育改革自然就成为教育的重点。

3. 中国通识教育改革是特色社会主义建设事业的题中之意

中国特色社会主义事业是一项伟大的、史无前例的工程。教育要为这项伟大的事业培养合格的接班人和建设者。合格的人才不是仅有知识和技能就可以的，他们还必须要有科学的价值观、人生观，有完整的人格，是合格的公民，这就要求教育培养的人才除了要具备专业知识的素养外，还必须具备一些其他素养。为此，在特色社会主义事业的建设进程中，"人"本身越来越受到重视，人不再是"螺丝钉"，不再是未来达到各种目的的手段和工具，人自身的完善与和谐，人的自我潜能的发挥本身就是目的。大学教育要培养这种全面发展的人，为此，20世纪80年代开始，我国高校逐渐开始了"文化素质教育"的探索，1995年我国开始在部分高校进行"文化素质教育"的试点与实践，1998年，教育部发布教高〔1998〕2号文件《关于加强大学生文化素质教育的若干意见》，进入全面推广阶段，文化素质教育成为高等教育改革和研究的热点。在这一文件中明确指出："我们所进行的加强文化素质教育工作，重点指人文素质教育。主要是通过对大学生加强文学、历史、哲学、艺术等人文社会科学方面的教育，同时对文科学生加强自然科学方面的教育，以提高全体大学生的文化品位、审美情趣、人文素养和科学素质。"由此可见，素质教育的重点在"提高大学生的文化品位、审美情趣、人文素养和科学素质"，围绕学生素质的培养，各个大学的课程进行了系列的调整和完善，有些是开设给所有学生的必修课程，比如，为了提高学生的心理素质，开设了"大学生心理健康"课，为了提升大学生的文学素质开设了"大学语文"，为了培养大学生的法律素质，开设了"法律基础"，等等，还有另外一部分就是为提升学生各种素质的大学人文素质选修课，最后发展为各个大学的公共选修课或者通选课。随着这些课程日益扩展，"素质"到底是什么？怎样才是真正的"素质教育"反而更加模糊了，这些基本的概念始终都没有弄明白，这样就导致素质教育在实践中走样。加之素质仅仅是一种描述，很难评估和测算，而人才培养中的职业化倾向依然严重，教育中的功利、实用倾向有增无减，过于狭窄的知识结构和单一的专业思维，难以应对全球化带来的巨大的经济、文化等烦闷的挑战，功利人的倾向又导致人对社会责任的缺失，造成各种社会问题，素质教育已经难以解决各种问题，通识教育就在这样的背景下走向了前台。

无论是文科基础雄厚的综合性大学，还是文科薄弱的理工科大学，在新一轮容纳通识教育的高等教育改革中，压力都很大，面临的问题也有着很多的共性。目前，国内无论是传统的综合性大学，还是专业性突出的理工科大学，都在积极探索适合自身条件的通识教育模式。但是，由于对通识教育基本理念的理解存在很大偏差，无论是当年的文化素质教育课程，还是今天的通识教育课程的实际做法和最终结果，都与通识教育的理想目标有着很大的距离。

二、当前中国通识教育改革中的误区

1. 误认为"通识教育"就是"素质教育"

我国的通识教育改革过程中，始终都存在着过于通识教育的理念和目标不明确的问题，由于对通识教育认识概念的不明确，想当然地认为，通识教育就是让学生各个方面的知识都懂一点，也就是通常说的"素质教育"或"全面发展"，无非是换了一个概念而已。中国较早研究通识教育的学者李曼丽其实就持这种观点，她认为"通识教育是一种广泛的、非专业性的、非功利性的基本知识、技能和态度的教育"❶。其实，这种观点就是把通识教育当作专业教育的补充，通过通识教育提升学生的素质，在知识、技能和态度等方面全面发展。在一定的程度上，这样的理解是合适的。因为，无论是通识教育，还是全面发展教育或素质教育，其教育目的都是为了人的充分自由而全面的发展。但是，全面分析就会发现通识教育与素质教育是不一样的。

素质教育是针对中国根深蒂固的应试教育问题而提出来的，从人的素质结构的具体操作目标入手解决全面发展教育理论在具体教育实践中的运用，并且在实践中以知识、技能等传授为主要形式。其提出背景、提出目的及其实际操作与通识教育都有很大的区别。通识教育主要是针对专业教育或职业化教育而提出的一种教育理念，通识教育旨在对整个课程结构的改造，强调知识交叉和学科交叉，强调知识的融会贯通和人的自我成长，重视方法，其教育教学的方法强调学生的自主性和主体性。这些都与此前的素质教育课程有着本质的不同。将通识教育简单地理解为素质教育或者全面发展教育是不正确的。

2. 误认为"通识教育"就是"人文教育"

把通识教育看作是人文教育，这种观点在我国非常普遍。一提起通识教育，许多人会立即想到人文素养，于是又联想到人文课程，因此自然地就将通识教育和人文教育联系起来。特别是我国高等教育长期以来一直重理轻文，对人文素养教育缺乏足够的认识和重视，这种想法的存在也就可以理解了。于是乎，要进行通识教育改革，就是增加一些人文课程，诸如大学语文、文学欣赏、历史、中国哲学、西方哲学、音乐鉴赏、美术史等之类的课程。由此也可以理解许多高校的

---

❶ 李曼丽. 通识教育——一种大学教育观 [M]. 北京：清华大学出版社，1999：18.

通识教育改革在很长的一段时期里，都在努力地扩展全校通选课的规模，特别是通选课中的人文课程的规模，以显示对通识教育的重视和改革成果。

其实，这是对通识教育的歪曲和误解。人文主义思想的兴起是在欧洲的文艺复兴时期，"人文主义"这一概念在当时的欧洲主要是针对宗教、神学而提出的，为冲破中世纪经院哲学和教会蒙昧主义教育的统治，人文主义者倡导以人为中心，歌颂人的价值和力量，要求自由平等和个性解放，提倡以培养身心健康、知识广博、多才多艺的新人为教育理想。人文主义的这种教育思想和实践对近代以后的教育产生了深远影响。围绕着这种教育思想的教育实践内容主要集中在人文学科，一般包括语言、文学、历史、哲学、艺术及具有人文主义内容或运用人文主义方法的社会科学。人文学科构成一种特殊的知识，是研究关于人类价值和精神表现的学问。《简明不列颠百科全书》指出："人文学科构成一种独特的知识，即关于人类价值和精神表现的人文主义的学科。"其实，中国古代的"六艺"（礼、乐、射、御、书、数）教育以及后来以经学为主的科举教育和古希腊的"七艺"（文法、修辞、逻辑、算术、几何、天文、音乐）教育都具有人文教育的特征。人文教育发展到今天，同样出现了学科化、专业化的问题。面对这些问题，我们提出了通识教育。但是就人文教育而言，更多的是针对科学教育的。因此，把通识教育当作人文教育是不妥当的。

通识教育的目的中的确包含着培养道德情操、社会责任感、健康宽广的心灵等人文素养教育方面的要求，除此之外，通识教育还包括有效的思维、正确的判断能力和解决问题的能力，等等，这些不仅在人文教育中可以培养，在科学教育中也可以培养，因此，就教育的纳入而言，通识教育要比人文教育宽广得多，把通识教育误读为人文教育，就可能导致对通识教育的实施不力，或者实践走偏。因此，通识教育须牢记自己的使命，即培养"完全的人"，是以人为中心的，无论何时，除人文教育外，科学教育都是大学通识教育题中应有之义。

3. 误认为"通识教育"与"专业教育"对立

无论是国外还是国内，通识教育的提出都是针对专业教育而言的，通识教育是针对专业教育中过分的学科化、专业化、职业化倾向而提出的一种教育思想和教育理念。因此，在现实中，当人们提及通识教育的时候，不自觉地会将它放在与专业教育相对立的立场上。所以才会有这样的认知"通识教育是高等教育的组成部分，是所有大学生都应接受的非专业性教育……通识教育是指非专业性、非职业性、非功利性的教育"❶。这种定义显然是把通识教育当作是与专业教育相对立的一种教育，将专业教育和通识教育对立起来看待了。即使作者所讲的"非

---

❶ 李曼丽．通识教育——一种大学教育观［M］．北京：清华大学出版社，1999：18.

专业性和非职业性"不是对专业教育和职业教育的排斥，也会因为现实中已经形成的一些约定俗成的观念或者语言的局限，很难让人明白"非专业""非职业"到底是指什么，相反，大家对专业和职业是很明白的，而且与人的现实的利益紧密相关，如此一来，大家就会很容易把通识教育与专业教育对立起来。先不说通识教育改革到底是否会走偏，实际上是仅就启动通识教育改革就非常艰难，因为各个专业的人士会因为担心通识教育挤占专业教育的时间、资源等而对通识教育改革采取明确的或消极的抵制态度，导致现实中的通识教育改革举步维艰，或者是变成专业教育的点缀。

通识教育确实是针对专业教育中出现的问题而提出的，但是通识教育并不是专业教育的对立面，相反，可以说，通识教育和专业教育共同构成了教育的全部。通识教育和专业教育都是为了人的发展，只是他们关注的重点不一样，设定的具体目标不一样。通识教育的核心目标是培养"合格的公民"，它的强调对人的思维能力、沟通理解能力、价值判断力等方面的培养，教育中更强调方法，强调学生要关注如何获得知识、获得什么样的知识以及对这些知识的创造性应用，而不仅仅是对知识的记忆和把握。正是在这样的教育理念指导下，通识教育强调一切教育活动都应该围绕着"人"这个主题而展开，就知识学习而言，知识是为了人的发展而服务的，专业技能也是为了人服务的，而不是相反，人的发展是自由的不受限制的，那么顺理成章的，通识教育就要体现对知识的广泛包容，因此通识教育提出学科交叉，注重知识的广泛性和综合性。有了良好的通识教育，学生就可以在最短的时间内，适应其在生活中遇到的各种不同类型的问题，也为学生修习和掌握某些方面的技能提供良好的基础。因而，通识教育的发展是有利于专业教育提升的，尽管通识教育的目的不是未来的专业技能。

专业教育的核心目标是培养人在某一专业领域或职业领域有深厚的专业知识和专业技能，为人未来的职业生活奠定基础。因而，专业教育的主体活动都是围绕着"专业、职业"而展开，如知识的精深、专业知识的体系、专业的分化等，专业教育强调对知识精深和透彻的把握和理解，要求对专业技术的熟练掌握，专业教育强调用专业的方法，解决专业的问题，不允许似是而非。这是专业教育最为突出的特点。相比较而言，专业教育更强调实用的知识和技能，但这并不代表专业教育对人不关注，因为，无论怎样强调技术，都是为了人的发展，因此，即使是从最为技术的层面讲，专业教育学习者的严格要求，诸如，技术的精准性、专业知识的扎实性、攻克难关的毅力，等等，同样会培养人的良好的道德品行和价值判断能力等，专业的系统训练也会培养人的思维能力和解决问题的能力等，在这些方面，专业教育与通识教育是相通的，彼此是共融的。因此，把二者对立起来是没有道理的，也是不正确的。

4. 通识教育改革实践中的误区

当认识上出现各种错误的时候，落实到实践中出现误区就是很自然的事情。在中国的通识教育改革中，与前面的认识谬误密切关联的就是实践中的一些错误的行为选择。

误区一：开设通选课就是进行通识教育

教育部从 1999 年开始推行"文化素质教育课程"，要求本科生在 4 年内至少修满 10 学分，很多学校因此开设大量面向全校学生的通选课。这些通选课大多由各个专业院系申报开设，内容大多是各个专业领域内一些普及性的知识，比如，法学专业通常会开设法学原理、法律文化等课程。由于是面向全校学生开的选修课，这些课程通常没有人数限制，动辄上百人。而老师为了吸引学生选课，通常会尽量将课程简单化，甚至要变得"好玩"，而且对学生几乎没有什么要求。如此一来，这些课程成为学生逃课混学分的重点对象。反过来，鉴于学生不重视，优秀的老师不愿意开设通选课，结果恶性循环，通选课几乎成为最差的课，离设立通选课的初衷相差甚远。

误区二：开设各种专业导论课就是通识教育

各个学校在通识教育改革过程逐渐发现，通选课质量良莠不齐，特别是通选课很多是因人设课，课程内容、课程之间都没有关联，不成系统。于是，各个院系又针对一些基本领域开设了一系列的专业概论课或导论课，如哲学概论、社会学概论、法学概论、中国古典文学概论，等等，结果是，通识课成为各种专业概论课的大拼盘。因为要面向全校的学生开设，有大量非专业学生选修，因此，这些课程大多有以下特点：其一，系统概括性强。因为要开设给非专业学生，希望学生对该领域的知识有一个整体的把握，因而各种概论、导论课最合适。但是因为课时非常有限等原因，要做到面面俱到，追求广博，这些涵盖面极广的概论或导论大多内容泛泛而抽象；其二，浅显易懂。因为不是专业课，所以不能太难，内容必须适合非专业学生修习。概论课大多都是简略地介绍一些该领域的基本知识，内容浅显易懂，学生上完这些课，往往感觉这个学科或专业不过如此，自己都懂了，一知半解却夸夸其谈。这就是把通识教育当作拓展知识技能观念的结果。

误区三：开设各种讲座课就是通识教育

为了弥补课堂教学内容不深入，没有名师等问题，各个学校都大力举办各种各类的讲座，并将之作为通识教育或素质教育的一个必修环节，规定学生必须听够一定数量的讲座。这其实是一种变相的课程。各类讲座确实丰富了校园文化、开阔了学生视野，但是，各类讲座并不能代表一定是通识教育，因为大量的讲座是需要重新评估其价值和意义的。这些讲座没有体系性，多由各个学院、部门自己举办，讲座的内容也各式各样，有的专深艰涩难懂，有的泛泛而论，更有的哗众取宠，看似很热闹，但实际对学生思维能力的培养、特别是价值观的影响都值得商榷。

误区四：开设经典阅读课就是通识教育

为了改变通识教育过程中课程内容概括空泛，不够深入等问题，一些学校也在借鉴国外的通识教育课程经验中，开设了经典阅读的课程，希望通过读经典，提升学生的文化感悟能力以及跨文化交流能力，特别是实现对中华民族文化的传承和弘扬。其指导思想是好的，但是，大量的经典阅读课其实是变相的专业课，所以有人称之为"读经课"，即一门课程研读一部经典，诸如《论语》《史记》等，这些中国传统文化中的瑰宝确实值得研读，但是，通识教育关注的并不是精通某一部经典，而是要在经典的阅读中，去思考大师门思考的基本问题是什么，这些问题与现实的人生到底有何关系，这些问题是孤立的、一时的，还是在历史发展中，在不同的时代，以不同的面目出现的，传统文化的那些伟大文本中提供了怎样的智慧？等等，但是仅仅读一本书，详细解读书的内容，这种做法，显而易见是专业性教育，尽管课程看起来很高深，但并不代表就是通识教育。

正是由于上述种种思想误读与实践误区，到目前为止，几乎每所大学都可以拿出一份非常漂亮的素质教育或通识教育课程表，几百门课程，涵盖方方面面。或者对自己的通识教育改革方案给出各种高深的理论解说，但现实的情况是，无论是十多年的所谓文化素质教育课程，还是又一个十多年的通识教育课程都远没有达到预期的效果。通识教育改革的任务依然艰巨，前路艰辛。

三、通识教育课程中存在的问题

通识教育改革在我国的兴起，很大程度是模仿国外著名大学的做法，特别是美国的大学，尤以哈佛大学通识教育课程模式为样本。但是，世界上只有一个哈佛大学，而且这不是一个能够随意模仿的大学，仅仅就课程数量而言，国内的大学就无法比拟。想要模仿它的教学模式，结果就只能是各种的简单拼凑。这种做法本身就反映出我国的通识教育课程设置存在着一些普遍的共性问题。

1. 通识教育课程缺乏明确和完整的目标

我国通识教育改革中，无论是起步早晚，都有一个突出的问题，就是对通识教育没有完整准确的认知，对通识课程没有明确的目标，只是认识到通识教育的重要性，但是，到底什么样的教育才是真正的通识教育，其实始终都是模糊不清的。各个大学都把政治素质的培养当作通识教育中最重要的部分，仅仅必修课就要占 16 个学分，但是实际上绝大多数的思想政治理论课教师都没有意识到他们所教授的思想政治理论课是一门通识课程，甚至有人还很抵制这样的归类，如此一来，通识教育的理念就很难体现在政治理论课的教学目标中。其他必修公共课也是同样的道理，外语课不是为了通过语言学习更好地了解世界文明，理解不同的文化以及其对人类生活和人类面临的问题的思考，而是为了过四六级或出国，这样的学习目标也是与通识教育的目标相背离的。

各高校努力建设的通识核心课程也存在目标不明确的问题。有些学校本身就简单地将通识教育定义为拓展学生的知识面，提升学生的学习兴趣等，这些本身不是通识教育的根本目的，通识教育从根本上来说，是培养人的智慧，是为了完整的人的教育，是通过对人的有效思维能力、良好的判断力、价值辨别能力、选择能力、良好的沟通和表达能力等进行培养，最终成就一个完善的人，促进人的自我发展和提升，并进而在未来的专业中有更好的发展。但是中国当前的通识教育大多没有在目标中明确这些思想，或者写了，但是并不明白要怎样才能实现这样的目标。由于缺乏明确完整的通识教育课程目标，通识教育课程改革就很难形成整体有效的课程体系，课程设置没有规划或者因人设课等问题突出。

2. 通识课程在整个课程体系中地位比较低

尽管各个高校都在大张旗鼓地进行通识教育改革，但通识教育课程在整体的课程体系中，地位依然比较低。这与大家普遍对通识教育认识不到位有很大关系。这种地位边缘性从两个方面很明显地体现出来。一是通识教育课程在整个课程体系中占比例很小。就各个高校建设的通识核心课程部分而言，无论下了多大的功夫，改革课程教学模式，改革课程管理模式，等等，但实际上，这部分课程在整体等课程中占比也只有不到10%。这里的通识核心课程不包括思政、军体、外语和计算机类等。如果把必修的思政类、军体类、外语类和计算机类等一起纳入通识课程体系看，那么，通识课程中必修课和选修课的比例不协调非常明显，在这个通识课程体系中，通识选修课程的地位也比较低。从我国高校人才培养方案中可以很容易获知，一般大学的课程体系分为公共必修课、专业基础课、专业课（包括专业必修课和专业选修课）、公共选修课、实践课程等构成。"通识教育课程体系通常被理解为公共必修课和公共选修课的课程组合。"❶ 其中国家规定思想政治、英语、军事、体育、计算机等公共必修课占比重较大，由学校自主开设的通识选修课程比重较少。这种情况与国外大学的课程设置比例基本是相反的。比如，"日本大学共同必修课程与通识教育选修课程的学分比例一般为 1∶2。

---

❶ 李曼丽，林小英．后工业时代的通识教育实践：以北京大学和香港中文大学为例［M］．北京：民族出版社，2003：62．

美国普林斯顿大学共同必修课程与通识教育选修课程的学分比例为0.28：2"❶。国内大学的课程设置比例显示，选修课程占比比较低，比如：浙江大学的通识教育课程体系中的必修课程学分与通识教育选修课程的学分比例为2.6：1。更直观的计算就是学分，一般国内的大学规定的必须修满的通识课学分只有12～14分，转化为课程就是5～7门课程，散布在七八个领域中，在一堆没有什么内在逻辑的课程中，随意地选择1门课程，听一个学期，交一篇论文，得1个学分。学生们没有投入，也就不会有多少收获，对课程的重视自然就一般。通识选修课程的地位就无法提高，如此一来，所有的改革和努力的热情都会消失。

3. 通识教育课程设置缺乏整体规划

我国高校通识教育课程设置中普遍存在的问题是课程缺乏整体规划。由于很多大学都有着非常强的专业院校背景，理工类院校尤为突出。从大学的知识背景看，这样的大学本身就极为缺乏人文社会科学方面的教育积累，通识教育课程设置中，人文教育以及社会科学教育方面的资源短缺，课程设置中就出现了缺项的问题，也就是在很多学校，通识教育课程中知识领域几乎没有涉及，比如，哲学类、历史类等，通识教育课程本身覆盖面是非常狭窄的，不成体系的，大多是学校的各个专业领域开出的一些选修课程，因人设课，没有系统的规划。有些大学人文类课程几乎就等同于文学艺术类课程，除了几门文学课和音乐、美术欣赏课，此外就没有别的了。如果与美国的大学比较，我们会发现，美国的大学通识教育课程是按照大类划分的，以哈佛大学为例，它的通识教育课程涉及三大领域7个门类：外国文化、历史研究、文学和艺术、伦理思辨、科学、社会分析、定量推理等，如果从大类角度看，除了科学、社会分析、定量推理外，4个领域都可以归在人文领域，哈佛大学对它的本科生的要求是必须在这些类别中各修习2门课程。这样不同类别中的8门课程，与我们的仅有的文学艺术类课程中选出的8门课程，其差别不言而喻。

随着通识教育课程改革的不断推进，这方面问题在有些学校有所改观，比如前文中提到的一些大学，如复旦大学、南京大学等，但是在很多理工类大学，这样的问题并没有得到根本的改观。通识教育课程覆盖面狭窄，课程门类参差不齐，特别是人文社会科学内容匮乏。在这样狭窄的一个范围里，选修再多的课，也无非是一个同类重复，最终也就很难拓展视野，开阔思维，启迪心智的理想也就谈不上了。

以某大学为例，作为全国重点大学，"211"工程大学，在特色专业领域发展强劲，但是即使是这样的一所大学，其通识教育程设置也非常不理想，人文

教育匮乏。除在全校公共政治理论课中教育之外，我国理工科院校的人文社会科学教育都是通过全校的公共选修课实现的。公共选修课在整个课程体系中所占比例基本在8%～12%，7～8门课程，这其中还可能包含着学生选修的非自己主修专业的、但是大类相同的其他专业的课程，人文社会科学的课程又减少。即使如此，学校开设的可供选择的这些类别的选修课也屈指可数。把广告学、网球、玉雕和玉器等这样的课程也计算在内，全校总的人文社会科学课程不到50门，而且这些课程主要集中在文学和艺术这一类中，比如，中国古典文学史略、中国现代文学、中国传统文化、武侠小说、音乐欣赏、书法艺术、歌唱、舞蹈形体训练等，还有近10门课程是语言学训练课。与美国的高校相比，我们的人文教育几乎都可以忽略不计。以哈佛大学为例，它的通识课程按学科领域进行划分，在外国文化、历史研究、文学和艺术、伦理思辨、科学、社会分析、定量推理七个学科领域开设了一百多门基础课程（限选），有四千余种自选课，而人文课程占哈佛大学本科生课程的50%。哈佛两所本科生院共开设课程3900门左右，其中文学与艺术领域（主要包括美术、音乐、英文、古典作品、语言和文学、哲学、宗教等）总数为996门，约占总数的40%，此外，外国文化领域、历史研究领域、道德评价领域等基本上都是人文学科课程。在哈佛，无论未来专业是什么，每个学生都必须按学位计划要求修习占学分25%的人文学科课程。

4. 课程内容综合性低

通识教育改革是为了纠正教育中的过分专业化而进行努力，但是实际改革中，特别是通识课程建设中，课程内容的专业化倾向依然非常突出。这方面的问题一方面体现在各个学校设置的课程中，大量的课程是从专业课程转化而来，实际中，有很多课程是因为专业课程中容纳不下，教师又需要开设课程，于是把一些原本的专业课程转入到公共选修课程中，通识课程改革直接把这部分课程纳入通识课程体系，实际上，这些课不体现通识教育的思想和目标，反而具有非常强的专业特色和适应市场的应用偏好。这是很多研究者的共识，"我国大学通识教育课程设置不合理，课程内容过于偏向应用性和专业化，课程的划分普遍缺乏明确的标准"❶。

另外，通识课程的专业化、应用偏好从其课程中的工具性课程高比例亦可见一斑。通识教育选修课突出表现为社会本位价值，以外语、计算机技术、经济等工具性和技能培训性、技术应用性课程占非常大的比例。学生选修课程

❶ 李曼丽，杨莉，孙海涛. 我国高校通识教育现状调查分析［J］. 清华大学教育研究，2001（02）：125－133.

时，除了关心是否容易通过，容易的高分，另一个关注的焦点就是是否有用，有用即学，无用就不学，"有用"的衡量标准就是是否能对将来找工作有实际的价值。

此外，即使是尽可能体现通识教育理念的通识核心课程，事实上，也因为认识问题或能力问题或习惯问题，而最终导致课程变成了专业性课程。比如前文提到的某高校的通识核心课程，《论语》这是一门建设得比较成功的课程，就课程的讲授而言，教师应该是非常负责而且非常体现教学能力和教学水平的，但是如果从通识课程的角度看，这门课程恰恰是一门专业性极强的课程，它是以非常专业的方式、精深地学习中国的古典名著《论语》，而不是一门通识课程，因为在这里看不到到底要融会贯通什么。这样的问题也是通识课程建设中非常突出的问题。这样的课程至少在努力尝试，通过对经典文本的解读、学生的讨论来培养学生对中华文明的智慧的理解和传承，有些课程则无非是新开设一门讲授某一方面知识的概览性课程而已。

中国各个高校的通识教育课程内容的综合性、交叉性都比较低。以通识教育课程中的人文类课程为例，中国当前大学的人文课程多是对某一领域的某一方面很小部分内容的介绍，类似于基本的文史常识，就一门课程而言，都显得知识略显单薄，而跨学科的、交叉学科的课程非常少，在人文课程中几乎为零。从通识教育的视角来看，中美两国大学开设的课程的综合性、贯通性方面有着极大的差别。这样的差别就是从课程的名称也能略见一斑，如表 5 – 1 所示。

表 5 – 1   中美大学文学类人文课程比照表

	中　国		教学方式	美　国		教学方式
	课程名称			课程名称		
文学类	中国古典文学史略	历史叙述和介绍	教师主讲	古典文学 Classics	整体概述	教师主讲 1 + 讨论2 + 课下阅读
	中国现代文学	现代部分		文学 Literature	整体	
	武侠小说研究	小说中的很小部分、个人爱好		历史与文学 History and Literature	历史的视角、宏观整体	
	《红楼梦》研究	个别、个人爱好		罗马语言与文学 Romance Languages and Literatures	语言学的视角、整体宏观	
				斯拉夫语言与文学 Slavic Languages and Literatures		
				民间传说与神话 Folklore and Mythology	民间文学经典、整体	

注：中国大学的课程根据××大学的培养方案整理。美国大学的课程是根据哈佛大学官方网站的课表整理而来。

即使是从课程名称上来看，也可以看得出整体上美国的课程不仅内容要丰富，而且课程本身的综合性也要更强。具体到美国大学的教育方式就更可以确定，在这样的两种不同的课程模式里，得到的人文教育和启迪是完全不同的。我们的人文课程更多地倾向于对某一部分内容的概括性的介绍，一般而言，有一本教材，自己看看也能解决，或者是教师个人研究领域的内容介绍，具有很强的专业特色，反而不具备人文教育的通识特征。美国的课程设置正如哈佛大学在其课程介绍的说明中所指出的那样，绝大部分课程都是跨科课程，对学生的学习提出了更高的要求，也需要学生从更为广阔的背景进行探究和学习，要从不同的学科来思考同一个问题，并给出自己的见解。这样无论是对于学生了解和掌握人文学科知识，还是从不同的角度思考问题，乃至从整合的角度解决问题，都会非常有意义。

5. 通识教育课程课业管理和考核比较松散

中国当今大学里开设的通识教育课程在教学过程中存在的一个非常普遍的现象就是：各门课程主要是教师讲授，学生在下边听讲，最后交一个结课论文即可获得学分。（其实这种现象不只是在通识教育类课程中存在，专业课中同样存在。）学生的学习任务非常轻松，只要听听课就可以了。这有限的几门通识教育课，面对全校 5000 多本科生，课堂的容量都非常大，所以，有不少的一部分学生选修了，但不上课，或偶尔上几次，去上课，听不听，是否认真听，教师其实也很难控制，没有课下阅读，没有讨论，没有分享，没有交流，只有一个作业和一个分数。这样的课程学习与国外的通识教育课程学习几乎没法比。特别是人文类课程，无论是查阅资料，还是从在美国完成本科教学的中国留学生的经历中了解都可以确定，在美国通识教育课程的学习一点都不轻松，特别是人文社科类课程，学生学习的任务量非常的大，教师的管理也极为严格。美国的大学课程管理与中国不同，它的课程大多是一周 2~3 学时，分 2 次上课，教师讲授 1 次 1 或 1.5 小时，然后讨论 1 次，每次 1 或 1.5 小时，1 周 1 篇小论文，并且要做讨论汇报，1 门课程完成，学生至少要完成 7~12 本的经典著作的阅读，这些经典著作，也许不是每本书都完完整整的全部阅读，但是教师会指定内容，并要求针对指定的内容进行讨论和论文写作，在讨论与写作中对于引用的观点或文献给出详细的标注。这样的通识教育课程学习与中国的通识教育课程根本就不可同日而语。

6. 通识教育课程的师资力量薄弱

当前国内各个大学的通识教育改革中最大的一个瓶颈就是师资力量严重不足。即使如北大、南大、清华、复旦、浙大等这样的非常著名的综合性院校，也深受这个问题的困扰。据有关资料显示，我国高校的师生比一直都比较大，比如北京大学师生比是1∶5.85，中国人民大学是1∶13.5，浙江大学是1∶13.69，清华是1∶13.9，南京大学是1∶15.14，厦门大学是1∶15.98，华中科技大学是1∶19.01，湖南大学是1∶19.48，这个比例表明我国高校的教师从整体看，依然处于一种比较短缺的状态，特别是在理工类专业为主的高校，其人文、社科类的教师短缺，反过来，文科院校的理工科类教师短缺。这样一来，优势专业的学院，教师多，但是更多地集中在专业教育领域，能开设通识教育课程的老师很少，或者不愿意开设通识教育课程。而其他类别的老师本来就短缺，自然无力开设相应的课程。以某行业类大学为例，专职教师中，真正能开设人文学科中的文学类课程的老师不超过10人，历史类的课程因为没有老师，几乎无人开设。这样捉襟见肘的通识教育教师队伍，根本无力担负起通识教育课程改革面临的巨大的任务，结果就只能是根据教师的能力和特长，或者教师的个人喜好来开设课程。课程的内容、课程的整体规划等都难以保证。没有高水平的教师，就很难开设出高水平的课程，没有一定数量的教师同样开设不出相应的课程。如此一来，通识教育课程的质量难以保障，地位就自然会降低，要破解这一难题，真正提高通识教育课程的质量，保证通识教育改革的成功，培养高质量的通识教育课程的教师必定是一个关键问题。

四、通识教育课程改革中产生问题的原因

我国的通识教育改革存在的问题，原因是多方面的，也有很多学者进行了总结和概括，有的研究认为通识教育的理念模糊，也有的研究认为从领导的层面就没有真正把育人放在首位，体现在管理体制上则将"育人"工作分割为课堂教学和学生思想政治工作，分别由不同的部门领导管理，缺乏统筹协调❶。领导者对育人工作重视不足，缺乏深入全面的规划，直接导致通识教育改革实施中常出现应付了事，难以深入的问题❷，等等。

这些分析指出了通识教育改革和实施过程中，管理者对通识教育认识的重要性，如果说大学的领导者不重视或没有意识到通识教育的重要性，这在十年前是影响通识教育改革的主要原因，今天就不一定符合实际了。从当前的改革形势看，各个大学的领导者其实都非常重视通识教育，至少在思想意识层面，对于通识教育的重要性是有明确认知的。但是，通识教育并不是认识到重要性，不断强

---

❶ 王义道. 文化素质教育与通识教育关系的再认识 [J]. 中国大学教学, 2009 (11)：16-23.
❷ 梅红，宋晓平. 中国通识教育实践回顾：目标分析与改革策略研究 [J]. 研究生教育研究, 2012 (4)：1-6.

调重要就一定能做好的。因为，通识教育更关键的是实践。有研究者认为通识教育之所以不能很好地实施是因为投入（这里的投入主要指经济和财力）不够，当然，投入会影响到通识教育改革和课程质量，但也仅仅是可能影响，反过来，即使投入了很多的资源，也不能保证通识教育就一定能实现其教育目标。放在当今的现实中，这些原因都不是根本的影响因素，那么，到底是什么限制了通识教育的发展呢？根本原因有三个方面：理念认识不到位、实践阻力大、体制制约，主要体现在以下方面。

1. 对通识教育的认识模糊

通识教育改革在我国已经进行了近 20 年，但是从整体情况看，现实改革行进艰难一个重要的掣肘原因是普遍对通识教育的误解和模糊认识。在早期从事通识教育研究者中，如李曼丽、冯惠敏、曾德军、庞海芍等学者，他们对高校的有关通识教育的调研与访谈研究发现，一些师生从未听说过"通识教育"，多数学生对通识教育的概念和主旨并不熟悉，一些人将通识教育与文化素质教育等同，师生对通识教育的理解多来自"字面"的猜想和感受，仅有少数直接从事相关教育改革的管理者和教育研究者对此有较深刻的理解。如果说这是 10 年前的状况，那么这种状况在今天也并没有多少好转，研究的人员比过去多了很多，但是，在各个高校的现实中，"通识教育"仅仅是一个时髦的名词，是教育教学改革的一种口号，很多人对通识教育的理解都非常的肤浅，学生们也仅仅是把通识教育理解成为各种公共选修课程。尽管现在有一些学校开设了不同于原来的通选课的通识教育核心课程、新生研讨课等，但是，整体看，通识教育的思想理念对于大学的师生而言，并不是一个非常清楚的概念，很多人，依然把通识教育简单地理解为专业课以外的各类课程和活动。这种对通识教育的肤浅理解直接导致通识教育改革的实施目标不清晰，进一步导致师生不重视、政策难以落实等问题。

对于通识教育的认识模糊，首先体现在前文已经阐释过的各种认识误区中，由于认识模糊，就会想当然地在实践中做出"换汤不换药"的操作步骤，所以我们可以理解为什么中国几乎是一夜之间，各个大学都开展了自己的通识教育，因为，只需要把原来的公共选修课改个名称叫作通识选修课或通识课程就可以了，其他的什么都没有变。这一方面说明通识教育改革困难；另一方面说明大家对于通识教育的认识就是停留在拓宽知识面层面上，所以改革的始终都是选修课程而已。

对通识教育的模糊认知表露的是对人才培育根本目标的茫然。长期以来，我们的教育始终都以培养专业人才为核心，而且对于人才的定义最为关注的核心品质都集中在可以考核的智力品质方面，专业知识是否扎实，专业理论是否深厚，专业技能是否优秀，等等，这些是可见的、可考核的，而对于人才的非智力品质，尽管有要求，但实际上并没有过硬的考核标准，如思想品德好等，但是，到底怎样才是思想品德好？怎样才是思想品德不好？没有可以明确考虑的标准，结果就是对于人才的道德品质、价值观等方面要求越来越虚化，不是不讲，而是没有切实可行的落实到人才培养的教育实践中的操作步骤和措施。通识教育的核心理念不是要拓展学生的知识，通识教育的根本是培养"人"，培养"完善的人"，培养"合格的公民"，一个合格的公民，他能在自己的职业领域有效的、创造性地开展工作，做出自己的贡献，一个完善的人，能与他人进行良好的协作和沟通，能够共同合作，解决问题，对自己和他人都担负起责任，这样的人是一个有益于社会的人，一个完善的人，合格的公民能够做出合适的即正确的价值判断，在个人与社会、个人与民族和国家的利益关系中有正确的选择和判断，即有正确的价值观。所有这些品质都是通识教育关注的核心和焦点，从通识教育的视角看，一个能做出正确的价值判断的人，一个能有效地开展工作的人，一个能和他人友好合作并积极开展工作的人自然就会在各个不同的领域称为人才，他最初可能不是某个专业最强的人，但是，通识教育培养的那些优秀的品质可以帮助一个人很快地解决专业领域或职业领域遇到的问题。因为他有思考的能力、有解决问题的能力，而且在这一切之前，他知道什么事情能做，什么事情不能做，做什么才是真正有价值观的。我们对于通识教育的理念远没有达到这样的明确和明晰。这也就必然造成在教育实践过程中，大家把更多的注意力投入到可以看到成效的专业知识和专业技能的培养上，而对于那些看起来很玄的东西一带而过。

因此，未来的通识教育改革，必须在澄清通识教育的理念上下功夫，要真正明白什么才是真正的通识教育，改革才不会失去方向。

2. 专业主义教育思想盛行导致高校文理失衡

1949 年中华人民共和国成立后，我国按照苏联的教育模式重建新中国的教育体系，特别是 1952 年以专业主义教育思想指导的院系调整。导致我国的教育体系形成突出的专业为主的单科性院校，一些综合性大学被肢解，由于把高等教育直接纳入了实现工业化建设的经济目标上来，因此，很多院校的人文社会学科都被消减。导致人文教育在整体上出现弱化设置边缘化、点缀化的局面。这种影响一直持续到现在。随着 20 世纪 90 年代的中国高校院系合并，一些理工科院校开始再次向着建设综合性大学的方向努力，并在透视教育课程建设上积极尝试，希望通过优化课程结构改变专科发展的不利局面。但由于理工科院校受专业主义教育思想影响颇深，自学校创立以来，优先发展理科、工科，理工类专业特色突出，并在各个学校形成非常突出的强势专业，结果改变这种局面的努力始终都不理想。

高等院校特别是理工科院校过分强调专业教育的重要性，强调专业知识和技能的学习，强调专业能力的培养和提升，在课程设置上，追求专、精、深，课程专业分化越来越细，几乎是一个方向或者一个研究的小领域就是一门独立的必修专业课，结果导致专业课程形成庞大的课程群，一个门类下划分出多门专业课程，每门课程都要讲授，学生要上的课程量大大增加，而领域的课程几乎没有多少空间和时间来学习和接触，学生的学业负担越来越重，但是学习的领域却越来越窄，老师只在自己的有限领域里讲授，学生也只在各个老师的细小专业领域里学习，老师没办法对一个领域的问题做到融会贯通，更不可能让学生做到融会贯通，结果就是恶性循环般的已有知识的传授。专业课程的学习任务量不断加大，学校和学生根本就已经无力来进行任何专业外的拓展，人文素养就只能变成了专业教育的一个轻松的点缀。

3. 功利主义思想盛行导致人文教育式微

专业主义教育思想背后其实更为深刻的哲学理念是功利主义思想。特别是随着市场经济在中国的发展，市场的趋利特征使得功利主义思想进一步向社会生活的各个角落渗透，教育亦未能幸免。教育领域到处弥漫着实用主义的功利思想，什么样的专业在市场上最能获利，获利最快，什么专业也就最受青睐，一切知识的学习都被一个标准衡量着——能快速有效地为个体谋得利益吗？能，学习者就会蜂拥而至，趋之若鹜；不能，则会弃之如敝屣。在功利主义思想影响下，人文教育提升人的素养，丰富人的心灵，培养人的情怀等问题变成了玄虚的说教。学习只是为了找个好工作，为了将来挣大钱，在通识教育中具有最重要的分量的人文教育几乎变得一文不值。因此，在学校教育的现实场阈中，根本就没几个人真正地重视通识教育，重视人文教育，偶尔有几个有识之士，发出几声悲怆的呐喊，最后也被淹没在成功学激动人心的励志浪潮之中。

其实，在专业主义和功利主义思想大潮的冲击之下，人文教育自身已经迷失，人文学科一方面失去了自己的坚守，另一方面更为现实的是原本关注心灵的人文教育同样转向了专业教育，文学不再是对人间至真至情的人性的描摹和刻画，也不再是人心灵的慰藉，文学变成了语法和结构，变成了抽象的流派或意向的分析，艺术变成了流行与传统的争辩，人文学科的专业也同样越来越细，研究者在自己选择的一个狭小的缝隙里窃窃耕耘，低低私语，几乎没人能互相交流，各说各话，这样的人文学科其实已难当通识教育的大任。也正因如此，即使在各个大学都努力希望通过优化课程结构，改变专业偏离的问题时，人文教育本身却变得毫无作为，这也使得当前的通识教育课程改革，特别是涉及人文课程时，常常是空喊几句口号，或者增加几门课程，结果并无根本改变的一个重要原因。

4. 通识教育改革实践阻力大

通识教育改革在认知模糊的情况下开始，那么在实践中遭遇阻力就是极为正常的事情，中国通识教育当前在实践中的阻力要从人的角度分析，主要来自三个方面：管理者、教师和学生。

（1）管理者缺乏实施通识教育而挑战现存制度的勇气

通识教育的思想理念并不是什么艰涩难懂的理论，经过最初的十多年的研究和宣传，今天的大学里有人还不知道通识教育的应该不多，至少大学的领导者、管理者、教师都知道通识教育的重要性；但是，知道重要是一码事，实践之则是另外一码事。金耀基就曾指出："一方面，在理念上，通识教育的重要性被不断地肯定；另一方面，在实行中，通识教育的重要性又不断地被淡化，甚至被忽视。"● 中国台湾"清华大学"校长沈君山更是直截了当地指出："通识教育最重要的是实践，不能只是理论。在台湾，实践通识教育远比讨论通识教育困难。这些实践的困难包括：没有人愿意去管；没有教授愿意去教；没有学生愿意花精神去听。"❷ 为什么会出现这样的矛盾与困境，为什么理论与实践会出现这样的反差，其原因固然可以列出许多，但最为突出的原因就在于，在当前中国的教育体制下，实施通识教育的风险太大。无论是领导者还是管理者乃至教师，只要他投身到通识教育的改革实践中，他就一定要面临着长期以来形成的教学管理体制的限制和抵制，就会遭遇到来自专业的利益群体的抵制，甚至攻击，最后，还会受到来自学生的抵制，甚至否定。走到实践层面时，任何改革都会涉及利益的重新调整。而影响改革进程和效果的也是对利益的平衡，通识教育改革也不外于此。改革要付代价，通识教育改革可以说是一次自我的革命，几乎所有参与的人都面临着挑战。领导者要承担来自各方面的阻力和抵制，要承担课程改革有可能不成功带来的后果，在中国当下的教育体制和管理体制下，在现有的教育思维和理念框架内，实施通识教育几乎是要挑战整个教育结构，其风险和阻力难以想象。具体的管理者要承担课程的设计与实施，必须要更有创造性的进行工作，保证通识教育的教育理念能被正确的落实到实践中，要设计出不同于目前的教育教学的考核评估方式，等等，这些挑战并非轻而易举就可以解决。教师要实施通识教育，则要付出更多的劳动，备课的任务与应试教育中形成的一个教案讲一生的任务根本不可同日而语，这还不算教师要组织学生讨论时面对的各种不确定性的挑战。理性人的趋利避害使得很多教师即使明白通识教育的意义非常重要，但是也会采取消极抵制的态度。学生则发现实施通识教育，使得他们的学习变得艰苦，原来形成的上课听听，期末背背，考试得高分的轻松学习状态受到挑战，以这样的状态难以完成通识教育的学习任务，他们要付出更多的时间、更大的努力、完成更

● 金耀基. 大学之理念［M］. 北京：生活·读书·新知三联书店，2001：144.

❷ 同上，150.

多的任务，才能完成一门课程的学习。在大家认为通识教育的课程无用的或用处不大的思想影响下，学生也就不愿意投入通识教育课程的学习。这也就是为什么绝大多数人，可以对通识教育侃侃而谈，但是落到实际时，则不了了之的根源。至少从目前的情势看，大多数人都没有做好迎接挑战的准备，既没有勇气让别人付出代价，也不愿意自己付出代价。

领导者没有挑战当下课程的利益格局的勇气。如果说中国大学的领导者都认识不到"人"的重要性，他们都准备把自己的学生培养成为只会技术的工具，这是不符合实际的。中国大学的领导者整体上都认识到了通识教育的重要性，而且都尝试推进通识教育的改革，并且有一些大学的领导还做出了非常大的努力。但是为什么效果并不理想，原因就在于，如果要彻底实施通识教育，必须改变当前中国大学教育的整体结构，从课程设置到教学结构。加强通识教育，必然会涉及增加通识教育课程，学生的时间是有限的，增加通识教育课程，就要压缩专业课程，这样的做法必然会引发专业课教师的担忧，他们会认为缩减专业课程会影响学生对专业知识、理论以及技能的理解和掌握，难以达到专业的高标准和精深发展。同时课程的数量关系到教师们的教学任务量，课程的课时量关系到教师的考核、职称评审以及工资收入，等等，如果要全面进行改革，领导者几乎要触动绝大部分人的利益，特别是学校的专业课程，这在中国的大学几乎是所有大学的主力军，就此一点，领导者要面临的改革压力就是非常巨大的。即使有人有魄力、有勇气迈出了改革的步伐，也未必就一定能成功。最后的代价则可能是自己被全盘否定。这样的事情并非危言耸听，当年芝加哥大学的赫钦斯就遭遇了这样的情况。赫钦斯为推进芝加哥大学的通识教育改革，提出了"学习伟大著作的计划"，在芝加哥大学强力推进以学习西方经典名著为主的通识教育改革，结果遭到了学校大部分老师的反对，结果，即使像赫钦斯那样了不起的教育家，最后在芝加哥大学也是惨淡收场，赫钦斯最终因大家一直抵制他的通识教育改革计划而从芝加哥大学辞职。尽管赫钦斯的通识教育思想后来在圣约翰学院被完整地实施了，而且越是到后来，大家越是意识到阅读经典的通识教育理念在教育中的不可取代的地位和意义，这都是后话。这场改革以赫钦斯离开芝加哥大学，终止了他所有关于芝加哥大学建设发展的理想为代价。而且改革失败还对他本人产生了很大的影响。直到晚年，赫钦斯都对此事耿耿于怀，他觉得自己的人生没有价值，他应该在自己 35 岁的时候死去。为什么是 35 岁？因为 35 岁时的赫钦斯刚刚担任芝加哥大学校长 5 年，那时一切都蒸蒸日上，后来的通识教育改革引发的危机还没有发生，他的老师们和他齐心协力为芝加哥大学的发展而努力，他的同事、下属、老师们没有怀疑他的改革决策。从那以后，他不顾大家的反对，强力推行通识教育改革，结果是他被迫离开芝加哥大学，随后，芝加哥大学停止了他的所有改革措施。尽管后来仍然在很大程度上继承了赫钦斯的通识教育理想，但是，就当事人而言，代价是巨大的。由此可见，即使你手握真理，实现真理也需要巨大的勇气和牺牲精神，这并非人人都能做到，或者说绝大部分人都做不到。那么面对现实时，通识教育改革就必然会变成修修补补，效果也就差强人意。

（2）教师难以担负起通识教育课程的使命

在中国当前的教育评价体制下，教师难以担负起通识教育的使命。一种情况是教师没有能力担负这样的使命，还有另一种情况是不愿意去承担这样的使命。

中国当前的教育教学模式，无论怎样改，整体上实际是以教师为主导的教学方式。在这样的教学中方式中，教师的备课工作就只需要按照自己或大纲设定的范围，准备材料，把规定的知识、理论或技能讲授给学生，学生上课主要是听讲，把老师讲授的内容都记下来，然后背会，考试的时候回答出来就表明学生掌握了该门课程的内容。这样的课程教学始终都是由教师主导的，讲什么？怎么讲？都由教师决定，对于教学的评价关注的焦点主要是教师对基本知识和理论的讲授是否清楚，教学态度是否认真等，这样的评价很难激励教师改进教学。因为基本知识是教学中最基础的内容，教师经过几轮的教学就会对内容非常熟悉，重点放在这里，教师几乎可以不用费什么大力气去备课，也不用去拓展新的知识，就可以完成这样的教学任务，这使得大量的教师在教学中产生巨大的惰性。长此以往，教师不能接受新的知识，其知识老化、学科视野狭窄、教学方法固化等等，导致教师无力进行教学改革。

其实，近十几年来的教学改革，一直强调要改变这种"填鸭式"的、应试教育的教学模式，要激发学生修习的积极性和主动性，提倡双主体，但实际改革效果甚微。尽管很多老师都在提倡讨论课，但是，真正有价值的讨论课并不多，讨论很多时候都没有什么主题，或者是围绕着当下的一些时髦话题，大家闲聊天，看起来热热闹闹，回头细想什么也没得到。根本原因就在于教师没有真正改变原来的填鸭式、应试式教育模式。老师们已经非常习惯了这样的教学模式，只要按照自己的思路准备教学内容，课堂上把准备好的东西讲完了，再穿插一两个无关轻重的问题，活跃一下课堂氛围，就可以轻松地完成教学任务。负责任的教师，会在备课过程中，尽可能地丰富、关注学生的思维能力的培养，尽可能让讨论是有实质性内容的，而不是聊天，但是这样的努力，学生的收获依然是非常有限的，因为他们始终都只是做了一个听众。

如果改变这样的教学模式，按照通识教育的教学方法要求，教师备课的任务量要比现在的工作量多数倍甚至十几倍。通识教育以学生的自主学习为主，以学生讨论为主要的教学方式，就这一点变化，教师在备课的过程中，就要准备远超过仅仅讲课时所需要的材料，教师要自己看过这些资料，取舍后告知学生，教师要对学生可能提出的问题有所准备和回应，教师要对讨论课进行过程中可能发生的争论有所准备，并有应对的方法，教师还要准备学生针对讨论中提出的问题的进一步的深化学习的材料，还需要准备，学生可能预想不到的，但是应该可以激发学生新的思维的材料，教师需对这些材料有深入的学习和理解，这样的备课量对于今天中国大学一个教案讲一生的教师是极大的挑战。原来的教学只需要准备自己想准备和能准备的资料，学生很少被考虑，只要老师能做到讲课时显得知识渊博，吸引学生就能获得赞誉。但是，如果改变这样的方法，尝试把学生作为学习的中心，教师要成为一个合格的引路人、辅助者、对话者则又复杂、任务又重，不可控因素又多，结果同样不可控，这么多的挑战，使得很多教师即使明知应该改革，现实中也往往会尽可能地避免。有勇气、有激情尝试的人非常有限，通识教育改革自然也就变成了形式。

当然，现实中还有另一种情况，就是老师有能力，但是他们不愿意把时间、精力和智慧投入到通识教育课程的教学当中。因为，这样的付出"不划算"。

我国当前对教师进行的量化管理，采取数量化的指标体系，对于易于定出数量指标的工作权重过大，而对难以量化的工作权重过小。如出版的专著数量、出版社的等级、发表论文的数量、刊物的级别、所获奖励的级别，等等，所谓看得见、摸得着的东西占有相当大的权重。而教学工作则难以量化，只能与课时、职称挂钩。至于教学的质量高低、学生收获的多少，无法用一个数量指标衡量，或者有指标也多失之笼统。大学教师晋升职称看重的是学术论文、学术专著。与专业课相比，开设通识课程的教师在课程上很难写出有分量的论文和专著，无益于教师的职称评审。教师投入的时间和精力得不到应有的回报，讲授通识教育的教师缺乏"受尊重感"，致使有远大志向的教师，大都宁愿担任与科研关系更紧密的专业课的教学，可见，这种量化管理制度造成了教师宁愿搞科研不愿搞教学，宁愿讲授专业课程而不愿去开展通识教育，对于有一定学术造诣的教师来说更是如此。

教师因量化管理制度的束缚、遏制而不愿意开设通识教育课程，致使不少课程的开设不是考虑学生发展的需要，而是考虑上课教师的情况，教师实行"拉郎配"，课程设置也不合理、对于单科性的院校或规模稍小的院校更是如此。师范大学或相关院校，并没有培训通识教育的师资或研究通识教育这门学问的系，致使通识教育陷入了无人问津的困境，即使象征性地开了"通识课"，被安排教"通识课"的教师，也几乎是在没有任何教"通识课"所应拥有的专业知识的情况下，临阵磨枪，其结果如何，可想而知。有些有志献身于通识教育的教师由于自身所处的非常"不通识"的教育背景，搞通识教育也只是一厢情愿，自然会出现一些知识上的误解或曲解，《中华读书报》就曾有过相应的报道。

可见，在教学与科研、专业教学与通识教学之间，不仅有量化管理制度制约着通识教育的发展，师资力量本身也制约着通识教育的发展。许多教师仅有专业知识，本身就没有"通识"而去对学生进行通识教育，这就显得有点滑稽了。而学校又要进行通识教育。只能是一种强制性的制度规定。对于这种强制性的制度规定，教师只能是应付有时不仅不能让学生"通识"，反而会将错误的东西灌输给学生。这并不是危言耸听，而是已经在大学中时有发生的事情。

（3）过于宽松的考核消解了通识教育改革的努力

学生不愿意在通识教育中付出努力。如何让学生自觉地、心甘情愿地、有动力地去接受通识教育，是实施通识教育的一个非常关键的因素，否则通识教育就变成专家学者们的"自说自话"，而这种"自说自话"的独角戏表演正是当前许多通识教育的真实写照。学生习惯了在课堂听老师讲授，尽管他们对这样的教学方式有各种不满意，各种吐槽，并希望改革。但是，一旦改革需要他们付出更多的努力和辛苦时，他们又有各种各样的逃避和更多的吐槽。特别是学生的这种不愿承担责任，又对教师的教学有评价权力的情况，常常被学生滥用。学生只要不想听，就会指责教师讲得不好，所以不想听，只要不想做，就批评说老师不知道学习任务太多做不完，书太难看不懂，等等。因为，对学生而言，他们只需要平时听听，考前背背，得个高分，他们就是优秀的学生，得不了高分，能及格，能毕业，他们也是合格的大学生。如此一来，为什么要那么辛苦地去学习呢？而且当考核人的思想的深度，思维的逻辑、问题的发现和解决能力以及价值判断力等方面的水平时，不努力，肯定得不到理想的分数，即使努力了，也未必就能得到理想的结果。所以学生也宁愿就那么一边混着一边抱怨着，拒绝投入到通识教育课程的学习中。学生不投入，一切改革都变成了空话。出现这种现象的原因之一，在于学生管理的制度困境。这些制度困境表现众多，以考试制度最为突出。

考试制度的重要缺陷之一就在于难以从根本上考查学生的综合素质水平。考试制度无时无刻不在指挥着学生如何去对待学习，如何去做好考试准备。在通识教育与专业教育两者之间，专业教育的考试相对来说是严格的、必不可少的，而通识教育由于学生有不同的学科背景，不可能做到以统一的严格的标准进行考核。学生的专业成绩又是以后求职、进一步深造必不可少的根基，通识教育的成绩似乎并不是求职和进一步深造的必要条件。谁轻谁重、选谁不选谁，一目了然，并不是理论的证明、教师的说教能够扭转的。

许多学生选择通识教育，并不是心甘情愿的，而是迫于学校制度的规定——必须修满一定的通识教育的学分才能毕业。学校的这种强行规定似乎从制度上保障了通识教育的发展。

在明规则与潜规则的博弈中，明规则变成了应付，只求形式的合理性，而不管实际效果；潜规则倒是变得实实在在的，总是成为人们关注的重点。各个高校的学生论坛中，一到选课的时候，非常热闹的一个主题，就是准备选课的学弟学妹们询问以前的学哥学姐，"什么样的课程好通过""什么样的课程给分高"，等等，即使有一些质量很好，但是教师要求严格的课程，学生们也会互相提醒选择这样的课程要"慎重"，因为，上这样的课会很辛苦。因此，高校所开设的选修课中，容易的、教师管理较宽松的、学分容易"挣"的选修课学生最多。通识教育表面上的繁荣背后深藏着的是苍白和无力。

在中国的通识教育改革过程中出现的各种问题，无论是理念认识上存在的误区，还是教育实践中出现的问题，都提醒我们，未来的通识教育改革没有一个根本上的改变是很难有质的飞跃的，应试教育和专业教育的积弊非大改，难以除其弊，通识教育课程建设非强力，难以聚其势。应试教育、专业教育的弊端不割除，通识教育就始终只能是形式上的，只能是教育改革中的一点毛毛细雨，无法深入到教育的根本，中国的创新人才培养就变得虚幻而缥缈了。所以，即使任务再艰巨，挑战再大，我们也要砥砺前行。这也是教育者的使命。

第六章　中国大学通识教育改革再认识

人因思想而伟大，国因思想而强盛。正是从这个意义上，革命导师恩格斯断言：一个没有理论思维的民族，是不可能站在科学最高峰上的。思想是人类行为的先导。教育作为一种活动，一种行为，其指导思想必须要能真正反映人类对生命价值和生存意义的深刻思考，教育思想的深度在某种程度上体现着一个民族对自身、社会和人类的认识所达到的高度，在永恒的教育理想指导下，有意识地、审慎地追求真理，培养新人，体现着一个国家、一个民族心智发育和理性成熟的程度。那样，教育将不再是盲目的逐利行为，才能克服其行动中的功利色彩，才能真正保证教育回归到人的培养和真理的追求上。正如德国著名诗人海涅所说：思想走在行动之前，就像闪电走在雷鸣之前一样。没有正确的思想理念引导，人们的行为就会失去方向。通识教育的思想理念和教育理想是指导教育改革的先导，要真正在实践中落实和实施通识教育，必须要理念先行。进一步宣传和学习通识教育理念是改革必须完成的任务。

一、通识教育再认识❶

中国高校的通识教育改革进程有早有晚，有些大学课程设置的改革还没有启动，仅仅是更换了名称，有些学校则在进一步探索课程到底要如何开设，才真正是通识教育，无论处在哪个阶段，通识教育的理念都并非不言自明。因此，要真正实行通识教育，要使我们正在实行或即将实行的通识步入正确的道路，重新思考和审视"通识"和"通识教育"就具有重要的现实意义。

1. 理解通识教育的逻辑起点——通识教育的时代背景

在步入现代社会以前，无所谓通识教育，因为前现代社会的教育本就是通识教育。前现代社会的教育之所以就是通识教育，原因在于前现代社会不仅是一个学科高度融合、专业分工异常粗糙的社会，而且是一个突出和强调教育育人

---

❶　王燕晓，吴练达. 大学通识教育及其课程设置探究［J］. 中国地质教育，2015（2）1–4.

功能的社会——"大学之道,在明明德;在亲民,在止于至善。"❶ 现代社会是一个学科高度分化、专业分工异常发达的社会,是一个由陌生人通过市场之网而连接在一起的高度流动的社会,因此,所谓通识教育是由前现代社会向现代社会转型过程中所出现的现象,是时代的呼唤。具体而言,包括以下几个方面:

首先,通识教育是在专业化教育单兵冒进的背景下产生的。1829 年,美国博德学院帕卡德教授基于专业分工愈来愈细的现实,首次将通识教育引入大学教育。因此,通识教育是针对专业教育提出来的理念。近代以来,原本在哲学母体内融为一体的学科逐渐分化为各种各样的专门学科,各个学科中又分化出许多的专业,为了解决"人生有涯,知识无涯"的困境,突出专门技能和知识的传授的专业教育就产生了。在专业教育发展的过程,通识教育则被忽略了,这一忽略不仅导致学习者的知识和技能出现瘸腿现象——学科分化只是一种人为现象,世间万物毕竟是密切联系在一起的,而且导致学习者蜕变为活工具(为他者使用而学习知识)现象,即忽略一个社会人所应该具有的需要,如高尚的道德情操的培育、丰富的情感世界的养成、坚强的意志品质的培育。当这样的弊端出现以后,不仅影响人的健全成长和发展,而且影响社会的和谐与发展。为了克服大学单纯的专业化教育所带来的弊病,通识教育进入了大学教育。

其次,通识教育是信息社会的要求。在现代社会里,知识更新几乎是以几何倍数的速度在翻新,人几乎被淹没在信息和符号的海洋里。在这样的海量信息中到底怎样才能获得有价值的知识,已经不是刻苦努力就可以解决的问题。如果我们培养的人才只是尽可能地去记住所学到的所有信息和知识,对所学到的东西无法进行识别和有效的加工,那么教育所培养的人只不过是一个存储信息的活 U 盘而已,缺乏起码的判断、思考、创新的能力和解决问题的能力。与此同时,现代社会又是一个创新驱动的社会和具有系统风险的社会,不但要求人具有创新能力而且还需要人具有解决问题和危机的能力。现实生活中的情境问题不可能都在教科书中有明确答案,而是隐性知识的形式呈现于当事人面前并考验其解决问题的能力。"真实世界的问题很难准确地属于我们指定作为学校科目的范畴,而是涉及种种科目的方方面面,需要来自很多学科的思想和方法。"❷ 正因为现实中的问题不是教科书假设理想状态而是与具体时空和具体情境相联系的问题,因此,它的解决需要从多种维度去求解——不仅要从多种

---

❶ 《大学》。

❷ 克拉克·克尔. 高等教育不能回避历史 [M]. 王承绪,译. 杭州:浙江教育出版社,2003:43.

维度搜寻纷繁复杂的现象中的问题所在，还要从各种不同的角度，运用不同的思想和方法来解决问题。可是，任何专业知识都只是一种思维模式，因此，要解决现实问题，仅靠专业知识是远远不够的，必须"融会贯通"，了解学科的思维模式。因此，培养既有牢靠的专业知识又谙熟学科思维模式的"融会贯通的"的人是教育的真正目标所在。

最后，通识教育是社会和谐发展的要求。教育承担着巨大的社会责任，是探求真理的场所，是培养人才的圣地。社会和国家之所以给大学教育以自由，是因为相信教育能承担起它应承担的社会责任——能以高度负责的姿态进行学术研究和教育活动的。可是，在市场经济条件下，由于逐利行为渗透于全社会的每一个角落，教育也因此受到影响——迫于市场的压力和学生就业的需要，高校难以以培养健全的人为目标，而根据市场需求来培养具有专门的技能和知识的市场要素。与此同时，随着高等教育向大众化方向迈进，学生有了选择高校的自由，高等教育的市场供需格局也发生了根本转化——由卖方市场变成了买方市场。此时，高校为了笼络学生，也不得不根据市场需求而设置专业。

总之，在市场经济条件下，无论是高校还是学生都面临了巨大的社会生存压力，因此，专业教育难以阻拦。其实，也不应该阻拦，因为培育社会（包括市场）所需要的人才本就是教育的一项基本任务。问题在于，培育市场所需要的人才只是高等教育的一方面任务，而并非整个高等教育的目标。问题还在于，满足市场需要并不等于说就已经满足了社会的需要的方方面面。问题更在于，将人只培养为能够在市场中赚钱的专家则是人为缩小了"人之为人"的范围。在教育功利化的氛围中，大学不是围绕着如何培养人而展开教育活动，而是通过各种手段提高知名度以吸引社会和学生的眼球；大学生学习不是考虑如何培育自己，而是围绕着在将来的职业竞争中如何获得更大的优势；专业选择不是听从心灵的召唤因热爱和兴趣而选择，而是根据市场需求的冷热程度而选择专业。在这种情况下，教育和人都异化为满足个人利益追求的工具，蜕变成市场的附庸。于是，在最需要理想的殿堂，在最需要仰望星空的时候，在最需要雄心万丈的地方，教育失去了理想——失去了批判和改造社会的功能，失去了通过人才培养让社会更加美好的追求，大学变成了高级职业培训基地。大学培养出的人才或许知道很艰深的专业知识，或许还能够拿出很多证书——诸如英语等级证、会计证、律师证、旅游证、咨询师资格证，等等。但是，他们却既不关心自己心灵的呼唤，也不了解社会和他人的诉求，对他人和社会缺乏起码的关怀——药家鑫之类的案件和大学生硫酸"泼熊"事件就已经表明我们的教育问题有多严重。因此，大学不能因为"大学是有意识地追求知识的场所"❶ 就放弃教育的道德责任，不能因为知识有用就只一味地灌输知识，任何"企图把思想活动与思想中的道德感分开，就是把年轻人变成诡辩家并且鼓励他们为个人的胜利而不是为真理而辩论"❷。如果大学教育只教给大学生丰富的知识和技能，那么大学教育就只完成了三分之一的任务。因为我们无法判断这样的人是否同时既是一个心智完善的人，也是一个愿意利用自己知识让社会变得更美好的人。正因为在很多情况下，知识、技能与人的责任感、道德感等并不必然成正比，因此，大学教育需要担负起培养现在的学生、未来的社会建设者的道德意识和责任感的使命，塑造出"一个有文化的人，在明媚的阳光下看到生活的道路"❸。这样，教育不仅因其研究的成果服务社会，更关键的是因其培养的和谐的、有德行的人，从而真正保证了社会始终都处在和谐之中，始终都能行进在通向理想的轨道上。为此，必须对日益突出的专业化倾向进行矫正，通识教育必须提上日程。

2. 实施通识教育的前提——理解"通识"

自从 19 世纪初"通识教育"一词被提出以来，有关通识教育的界定不下百种，有一定代表意义的表述就达 50 多种。有学者曾抱怨说，"没有一个概念像通识教育那样引起那么多人的关注，也没有一个概念像通识教育引起那么多的歧义"❹。为什么关于通识教育至今都众说纷纭，难以达成一个普遍的共识呢？根本的原因就在于对于什么是"通识"，人们没有形成普遍的、明确的共识。若要实施通识教育，首先必须面对的问题不是界定通识教育的问题，而是如何界定"通识"的问题。究竟该如何理解"通识"呢？

我国的通识教育一词是由英文中的"general education"一词译过来的，英文的"general"，在《牛津高阶双解英语词典》中共有 6 个解释：一是普通的、全面的、整体的、总的；二是非专门的、一般的、普遍的；三是正常的、常规的、通常的；四是大致的、不详细的、笼统的；五是总管的、首席的；六是在通常情况下、一般而言。❺ 由此可见，英文中的"general"是一个形容词，所以我们在使用的时候一般会翻译成"全面教育""普通教育"或"综合教育"，这种翻译本身就造成了对通识的不同理解。

---

❶ 约翰·亨利·纽曼. 大学的理念 [M]. 高师宁，何克勇，等译. 贵阳：贵州教育出版社，2006：1.

❷ 哈佛委员会. 哈佛通识教育红皮书 [M]. 李曼丽，译. 北京：北京大学出版社，2011：56.

❸ 克拉克·克尔. 高等教育不能回避历史 [M]. 王承绪，译. 杭州：浙江教育出版社，2003：204.

❹ 李曼丽. 通识教育——一种大学教育观 [M]. 北京：清华大学出版社．1999：10. 原文参见 The Camegie Foundation for the Advancement of Teaching Missloni s Of the College Curriculum：A Contemporary Review with Suggestions San Francisco：Jossy - BasS PubLishers，1977：164.

❺ 霍恩比（AsHomby）. 牛津高阶双解英语词典（第四版增补本）[M]. 李北达，编译. 北京：商务印书馆、牛津大学出版社，2001（1）：612.

但是，不同的语境，词语的意思是不同的。我们所说的通识教育中的"通"在中文语境下不止有形容词普通的、全面的意思。中文语境下的"通识"意义要比"general"更广泛、更能体现通识教育的本质。

从词义学角度看，"通"字作形容词解释为"普通；一般""整个；全部"。即"通"是指具有普遍意义的，最为一般的，也应为大家普遍掌握的。"通"字作动词解释为"没有堵塞，可以穿过""有路达到""连接；相来往""传达；使知道""了解；懂得"等，作名词解释为"精通某一方面的人"。无论从何种角度看，"通"都有通达、贯通、融会于一炉之意。"识"作为动词，有"知道、懂得""辨别"的意思；作为名词，有"常识、才识""见识、知识"的意思。也就是说"识"首要的和第一的品质是要能够"辨别"，具备辨别能力，才能有"识"；其次才是"知识""常识"，即人们在改造世界中所获得的认识和经验。那些大家都共同认可的或熟悉的知识就成为"共识"；此外，"识"还有"见识""思想"等方面的含义，这就反映出"识"具有独特性，创造性知识的特点。

由此看来，"通识"就是那些相互贯通的知识和见识，是那些最为普通的、基本的知识，即"融会贯通的知识"和"适用于所有人的知识"[●]。前一种理解强调知识间的相关性，指没有学科隔阂的知识；后一种理解强调知识的适用性，指没有文化隔阂的知识。因此，通识体现的是经过积累积淀化为共同的理解和共同的知识。正是因为人们生活中所具有的那些基本的、普遍性的、能够相互沟通的知识和能力。复杂多样的世界才是可以理解并共存的。同样，因为人与世界的多样性、真理的相对性、认识真理的能力的有限性以及人性的复杂性、矛盾性，造成了人类生活的差异性，这些差异也是客观存在的，因而，人们对世界的认识也是有差异的，这就要求人们具有沟通这些差异、辨别这些差异的能力，宽容这些差异的品质。这些也是通识的题中之义。甚至是更为根本的，因此，可以说，"通识"首先是一种融会贯通的能力和品质。

通识教育是相对于专业教育而言提出的一个概念，那么"通识"就不是专业知识。既然通识教育是与专业教育相对的概念，那么"通识"也不可能是各科专业知识的叠加和所有的知识（all knowledge）的简单集合。如果"通识"只是各种专业知识的叠加，那么就无分专业的必要了。通识也不可能是常识（common sense），因为常识可以在日常生活中获得，无须通过高校的通识教育获得。

虽然"通识"不是常识，也不是所有知识和专业知识，但"通识"的获得却必须依赖于常识和各个领域的知识。没有各种知识作为基础，则"通识"就是无源之水。就常识而言，许多常识中本就蕴含了通识。就各个领域的专业知识

● 高明士. 传统中国通识教育的理论 [J]. 通识教育，1994（1）：4.

而言，如果没有对于某方面专业知识的深刻理解，就难以真正体悟到专业知识的局限；如果没有专业知识在现实应用中所引发的问题，那么也同样无法理解单纯的专业教育有何弊端。就此而论，所谓通识和通识教育是在更高层次上向传统教育的复归，是螺旋式上升，是在专业知识发达且分工清晰基础上的复归，是在"侧看和横看庐山"之后再"跳出庐山观庐山"，而非学科混杂下的秀才式的自负——"秀才不出门，能知天下事"。因此，就任何专业知识都是一种局限于某个范围或某个维度认识世界的思维模式而言，通识则是打破学科局限、专业局限而形成的一种全面而又系统的认知模式——"跳出庐山观庐山"。"通识"不是具体的知识，而是体现在各种具体知识背后且打破学科局限的有关这个世界的基本的思维模式。

从研究和学习的角度看，"通识"是对本学科局限的清醒认识。通识作为融会贯通的知识，不是打通不同学科隔阂的具体知识，而是对本专业乃至所有专业局限的清醒认识和自觉意识。在现实中，所谓融会贯通的知识不可能是指对所有学科知识的把握，这一方面是因为人生有涯，另一方面则是因为知识无涯。一如维纳所言："从莱布尼茨以后，似乎再没有一个人能够充分地掌握当代的全部知识活动了。……今天，没有几个学者能够不加任何限制的自称为数学家，或者物理学家，或者生物学家。"与此同时，专业化分工也使学者思维日趋狭隘。"一个人可以是一个拓扑学家，或者一个声学家，或者一个甲虫学家。他满嘴是他那个领域的行话，知道哪个领域的全部文献，哪个领域的全部分支，但是，他忘我会把邻近的科学问题看作与己无关的事情，而且认为如果自己对这种问题发生任何兴趣，那是不能容许的侵犯人家地盘的行为。"[1] 在此，维纳实际上已经指出，狭隘的专业思想已经严重地影响科学的进步，需要平衡专业化分工与通识的问题。亦即，"每个人必须能以某种方式从整体上把握生活的复杂性"[2]，这种整体把握的智慧属于"通识"，其基础在于对本专业局限清醒的认识——任何专业知识都不过是知识谱系中的一员，都不过是知识之网上的一个节点而已。

从知识演进和探求角度看，"通识"处理的是一系列终极意义上的问题。专业化的出现只不过是人类运用有限的生命去追求无限知识的结果，学科的出现也不过是通过抽象人为割断事物之间联系的结果。就世界事物本身而言，它们之间本就是联系的。这种联系体现在三个方面：一是研究对象之间存在联系。无论是哪种专业知识的探索，都是从不同的维度和领域对世界的认识和探索；从研究对象看，尽管不同专业和学科有很大差别，但基于研究对象而设立的基本问题，则

---

❶ N. 维纳. 控制论［M］. 郝季仁，译. 北京：京华出版社，2000：20.
❷ 哈佛委员会. 哈佛通识教育红皮书［M］. 李曼丽，译. 北京：北京大学出版社，2011：41.

不过是"世界之谜"下的子目录而已。二是研究方法和思维模式有贯通之处。尽管不同的专业需要不同的知识储备，但是在研究和探索中，如何发现问题、如何解决问题的思维范式是相通的，他们之间仅有的差别也许只在于最后解决的具体方法上有差别。在求真的过程中所需要的客观精神和科学谨慎的态度，需要的冷静判断和识别的能力其实是相同的。三是各科专业发展的终极指向是贯通的。无论什么专业，什么学科，无论采取何种认知维度去求知，其最终目的都是为了更好地认识世界，认识人类社会，达到人与自身、人与社会和人与自然和谐与完美。在这个终极意义上，所有的知识探索都是相通的。因此，所谓"融会贯通的知识"不是指人能够成为百科全书，而是指人们对于各自研究的领域始终持有开放性的态度，愿意接受相邻学科的"入侵"，与此同时，也准备"入侵"相邻学科，即在求真的过程中，既有对专业领域知识的深入挖掘，也有对跨专业领域的知识的探求，可以用不同的研究方式来思考同一问题，并力求用联系的观点看待世间的现象。最终"通过学科之间的互动、影响和渗透，超越学科间的各种限制，开拓新知识的学习与研究问题视野，真正将世界还原为一个整体"[①]。由于认识世界本身并不是目的，由于认识世界的结果必须通过基于专业知识的实践作用于人类社会，由于专业知识是割裂联系而生成的知识，因此，作为专业人员必须意识到单纯的知识应用给人类可能带来的危害。因此，"通识"不仅是对待专业知识的开放性态度，更是对这个世界的基本信念以及对于人类处境的深切关怀。概而论之，"通识"实质上是一种思维模式、一种方法、一种态度、一种责任、一种情怀。

通识是事实与价值的有机统一，是科学精神与人文关怀的完美结合。"通识"要求人同时要面对和解决两个基本问题：一是求真的问题。求真主要解决的是技术问题，是知识、是方法、是逻辑、是能力。二是求善的问题。求善要解决的是价值评判问题、是基本的伦理问题、是价值观的问题。通识就是要把事实问题和价值问题结合在一起来进行思考的一种能力和品质。任何专业知识都只是认识世界的一个维度，既有其认识维度的科学性，同时也带有自身维度的局限性。比如，制造农药的专家，他的农药能够杀死各种病虫，保护农作物不受病虫的侵害，可以说他具备了良好的专业知识和技能。但是如果他仅仅想到了杀死病虫，而没有考虑到这种能杀死病虫的农药会对环境和人类的生存带来的危害，那么他就不是一个具备通识的人，而仅仅是一个专家而已。鲍曼在《现代性与大屠杀》一书，曾分析过科学家制造的毒气室最终成为大规模屠杀犹太人的武器事实。鲍

● 张东海. 通识教育：概念的误读与实践的困境——兼从权人教育角度理解通识教育内涵 [J]. 复旦教育论坛, 2008（4）：20 - 23.

150

曼认为，科学家不仅要考虑如何制造最好的毒气室，更要考虑毒气室可能带来的后果。虽然由于分工链条的加长，科学家难以知道毒气室的用途，但作为科学家必须考虑到这些毒气室可能的用途。虽然毒气室所屠杀的人与科学家并没有关系，虽然科学家并不会直接看到犹太人遭受屠杀的情境，但是，即便如此，我们也不能失去对他人的责任意识。普遍的责任，这就是人人都需要具有的一种品质。❶ 科学家也不应例外。任何专业和学科发展都应保持对人类命运的关切。这就是通识。

3. 正确地理解"通识教育"

简单地说，通识教育就是传递"通识"的各种教育活动。既然通识主要的不是各种具体的知识，那么通识教育就一定不是知识教育，不是技能培训。那么，通识教育的理想目标是什么？如何才能实现呢？

通识教育的理想是通过各学科知识传递在各个学科发展中积淀起来的认识世界和解决问题的方法和智慧，传递渗透在各门专业知识中的思维和认知模式。通识教育要培养的是具有通识的、完整的人。对于个体自身而言，他是一个内在完整和谐、坚定平和的人，对于作为社会的人而言，他是开放包容的、独立负责的人，是既能考虑自身利益，同时又愿意让自身利益服从社会整体利益的人，即一个好的公民。他是一个愿意通过自己的努力让生活变得更加美好的人。他是一个努力追求一致，同时又能包容和理解差异的人，是一个有智慧把他所学到的知识与现实的经验和实践结合起来的人。总之，通识教育的目的是"开发人的理智美德、推理、论证、哲理性智慧、艺术和谨慎"❷。经过通识教育培养出来的人，是人格和谐、有社会责任感和道德感、能以自身所长服务于社会的人，是秉承着我们的社会文化精神的人。要达至这样的教育目标，仅仅通过某一类知识，或某一个专业是无法实现的，因为，不同的知识其特征和关注的核心问题是有差别的。只有都有所接触，并领会其核心精神和基本方法，全面的人的培养才能成为可能。

从人类的知识分类而言，最经常的就是把人类知识范围三大类：自然科学知识、社会科学知识和人文学科知识。三大领域的知识获得形成了自然科学、社会科学和人文学科三大不同的研究领域，他们关注的核心问题各不相同，自然科学关注自然事实，社会科学关注社会事实，人文学科则关注心灵事实。三大不同领域的知识的研究和获得方式也有很大差别，科学研究讲求的是客观性，科学研究

---

❶ 鲍曼. 现代性与大屠杀 ［M］. 杨渝东，史建华，译. 北京：译林出版社，2002：251－254.

❷ Hutchins RM. The Higher Learning in America ［M］. New Haven. Con：Yale University Press，1936：62－63.

旨在揭示或解释自然界客观存在的现象之间的普遍联系或规律性，因而其研究方法更强调实证性，强调所有的研究结论都必须经过实践的检验。因此，自然科学知识具有客观性，研究方法具有实证性，多用数据、材料说话，证明出来就是科学，而不论其对人到底有何价值和意义。因此，自然科学常常给人冷冰冰的感觉。社会科学在研究过程中逐渐借鉴了自然科学的研究方法，也体现这样的特点，强调客观、可验证性等，当然，在客观性方面，社会科学知识与自然科学的知识相比，要做到客观难度更大，设置不可能。因为社会科学面对的社会事实要比自然事实复杂得多，因而要考虑的影响因素也要更加的繁多复杂，正是这样的特点可以让我们保持对社会的一份宽容和理解。人文学科的知识则主要是依赖人的直觉和感官，强调的是心灵事实，那么对于心灵的理解和感悟就成为主要的研究和理解方法。面对的事实对象和研究方法都不一样，他们提供给人的思维、能力、感悟以及意义就各不相同。因此，通识教育不是所有知识都要学，但是作为通识教育的知识载体，三大领域的知识则都不能或缺。通识教育要努力使学生获得"对自然宇宙、人类社会和吾人自身的知识和了解"❶。

人是处于自然中的人，人必须了解自己所处的外在的自然世界和宇宙环境。认真思考人与自然的关系并获得深刻体验，以求得人、社会、自然的和谐统一，达到天人合一的境界。有的大学则很好地阐释了这一思想。台湾中原大学的通识教育以培养全人为目的，该校全人教育的核心理念是："天下物我"之和谐，强调"尊重自然与人性的尊严，寻求天人物我间的和谐，以智慧慎用科技与人文的专业知识，造福人群"。这就突出了自然科学和知识的获得是未来造福人类，以达至和谐。自然是人类最原初的最后的家园，我们必须了解它、研究它，也要尊重它。

自然科学知识旨在通过一定的概念、符号和数量关系反映不同层次自然界存在的一些"事实"和"事件"。这些知识可以使学生探究自然现象，观察和理解它们的方式，培养学生对自然的科学认识。我们处在一个科技快速发展的时代，各种自然科学理论的发现和科技的进步，不断改变我们的生活，科技给人类带来原子武器和基因工程，原子武器可以在一天内将地球毁灭数十次，基因工程则可能在未来帮助人类战胜疾病，延长寿命。电子信息技术的突飞猛进几乎改变了人类现有的生活方式，"互联网＋"这个看起来简单的字眼正改变着人们的生活。这些都是与人类自身息息相关的、事关生死存亡的大问题。这样去发现自然中的奥秘，怎样获得更精湛的技艺，创造更加美好的生活，对每一个受过高等教育的人来说都是必需的。通识教育要借助自然科学知识和研究，培养学生对人类所生存的自然世界有一般性和广泛性的认识，并能以契合自然规律的方式和方法来观

---

❶ 黄坤锦. 罗索斯基论通识教育与核心课程（下）[J]. 通识教育季刊，1994（2）：67.

察和了解人类和世界。依托于自然科学的通识教育不是探索某一门科学的专门知识，而是探讨其发现和发展如何形成原理法则进而影响人类与世界，关注科学发现过程中的方法，诸如观察与实验的重要作用。通过对科学知识的学习和科学研究，掌握发现问题和解决问题的能力，并养成正确的价值判断能力。

（1）以自然科学知识为载体的通识教育

首先，人是一个生命机体，人需要了解自身以及其所生存的世界。人像其他的生物一样，是与自然界其他的生命体相依共存的，因此，人必须要理解自己所存在的世界，并以世界自然的状态生活，尊重自己，也尊重自然。这就是自然科学学习和研究中的基本价值，也是通识教育借助自然科学知识所有传达的核心要义。每个人都会面临生、老、病、死，这是自然规律。自然科学知识要引导学生探讨生命的起源、意义及目的。一般来说，这些知识包括生命科学、遗传科学、生命的奥秘等，也包含针对生命的保障而发展起来的科学和技能，如医学卫生保健、生物科技，等等。

其次，作为自然中的人，人应该了解外在于自己的客观自然世界，并持有正确对待自然、尊重自然、回报自然的情怀。通识教育可以培养学生正确对待自然的态度、精神。专业教育对促进科学、社会的发展有着重大作用，但它过分强调人的工具性，导致个体忽视精神世界的追求，造成人与人之间情感的冷漠；同时由于科学作用的彰显，人们在对自然的征服和利用的同时也破坏了人与自然的和谐关系，对社会的可持续发展和生态环境带来了隐忧。而通识教育则要求人们了解自然、尊重自然、回报自然，要时刻意识到"人与自然是命运共同体"，尊重自然、保护自然，就是保护自己的生活家园。这是情怀，也是客观事实。

自然科学的客观性、规律性可以培养学生的有效思维能力，可以让人学会冷静理性的分析问题，并且学会以合理的方式解决问题。这些方面的自然科学知识包括像物理学、化学、生物学、天体物理学，等等。当然，还有一些则更为基础的知识，比如，数学，其突出的逻辑性、严密性同样为人的全面发展奠定扎实的基础，特别是为人解决问题提供切实科学客观的方法。

（2）以社会科学知识为载体的通识教育

社会科学知识的学习可以使学生逐步掌握人类的一些共同法则：认识世界的法则（认识规律）、处理事务的法则（行动规律）、处理人际关系的法则（伦理道德），等等。随着对人类共同法则的认识逐步深化，使通识教育的轮廓日渐清晰。社会科学知识一般涵盖经济学、政治学、法律学、社会学、心理学等。

人的身心的全面发展既要以社会的全面发展和高度完善作为条件，又要以进一步推动和促进社会的全面发展为目的。与专业教育相比较，通识教育的目的不在于专业知识与技能的陶冶和训练，而首先关注其作为社会的一分子参与社会生活的需要。这些方面的通识首先包含了一定的社会意识，如参与社会、服务社会的意识，一定的自身素养，比如，法律、民主素养，还包含一定的能力，如沟通的能力、辨别是非的能力。

第一，作为一个社会人应该具有正确的价值取向。正确的社会价值取向要具备社会正义、公民意识、社会责任感、合作、正直、尊重他人的人格尊严和劳动尊严等价值观念；国家价值取向要具备爱国主义、民族意识、公民责任、人类友爱、民族依存和国际理解的价值观念等；第二，基本的法律、民主素养。法律素养是人们的法律观点和法律情感的总和，其内容包括对法的本质、作用的看法，对现行法律的要求和态度，对法律的评价和解释，对自己权利和义务的认识，对某种行为是否合法的评价，关于法律现象的知识以及法制观念等。只有具备了基本的法律素养，学生才会了解法律、遵守法律；通识所包含的内容还应包含学生与一个国家特定的政治制度和广泛的生活制度相一致的意识。第三，作为一个合格的公民必须意识到自己与社会的关系，意识到自己在社会公共生活中所享有的权利和应尽的义务，所承担的责任，必须意识到社会公共利益的存在以及社会公共利益的不可侵犯性，必须要能够识别各中旨在破坏社会公共利益的行为，必须认识、理解、建构和保卫社会公共生活领域的知识，以便能够为自己的权利、义务和责任辩护，能够和他人一起形成一种为大家所共同具有的群体意识；第四，沟通的能力。一个人生活在社会中需要具备沟通的能力，这种沟通的能力一方面是指人能正确对待差异，沟通差异，这种沟通差异的能力也是通识所包含的内容。另一方面就是与人沟通的能力。人是组成社会的一分子，因此人与社会之间和谐关系的建立还需要处理人与人的关系。在社会生活中，每个人总要同他人发生这样或那样的关系。人与人之间只有相互关心，相互支持，求同存异，才能形成团结和谐的良好局面。要尊重人、对人宽容、主动关心人；第五，辨别是非的能力，如果人没有能力分辨是非曲直、善恶美丑，在受到不良倾向的引诱时，就会走上犯罪的道路。所谓明辨是非的能力，是指以自己掌握的知识，对自己或他人的行为判断评价的能力。所以辨别是非的过程也就是在进行判断的过程。世界是多元的，真理是多维的，价值是多元的，可人类的认识是有限的，这就注定了每个人都会犯错，我们这个社会中也充斥着是与非的对立，尤其是处于社会转型期的我国，价值观多元化，这就要求通识教育针对学生的辨别是非能力进行教育。

具备以上社会科学的基本通识，个人的社会关系才能得到普遍性和全面性的发展，真正实现人与社会关系的和谐发展。

（3）以人文学科为载体的通识教育

人文科学研究的是人与人的价值及精神表现之间的关系。人文知识以一定的社会和历史时期的价值规范为基础，但是它从认识者个人背景出发力图超越这种文化价值的限制，达到对一种独特的内心世界的体验和表达。人文知识在于促使和帮助个体反思自己的历史生活，反思自己在历史生活所信奉和实践的价值观念的合理性，并由此形成新的生活态度，确定生活的方向。

人文精神是人类在对自身的认识和自身的发展中逐渐形成的一种对于人的关注和理解，主要表现为对人类生存意义和价值的终极关怀，以人的自由和全面发展为终极目标。

首先作为一个个体的人，他应该追求自身生活的意义，寻找自身的价值。人在充分彰显人之为人的种种可能性的基础上，在至善至美之理想的引领下，不断的追求精神上的愉悦、富足和生命意义的充盈，在生活中把"理想人格的塑造与对生活的意义和价值的寻求结合起来，是人类真正摆脱必然的压力，并以体现和珍视一种独立的精神为己任；把崇高信念与审美精神结合起来，在超越主客体这种现实关系中寻找艺术人生、诗意人生和审美化人生"❶。

人不断的追求人生的意义、不断的创造生活意义。"寻求意义、创造意义构成了人类生活一个必不可少的基点，人类生活的方面都莫不与此相关。"❷

人文知识帮助受教育者成为一个真正的人，而不仅仅是一个"公民"。人文知识应该围绕着人生意义问题的"反思"或"内省"展开，或者围绕日常生活实践中价值规范的合理性问题而展开。

另外，作为一个社会中的人，人还应该了解自身的发展，了解自身在整个历史长河中所处的位置，这就要求人们具有社会历史文化方面的知识，而这种历史文化不能只限于自己国家、自己民族的历史，人作为世界中的人，所需要了解的是整个人类发展的进程。

有了以上这些方面的知识、理念，人才是一个完整的人，人作为一个主体生活在这个世界上，首先要具备以上方面的知识，所谓的通识，首要的内容也便是以上这些方面。人文知识一般包括哲学、伦理学、美学、文学、宗教学、历史文化。

这就是通识教育，通识教育会涉及人类知识的各个领域，但它不是任何领域的专门性课程，通识教育关注的是专业教育对人的思维、判断能力，发现和解决问题的能力以及审慎的进行价值判断的能力的培养，而不大在意专业的知识和技能本身。通识教育重视人文教育，同样不是对人文学科中某一门类或某一学科的知识的学习，而是通过各种人文学科的学习，领悟和体会人类心灵的丰富与伟大，人性的充盈美好或者是自私与邪恶，理解人生的多样与不确定，进而达成人

---

❶ 王坤庆. 精神教育内涵初探 [J]. 教育研究与实验, 2000 (6): 15.

❷ 秦光涛. 意义世界 [M]. 长春: 吉林教育出版社, 2001: 8.

与自然，人与自己的和解，实现人自身的和谐以及人与人的和谐。依凭于社会科学的通识教育则在人类社会的复杂性中努力寻找共性，理解规则，把人的复杂与社会的和谐结合起来，能在行动中沟通人们之间的差异，既保持世界的多样和美好，也保障个体的自由、独立与丰富。通识教育培养的不仅仅是"好人"，通识教育的成功，给我们的必定是一个美好的世界。因此，通识教育课程要遵循着这样的教育理念和教育目标而设定。

二、通识教育课程设置的基本原则

通识教育的理想和目标并不能代替可操作的教育计划和教育安排。没有切实可行的技术安排，通识教育只能是纸上谈兵。因此，大学通识教育必然会涉及通识教育课程计划。具有通识的、完整的人的培养必须要通过不同的学科知识交叉才能完成。这种培养不是专门的各种学科的知识的学习，更多的、更为关键的是学习不同的学科对世界的认知模式和解决问题的思维方式和方法。这就必然有一个课程教学的问题。对此，很多学者都进行了研究。王义遒以"六大模块"尝试对通识课程进行规划❶，而赵立波则在其博士学位论文中较为详细地介绍了复旦大学的通识教育课程设计实践。❷ 也有学者提出"通识教育课程的开展要在知识、学生兴趣与就业之间取得平衡"❸。这些研究和实践表明，通识教育课程设置并无统一模式，到底要开设哪些课程，我们无法在此一一讨论，但是有一些基本的原则是任何通识教育课程开设时需要认真遵守的。

1. 通识教育课程要体现知识的整合性

正如最初提出通识教育的帕卡德（A. S. Packard）教授指出的那样要"给青年一种 general education，一种古典的、文学的和科学的，一种尽可能综合的（comprehensive）教育"❹。无论设置的是哪一个学科的课程，通识教育课程都不应该是某一类知识的介绍，而应具有一定程度的整合，如果不能做到多学科的交叉整合，至少必须做到对本门学科的一个整合，开设类似于导论性的课程。在这样的课程中，主要传授的不是专业的知识，而是一些综合的观点，"传授科学的方法或者科学概念的发展史，以及科学的世界观"❺。

---

❶ 王义遒. 文化素质教育与通识教育关系的再认识 [J]. 北大教育评论，2009（3）：99-111.

❷ 赵立波. 人文发展与通识教育问题初探 [D]. 上海：复旦大学，2009：73-80.

❸ 胡莉芳，王亚敏. 理念和行为的矛盾与思考：基于某研究型大学师生通识教育观念调查的研究 [J]. 现代大学教育，2010（1）：8-11.

❹ A S. Packard The Substance of Two Reports of the Faculty of Amherst College to the Board of Trustees，with the Doings of the Board thereon [J]. In：North American Review，1829，vol. 28：300.

❺ 哈佛委员会. 哈佛通识教育红皮书 [M]. 李曼丽，译. 北京：北京大学出版社，2011：173.

这是相对于专业教育的狭隘性而言的。首先，通识教育的内容是综合的。通识教育内容宽度广泛，文理兼备，涉及人文科学、社会科学、自然科学及思维科学等多种学科领域的基本知识与技能，涵盖人类知识宝库中各主要领域的精华；它要保证内容的广度，以便于受教育者能综合运用知识并使身心得到全面发展。其次，通识教育的目标是综合的，通识教育的倡导者都主张培养学生多方面的素质，引发学生的动机，并培养学生有能力去继续他们的学习过程，以达到终生学习的目的。任何一门通识教育课程，都应该从课程的教授内容到学习内容，具有知识和理论的丰富性，同时，课程的学习又要能够把学生在多样的知识中整合出基本的问题和基本的方法，形成相对稳定的基本的思维和价值，做到真正的综合，才能实现通识教育的目标。

2. 通识教育课程要体现思维的开放性

通识教育最大的特征和优势就是打破了专业教育的专业局限和学科壁垒，因此，通识教育课程就一定要体现这种思维的开放和包容，这样的课程不是一门各个学科知识的大杂烩，而应该是以某种一致的精神或理念贯穿的，体现在认识世界过程中的基本思维方式。教授或实验的目的，是为了让学生通过不同的学科或方法理解科学以及人类社会得以进步的各种方法或观念，可以"存异"，但能够理解和沟通差异。

3. 通识教育课程要体现文化的传承性

通识教育培养的不是规避在自我的世界里的孤立的个体人，而是能和谐自处并与人共处的社会人，处在我们这样一个社会中的人，要对我们自身的文化有深刻的理解和领悟，教育要通过对中国文化的基本精神和核心理念的解读，或者通过对经典书目的阅读等帮助学生认识并尊重自己的文化，理解文化在传统与现代之间的发展理路。在中国文化的经典著作中，我们的前贤们以中国特有的认知方式和智慧提出了一系列即使在今天依然是最普遍的、最重要的、最急需要思考和解决的问题，我们的通识教育课程应该为学生们开启这扇门，这无论是对于那些仅仅为了有所了解而来的初学者，还是对于那些要进行深入思考的探究者都是有益的。

4. 通识教育课程要体现时代性

正如哲学大师牟宗三所说："通识教育不是叫一个人懂得的许多，自然科学懂一点，人文科学也懂一点，美术音乐都懂一点，这样的话顶多不过是百科全书，百科全书你自己可以到图书馆去翻……通识教育最基本的目的或者精神是应该让一个人或学习者了解自己及时代。"❶ 因此，通识教育课程的内容是与当下时代发展紧密相关的，但并不是关于当下的各种具体事件或局势的介绍讲座。它应该是能够以多学科知识和方法为基础，有助于帮助学生理解当今时代的主要问题，并有助于培养学生的社会责任和情怀的课程。

5. 通识教育课程要具有价值性

通识教育作为一种大学理念，其精神内核即为陶冶高尚的心灵与培养完善的理性。通识教育所要解决的问题是一个科学家、工程师或医生除了能够成为一个杰出的专家之外，更重要的是他应首先是一个懂得如何做人的人。其宗旨是使学生在广泛的领域中知晓必要的知识，培养有教养的人。通识教育内容具有提高人的文化素养，丰富人的精神生活，健全人的思想，陶冶人的情操，塑造人的品格的作用，它帮助人全面发展，使人成为一个和谐的人、完整的人。所以，通识教育强调的是宽泛领域内的知识、能力和人格的形成。

总之，通识教育是要平衡专业教育带来的人的畸形发展，但是，在通识教育的理想和技术方法之间依然存在着非常大的张力，更何况真正落到现实中，通识教育还必须要面对学生的差异性和社会生活的多样性，如何在各种矛盾和两难的境地中真正实现通识教育，需要所有关心通识教育的人贡献智慧，至少，我们对此应保持始终开放的胸襟。

三、通识教育课程改革的方案设想

从我国当前各个高校的通识教育课程改革情况看，除极少数大学之外，绝大多数大学的通识教育课程存在着课程分类不清、专业特征突出、课程内容范围狭窄、有些领域甚至没有涉及、课程管理松散混乱等问题。经过十多年的发展，虽然情况有所改变，但是问题依然没有根本性的变化。通识教育课程改革和建设在不同的学校都会因校制宜，出台适合自己学校特征的通识教育课程体系。不过，从通识教育的根本理念出发，无论各个大学的通识教育课程体系有这样的自身特点和优势，作为通识教育课程依然有一些"通识教育课程"的共性要求，体现在课程体系上也有共同性。因此，无论是现在通识教育改革比较领先的几所大学提出的"五大模块""六大模块"还是"八大模块"，还是通选课与通识教育核心课两大类，都应该做到一个基本点，即在通识教育课程设置中，保证课程内容要涵盖人类知识的基本领域，这样才能真正保障通识教育课程能从不同的视角培养大学生的思维能力、辨别能力、判断能力等。基于此，设计构建一个相对而言

---

❶ 牟宗三. 人文教养和现代教育 [N]. 中国时报，1986 – 07 – 15（4）.

具有普遍性的通识教育课程改革方案，为大学的通识教育课程改革提供借鉴。

通识教育课程如果简单地按照人类知识的三大领域划分，会遮蔽掉很多实际存在的问题，比如，有些领域明显缺失课程的问题，很多理工科院校，文史哲学科资源非常有限，甚至缺失，如果划分大类，人文学科的课程很可能就会因为各大学开设的英语翻译、音乐欣赏等课程代替，这些课程也确实归属于人文学科领域，但是人文学科好包含着文学、哲学、历史等更为广泛的内容，如果划分大类，这类课程缺失的问题就会被遮蔽，使得通识教育课程的整体质量大打折扣。那么相对而言，按照模块的方式进行划分就更为合理。但是，如果各高校仅仅是根据自己的所有和所长把学校的通识教育课程划分为几大模块，那么类似于上述的问题同样会发生，因此，通识教育课程建设必须要力争避免这样的问题发生，在课程设置中关注课程的涵盖范围，突出通识教育对学生思维和方法的培养，基于此，建议通识教育课程按照以下的方式设置，即大类划分、模块设置。按照人类知识的三大领域划分为人文学科类、自然科学类和社会科学类，在三个大类中在进行模块设置，加上数学方法类构成一个完整的通识教育课程体系。

第一类：人文学科类

A. 历史、文学与哲学模块

B. 戏剧、音乐与视觉艺术模块

C. 文明与文化研究模块

第二类：自然科学类

A. 物理、地球与宇宙模块

B. 生物、化学与生命科学

C. 信息与新技术模块

第三类：社会科学类

A. 经济、政治与管理模块

B. 社会问题与人类发展模块

第四类：数学及方法类

A. 数理统计与方法

B. 数学模型及推理

1. 人文类通识教育课程

人文学科的目的是促使人们理解人类与其自身的关系，即理解人类的内在期望与理想。与数学和自然科学不同的是，人文学科探索并展示价值观的领域。文学呈现给人的是各种生活方式，是生活的不同的面，或悲剧，或英雄，或可笑、或悲悯，总之是多面的维度和观点，学生的想象力会被激发，并唤起其行动、激情或思想的理想，人文学科在培养学生的创造力、想象力方面有着其他学科无法替代的作用。

人文学科同样可以提升学生的理解能力和沟通能力。人与人之间的理解和沟通说到底是基于对多种多样的生活的认知和理解，是对于世界的多样性的理解和认同。但是个体的生命的有限性决定了人不可能体验或实践生活的方方面面，也不可能穷尽世界的所有知识，而人文学科为我们提供了各种无限的可能，使得人在获取知识的过程中，不仅加深了对人自身的理解，也丰富了对人、对世界的理解，正是在这种理解中，人才有了互相交流和沟通的可能。同时，通过交流、碰撞产生无限的新的可能。

人文学科涉及的领域非常广泛，到底要开设那些课程，历来都有不同的看法。无论开设的是什么样的课程，其目标都是帮助学生形成分析、欣赏、品味经典文本的能力，同时又能够历史性地研读文本。如文学，一般而言，文学应该是中学的核心人文课程，但是，在中国应试教育体制下，这方面的教育是否成功，值得商榷。另外，文学其实也是一个人一生都需要不断学习的，但是，像我们目前这样的开设的类似于文学专业的专业课的模式又是需要改变的。

我们在通识教育课程中不是对文学的某个领域，或者某个主题，或者某个人物进行深入的研究，也不是为了获得文学领域的基本常识，这些都不是通识教育的人文学科的目的，尽管我们在学习中会达到这样的目标。作为通识教育课程的文学艺术类课程，它更为核心的目标应该是为学生提供那些最为伟大的、经典的作品，通过对这样的文本的学习，一代一代的年轻人可以直面一些最为根本的问题，同时，接触那些伟大的、经过历史的积淀和凝练的思想，它不仅可以给学生们以知识，更可以培育年轻人的某些才能和态度。这正是教育的目的。"教育不是用各种事实塞满人的头脑的过程。教育不仅仅是传授知识，而且也包括在年轻人的头脑中培育某些才能和态度。教育既追求知识的本质也追求人在社会中的美好品性。"❶

人文学科的课程设置应该以伟大的文本阅读为课程内容选择的核心原则，基于此，建议开设如下课程：

A. 文学、历史与哲学模块。本部分强调对伟大经典原著的阅读，着重的是通过与历史上伟大人物的直接对话，培养学生发现与提出根本问题的原创性能力以及直接面对人类社会根本问题的思考习惯。学生应该掌握深度解释各种历史、哲学与文学原著的能力，并且能够通过这种解释辨识出这些文本所提出的那些根本性的问题，最后能够有说服力地和到位地将自己的理解表达出来。在此基础上，更进一步地训练学生理解和阐释戏剧、音乐和视觉艺术的能力，并且将对这

---

❶ 哈佛委员会. 哈佛通识教育红皮书［M］. 李曼丽，译. 北京：北京大学出版社，2011：50.

些艺术与经典文本的理解与阐释和特定的文化传统联系起来。建议开设如下课程：

①《中国文学经典阅读》

②《哲学性地阅读人文经典》

③《先秦思想与文学》

④《人文经典导论》

⑤《媒体美学：影像、声音与文本》

⑥《世界文学经典阅读》

⑦《中国哲学经典阅读》

B. 戏剧、音乐与视觉艺术模块。着重对学生欣赏和领悟艺术作品能力的培养。可以开设系列关于艺术的欣赏或赏析课。这类课程要关注的不仅仅是如何从技术和技巧的角度欣赏艺术，而是应关注不同的艺术形式对于人性的理解、对于世界的感知和领悟方式，不同的作品的理念。建议开设课程：

①《艺术概论》

②《表演艺术》

③《音乐欣赏》

④《戏剧的历史与理论》

⑤《舞蹈与音乐》

⑥《绘画艺术比较》

C. 文明与文化研究模块。该模块着重学生对于中国文化和文明的发展以及中华文化在世界文化中的地位和作用、与其他文化的比较，着重学生对世界范围内主要文明的发生、历史与成就的理解和把握，着重学生对于不同的文化的思维和特征的理解和把握，理解世界的多样和复杂。建议开设课程：

①《中国古代文明》

②《世界文明中的中国》

③《中国的建筑文化》

④《中国文化的演进》

⑤《古希腊文明》

⑥《古罗马文明》

⑦《佛教与印度文明》

⑧《中世纪文明》，等等

2. 自然科学类通识教育课程

自然科学旨在对自然环境有所理解，这样我们可以与之保持适当的关系。与人文学科关心评价、判断和批评不同，自然科学重在于描述、分析和解释，自然科学只描述自然现象和自然事实，不对它们进行价值判断。自然科学通过对客观事实的分析，解释现象，它主要运用的是数学推理和逻辑分析的方法。在自然科学中，学生被严格要求去思考它的理解过程和内容，并被要求用严谨的科学语言来清晰地表达对问题的理解或解释。这对于培养学生严谨的推理能力，客观地分析问题的能力是无与伦比的。

自然科学是客观的、理性的、严谨的、似乎就与价值观无涉，其实不然。自然科学的每一次进步，都蕴含着人类的进步，也是人类客观理性认识世界的结果，在这个过程中，人必然要秉承诚实、尊重等品质，这些都与价值紧密相关，一个学术诚信就与道德、价值密不可分了。所以自然科学同样会培养学生的价值判断能力。

著名物理学家费曼说：科学是一种方法，它教导人们：一些事物是怎样被了解的，什么事情是已知的，了解到了什么程度，如何对待疑问和不确定性，证据服从什么法则；如何思考事物，做出判断，如何区别真伪和表面现象？作为自然科学的龙头学科——物理科学在其发展中建立起了一整套严谨的、逻辑的认知方法，掌握这样的科学研究和思维方法，有利于培养人的思维能力和判断能力。正如爱因斯坦说：发展独立思考和独立判断的一般能力，应当始终放在首位，而不应当把专业知识放在首位。因为，一个人如果具备了独立思考和判断的能力，他学习任何知识或理论，或者进入任何新的领域，都必定会找到自己的道路，而且能更好地适应进步和变化。将自己的所学与自己的发展结合起来。

自然科学类别的课程的目的是激发学生对自然物理世界探索的兴趣，尤其着重于自然科学探索的激发过程。通过这一类别课程的学习，学生也可以了解自然科学的观察、推理的威力与局限性。学习和理解自然科学认识世界和解决问题的视角和方法，培养学生发现问题、分析和解决问题的能力，特别是在发现问题和解决问题的方法方面给予培养。

具体到这一领域到底要开设那些课程，随着自然科学的迅猛发展，知识、学科门类也日趋复杂，但总体来看，自然科学研究的自然世界不外乎两个方面：一是宏观的世界；二是微观的世界。那么我们至少应该开设出这样的两个领域的课程。加上自然科学发展的必须手段和结果的数学，自然科学领域应开设如下类别：

A. 物理、地球与宇宙模块。旨在探讨我们所生活在其中的世界，各种现象是如何发生的，是怎样影响到人类的生活的，它们相互是怎样联系起来并发生作用的，等等，总之，通过模块的学习，我们可以尽力理解我们所生活的真实世界，并学习运用其基本的研究方法，更科学地看待这个世界。建议开设的课程：

① 《物理学原理》

② 《太阳系的起源、演化和地球》

③《地球的环境与历史》

④《地球科学概论》

⑤《日常生活中的物理》

⑥《宇宙世界》

⑦《地球上的生命的发展》

⑧《全球变暖》

B. 生物、化学与生命模块。本模块旨在了解生命的本质和特征。生物体是由一定的物质成分按严格的规律和方式组织而成的。生命存在的基本方式在于其与它周围的外部世界不断地新陈代谢，这种过程变化万千又遵循着严格的规律，通过学习，我们可以更好地领悟生命的奥秘和本质。建议开设课程：

①《生物学原理》

②《生命科学概论》

③《化学与生物》

④《地球上的生物与生命演化》

⑤《人在自然界中的位置》

⑥《身体的智慧》

⑦《物种起源》

⑧《遗传、变异与进化》

C. 信息科学与新兴技术。本模块的学习旨在培养学生对新兴事物的敏感，领会学科交叉产生的不同于原有学科的知识和成果，特别是其整体性、系统性的思维方法，学习从理论知识到实践技术的科学方法，并理解各种新兴技术对人类的价值。建议开设的课程：

①《信息技术与智能科学》

②《计算机与互联网技术》

③《通信与信息处理》

④《"互联网+"与世界变化》

⑤《多媒体技术与信息处理》

⑥《智能技术与人类生活》

⑦《计算机科学概论》

⑧《计算机语言与思维》

3. 社会科学类通识教育课程

社会科学研究社会现象和社会事实，它综合了自然科学和人文学科的方法，既运用解释，也运用评价。社会科学对社会、历史重大事实、事件等的选择本身就体现出价值的评价和判断，同时，研究又多采用自然科学的方法，这样就不仅可以为我们提供相对客观的分析，而且也为我们认识历史和社会，提供了价值的视角。本部分内容可以培养学生对现实问题的敏感力，也有助于学生社会责任感和历史责任感的培养。直面现实问题，又结合本领域的重要文献经典，可以培养学生理解社会科学的基本概念、理论和原理，揭示社会科学是如何制定基本问题的以及怎样通过假设的社会事实和系统分析来质询生活的本质。社会科学可以提高学生对世界面临的核心问题的理解，培养他们独立的判断和思考能力以及解决问题的能力。具体课程如下：

①《中国的思想与制度》

②《中国政治》

③《当今世界中的中国》

④《经济学》

⑤《西方思想与制度》

⑥《权力、身份与认同》

⑦《社会与政治思想经典》

⑧《个人、文化与社会》

⑨《社会问题研究》

4. 数学及方法类通识教育课程

数学在人类发展和生活中发挥着不可替代的作用，是学习和研究现代科技必不可少的基本工具。数学起源于人类早期的生产活动，数学语言具有非常突出的严谨性，它比我们日常的生活用语要更精确，数学还具有突出的逻辑性，数学推理是按照严谨的逻辑一步一步推演的，其精确性就在这种推演之中，这也使得其在科学研究领域中具有不可替代的作用。数学的推理和演绎使得我们在一定的条件下，对事物的认识更精确、更明白，也使得我们更确切地知道要如何做才是正确的。这一类别的课程应该着重训练学生形成严谨的逻辑思维和推理能力，掌握数学分析的方法。建议开设课程：

①《数理分析或数理统计》

②《数学的思维与逻辑》

③《概率论与数理统计》

④《应用数学》

⑤《运筹学与控制论》

其实具体到各个类别和领域，具体到底要开设哪些课程，很难有统一的认识，但是我们至少可以确定通识教育课程不能遗漏掉这些基本的领域。同样，我们还需要清楚，通识教育课程的开设在不同的领域会有不同的方式，但都必须高度重视课程的融会贯通的特征，避免专业化的倾向。

第七章　中国大学通识教育改革的着力点

一、通识教育理念的宣传

通识教育看似简单明了，经过十多年的改革，无人不知，无人不晓。事实上并非如此。很多人对通识教育的理解都是似是而非或一知半解的，这也造成了一旦进入实践环节，通识教育就被丢之脑后，因此，加大对通识教育思想理念的宣传是进行通识教育改革的基本前提，这项任务远远没有完成，甚至可以说从未启动。通识教育如果没有全员的参与，就不可能真正落实到实践中，成为指导教师教育教学的核心理念，成为指导学生学习的航标。那么在教学实践中就必然会出现教师走形式，学生抵制、敷衍等问题。

首先，组织全校性的关于通识教育的大讨论。真理总是越辩越明。通识教育改革不是几个人的事，不是领导的事，不是教务处的事，它是所有人的事情，只有大家都对通识教育有清醒深刻的认识，才会在教育实践中去践行，推行通识教育改革才不会有那么大的阻力，也不会成为形式。通过组织全校的教学讨论，所有师生会对通识教育的基本理念、课程的教学模式、上课的方式方法、教学的环节控制、学生的参与、管理等问题都有更深入的理解，也会对通识教育课程改革中的困难和问题有所预知，能够在实践中尝试创造性地解决这些问题，因此，组织全员的通识教育大讨论是最好的、最直接的宣传途径。

其次，建设通识教育的网络平台。在当前网络信息如此发达的背景下，通过微信公众平台推介通识教育的基本思想理念，推介一些高品质的通识教育课程或展开有关通识教育的讨论，都会促进通识教育理念的普及和推广，逐渐形成有益于开展通识教育的氛围。目前由大学通识教育联盟共同打造的通识教育平台"通识联播"就是一个非常好的宣传通识教育的网络平台，其宗旨就在于普及通识教育的理念，交流通识教育的经验，提升通识教育的水准，培育通识教育的文化。大学通识教育联盟成立于2015年，最初由北京大学、清华大学、复旦大学和中山大学四校共同发起，随后就创建了"通识联播"的微信平台。2016年在第二届大学通识教育联盟年会上，浙江大学、南京大学、武汉大学、厦门大学、重庆大学、香港中文大学等六校加盟，后增加至 40 余所。在这个平台上，有关于通识经典、通识讲座、通识教育讲习班、通识课程等，内容非常丰富，而且课程、讲座、沙龙的质量都很高。在普及推广和提升通识教育方面开启了先河。但是对于中国整个高等教育而言，仅有一个"通识联播"是远远不够的，很多人不知道，特别是与自己学校的整体教育关系不大时，就算老师或学生自己关注了，也仅仅是个人的爱好，很难推行到教育教学的实践中，因此，高校要主动建设自己的通识教育微信平台，亦可以在目前的教务平台上，增加一个关于通识教育的板块，这样通识教育就有了一个交流沟通的渠道。

最后，组织开展各个学科交叉的教学与学术研讨活动。通识教育的核心是各种知识的交叉与融会贯通，这就需要大学里不同的专业、不同的学科、不同的院系、不同学术背景的老师互相交流和沟通，彼此理解对方、理解自己的专业和学科之外的东西，在交流与碰撞中激发新的思想、碰撞出智慧的火花，启迪人的智慧，拓展人的思维，丰富人的心灵。事实上，目前高校在这方面做得并不理想，学术活动更多的是自己学术圈子里的事情，各个专业做自己的，相互之间没有交流或很少交流，越深入研究越专，如果说到了当年中世纪经院哲学研究针尖上到底能论多少个天使那样的极端状况，倒也不至于，但是相互之间的隔膜确实是存在的，因此，从学术活动开始，打破阻隔，让老师的知识、学术研究、方法乃至思想先"通"起来，就是非常必要的。

二、通识教育教师的培养

教师是一切教育的根本和关键。没有优秀的教师，教育的目标就不能实现。当前通识教育改革中最大的掣肘就是教师问题，或者是通识教育教师短缺，或者是教师难以胜任通识教育的要求，无论是哪方面的问题，培育教师都是真正落实通识教育的关键和根本。

1. 通识教师的必备特质

第一，通识教育教师必须有坚定的理想信念。通识教育培育的完善的人，培育的是合格的公民，这就要求通识教育本人必须是一个品格完善的人，是一个有着正确理想信念的人。理想信念是人精神世界的核心，是精神之钙，是人们在实践过程中形成的、未来可能实现的目标以及为之奋斗的精神动力，它是个人世界观、人生观、价值观的集中反映。习近平同志指出："正确的理想信念是教书育人、播种未来的指路明灯。"理想信念具有方向性和指引性。有了正确的理想信念，教师的教育行为才不会偏离航道，才能够朝着培育社会主义事业建设者和接班人的美好目标前进。

高校教师树立坚定的理想信念首先应确定正确的政治方向。"为谁培养人、培养什么样的人、怎样培养人"是教师应着重认清的问题。"教师思想政治状况具有很强的示范性。好老师心中要有国家和民族，要明确意识到肩负的国家使命和社会责任"。❶ 高校教师作为身处一线的知识传授者、信仰引导者和思想解惑者，能不能坚持不懈地用中国特色社会主义理论体系武装自身头脑，能不能坚持不懈地用马克思主义的立场观点方法给学生讲清讲透中国特色社会主义伟大实践、揭露批判各种错误思潮观念的本质用意，能不能坚持不懈地巩固共同理想、壮大主流舆论、灌输核心价值，荡涤精神污浊，为中国特色社会主义事业培养合格建设者和可靠接班人，具有重要而深远的意义。

高校教师只有切实将中国特色社会主义理论内化于心，才能外化于教，才能以强烈的使命和担当，主动服务学校意识形态建设，才能建设学校意识形态工作的坚强阵地。"我们的教育是为人民服务、为中国特色社会主义服务、为改革开放和社会主义现代化建设服务的，党和人民需要培养的是社会主义事业建设者和接班人。好老师的理想信念应该以这一要求为基准。"❷ 通识教育教师要始终牢记作为人民教师的伟大理想，严于律己，行为世范，做学生的行动楷模。

教师的教育理想就体现在教师的风范中。通识教育的教师必须要言行一致，"评价教师队伍素质的第一标准应该是师德师风。在学生眼里，老师'吐辞为经、举足为法'，一言一行都给学生以极大影响"❸ 学生完善人格、完善德性的养成，教师是重要的影响者。卢梭曾对教师提出了相当高的要求，认为"一个人在敢于担当培养别人的任务之前，自己就得首先成为人，成为一个道德卓越的人"❹。教师言行一致是教育理想的行动表现，也是学生学习的最重要的道德榜样。因此，卢梭明确提出："教师，不要虚伪，而要善良，要把你们的榜样刻在孩子的记忆中，让它们能深入孩子的心灵。"❺

高校教师要严于律己。实现理想没有坦途，也不是敲锣打鼓、切切实实就可以达到的，理想的实现需要人攻坚克难，需要人经历磨砺，培育全面的人的理想目标更为艰巨，所谓"十年树木百年树人"，教师在育人的实践中要经得住诱惑，耐得住寂寞，扛得住压力，管得住欲望。在急功近利的社会风气影响下，一些老师已经越来越没有耐心去一步一个脚印地做研究，更没有耐心去一点一滴地搞教学，急功近利的评价，也促使很多教师在求真的科研道路上拼命"大跃

---

❶ 习近平. 在北京大学师生座谈会上的讲话［N］. 人民日报，2018－05－03（02）.

❷ 习近平. 做党和人民的好教师——同北京师范大学师生代表座谈时的讲话［N］. 人民日报，2014－09－10（02）.

❸ 习近平. 在北京大学师生座谈会上的讲话［N］. 人民日报，2018－05－03（02）.

❹ 林崇德. 师德通览［M］. 济南：山东教育出版社，1999：578.

❺ 卢梭. 爱弥尔（上卷）［M］. 李平沤，译. 北京：商务印书馆，1983：113.

进"，而在教学上则尽可能地应付。长此以往，培育社会主义合格的建设者和接班人的理想就只能是一句空话，培育高层次创新人才只能是一句口号。通识教育的教师必须要严于律己，避免这样的问题，一要做到谨小慎微，对人的自私和欲望保持高度的警惕，"勿以恶小而为之"；二要自省自律，教师必须有"吾日三省吾身"精神，经常反思自己内心的想法，控制自身欲望，让自己始终处于一种内在的和谐状态。于学术研究而言要孜孜以求但不急功近利，于教育要满怀激情和爱心。在自己选定的育人道路上坚定地前行。

第二，通识教育的教师必须具有求真的品质。大学是研究高深学问的地方。无论是从事专业教育还是通识教育，教师都必须有求真的品质，潜心学问，追求真理。这样的教师才能引导和培育学生献身真理的品质。正如现代大学之父洪堡指出的，"大学的真正成就应该在于它使学生有可能、或者说它迫使学生至少在他一生当中有一段时间完全献身于不含任何目的的科学，从而也就是献身于他个人道德和精神上的完善"。所以，一名教师要胜任通识教育课程，他（她）就必须是一个热心真理的人，是一个潜心学问探究的人。雅斯贝尔斯曾说："最好的研究者才是最优良的教师。只有这样的研究者才能带领人们接触真正的求知过程，乃至于科学的精神……只有自己从事研究的人才有东西教别人，而一般教书匠只能传授僵硬的东西。"❶ 陶行知先生就曾明确地指出：教师的职务就是"千教万教，教人求真"；学生的职务则是"千学万学，学做真人"❷，这里的真显而易见是指对真理的追求，对真善美的追求。这些论述已经明确了通识教育的教师必须是以"求真"的品质和本领为其担当育人资格的基础和前提。因此，通识教育的教师培养要着力于"求真"的本领。"学生往往可以原谅老师严厉刻板，但不能原谅老师学识浅薄。"❸ 高校教师作为知识的承载者和传授者，其对学问和真理的渴求程度、把握广度和研究深度很大程度上影响着青年学生对知识的热情、探求欲和理解度。

高校教师要博学多闻。"学习就必须求真学问，求真理、悟道理、明事理，不能满足于碎片化的信息、快餐化的知识"❹ 知识是教师基本素质的基础，丰厚的知识储备不仅是教师传道授业解惑的"器"，而且是教师智慧育人、真情感人的"根"。❺ 教师所从事的伟大的教育实践活动才能"器"利"根"深。所以

---

❶ 雅思贝尔斯. 什么是教育. ［M］. 邹进，译. 上海. 三联书店，1991：152.

❷ 陶行知. 陶行知全集（第 4 卷）［M］. 成都：四川教育出版社，2005：6.

❸ 习近平. 做党和人民的好教师——同北京师范大学师生代表座谈时的讲话 ［N］. 人民日报，2014 - 09 - 10（02）.

❹ 习近平. 在北京大学师生座谈会上的讲话 ［N］. 人民日报，2018 - 05 - 03（02）.

❺ 陈华东，李穸. 修炼"四大特质"，加强自身修养——高校教师应做践行社会主义核心价值观的引领者 ［J］. 大理学院学报，2016（7）：57 - 60.

就要求教师尽可能多地占有认识对象即知识，从而汲取出真正有益于受教者的"真理"。苏霍姆林斯基在《给教师的建议》中说："教师所知道的东西，就应当比他在课堂上要讲的东西多十倍，以便能够应付自如地掌握教材，到了课堂上，能从大量的事实中选出最重要的来讲。"给学生一杯水，老师要有一桶水，甚至是一潭水，并且是一潭活水，才能保障教育实践中的融会贯通。

近代工具理性的发展导致了科学、人文与社会的分裂，大学教师逐渐陷入越来越窄的专业领域，从事着越来越专门化的职业工作，几乎忘却了科学知识的整体性。应试教育使得教师们在标准化的知识传授方面一路上高歌猛进，忘记了知识的交叉、整合与创新。这样的教师是无法担负通识教育使命的。因为他本人都不通，师之昏昏，如何能让学生昭昭呢？其实"有重要的独创性贡献的科学家，常常是兴趣广泛的人，或是研究过他们专修学科以外的科目的人"❶。教师面对的是鲜活的、年轻的生命，要想在孩子们心中播撒真理的种子，教师就必须是求真道路上的行者，教师就必须要汇集起智慧的河流，培植出精神的花园。通识教育不是要无所不知、无所不能，这是不现实的，也是根本不可能的。但教师必须尽其所能地让自己的知识面更宽广，更深的领悟和理解人类知识的广博浩渺，以开放的胸襟直面求真的探索，这既是通识教育教师的要求，也是其境界。教师在求真的道路上，孜孜不倦，"苟日新，日日新，又日新"，在不断学习新知，发现新知，创造新知中，接近真理，也领悟世界和生活的真，在求真中培养学生。

高校教师要静心钻研。若期望学生成为探究者，研究者，教师必须也是探究者，研究者。杜威曾指出教师"要有一种特别的嗜好去研究某种科学——如文学、哲学、经济学等——无论哪一种科学需要于一定时间、热力、毅力地去研究它，那么，学生也就仿照他的办法，受知识的影响"❷。高校教师作为高级知识分子，最重要的是时刻保持对知识的敬畏和对真理的追求，能够深刻地理解和领会从事学术研究工作的乐趣，把学术作为生命意义，以探究学问为己任。"吾爱吾师，吾更爱真理"，带着"坐穿板凳"求真之心投入到学术活动中，为学术而学术，不唯上，不唯书，不唯势，不迎合热点，不盲从权威，在自己的一方天地中使学术摆脱名利与权势的束缚。韦伯说："古往今来，有数不清的科学探索者都把追求科学真理的过程视作至高无上的幸福，确认这过程本身就是伟大的，即使失败，但生命的意义已经得到了充分体现。"❸

高校教师要求知不辍。时代发展之迅速，知识更新之快，人类社会发展变化

---

❶ 贝弗里奇. 科学研究的艺术 [M]. 陈捷，译. 北京：科学出版社，1994：5.

❷ 杜威. 教育者的工作 [A] //单中惠，王凤玉. 译. 杜威. 杜威在华教育讲演 [M]. 北京：教育科学出版社，2007：450.

❸ 韦伯. 学术生涯与政治生涯 [M]. 王蓉芬，译. 北京：国际文化出版公司，1988：200.

之迅猛，等等，都要求教师必须保持终身学习的姿态，保持对各种新鲜事物和新知识的兴趣，孜孜以求，不断进步，这是做好通识教育的必要条件。教育从来就不是一个人的独自表演，更不是一个人在自己的知识范围内的自我陶醉。在教育的领域中，有无数有待我们去探寻、拓展的疆域，自然也就有无数种发展自己的可能和空间。高校教师要想不断自我超越，进行高度的"自我修炼"就要终身学习。罗素认为，"知识是属于正确的信念"❶。但是，知识的"正确"、知识的"真"是相对于具体的知识环境和时代环境而言的，因此知识对人的对象化活动的意义是历史的、具体的。教师对教材中知识内容的掌握必然比学生要多、要深、要广，并且更为熟练和精通，但任何学科都是不断发展的，而教材上的内容却是固定的，且总有一定的滞后性，在人的感性存在的社会实践面前，它永远需要不断修正与完善自身。也就是说，知识在人的对象性活动过程中，总要经历一个逐步正确和完善的过程和趋势。因此，教师要能够不断超越书本知识，给予学生更多学科发展前沿的新知识、新信息，就必须不断关注学科发展的新动向，并投身于科学研究，用最新的科研成果来支撑教学，提高教学水平。

第三，通识教育教师必须有教育的智慧。教学是一门艺术，它是师生共振的过程。一个好老师必须学识渊博，但一个知识渊博的人不一定就是一个好老师。一个好老师是在学术研究的求真道路上有所成就的人，但是学术研究有成就也不代表是一个好老师，他可以是一个了不起的专家，但不一定能称之为"师"。教师的职业规定了这是一个涉及另一个群体——年轻一代人的师生共振过程。因此，好的教师还必须是一个能充分的调动起年轻人自我发展和完善的潜能的人，是一个能把自己所积累的知识有效地传递给学生，并能激发起学生更大的求知欲望，使学生获得自我发展和完善的方法的人，是一个能把品格的力量传递下去的人。这就需要教师必须有教学的智慧，通识教育的教师更要具备这样的智慧。

如果说教师的知识、技能等是绘制魅力图画的原料，理想是蓝图，那么如何把各种单一的颜料融合绘制出一幅美丽的图画，则需要绘画者的智慧和创造。如果说教师是那个画师，教学就是那个需要教师调动起所有的智慧，创造性地培育年青一代的过程。这样的智慧体现在几个方面。

通识教育教师须具备有效沟通的智慧。师生之间的沟通是由聆听、理解、正确表达、反馈四个步骤构成，教师要能够敏锐准确地捕捉到学生个体当前的思维状态，并且不断地促进四个步骤循环交替，相互促进，引导学生思考不断深入，达到问题澄清的目的。这段经历中传授知识变得不那么重要，重要的是学生由被动接受逐渐转化为"知识共创者"，重要的是将学习导入一种更深层的思考层

---

❶ 罗素. 人类的知识 [M]. 张金言，译. 北京：商务印书馆，1983：191.

面，师生之间是相互交流，相互学习的，在心与心的交流和思维的碰撞中整个教学活动充满无穷的可能性，会产生或真实或虚假或深刻或肤浅的思想，交流沟通可以扶正纠错，克服错误极端想法，分享正确价值观的活动，使学生成为能动的、积极的、富有创造性的人，以一种轻松且易于接受的方式使双方的观点达到一种新视界。

通识教育教师要有提出真问题的智慧。陶行知先生说得好："发明千千万，起点在一问，禽兽不如人，过在不会问。"一切研究思考始于发问，如果教师在实际教学中具有高标准的问题意识，会有助于学生开拓思维，提高思维品质。但就目前的课堂现实而论，部分教师并不具有良好的问题意识，提出的更多的是无疑而问、明知故问的假问题。"记问之学，不足以为人师"，要成为合格的教师，要学习"善喻之学"，把知识变成能力，变成智慧。因此，教师要善于提出真问题，首先问题要具有开放性和指向性，有讨论空间，是悬而未决但又可商量的，是发散不固定但又在规则之中的，是可激发想象又有的放矢的。

通识教育教师要具备深入反思的智慧。高校教师在课后重新审视教学过程中出现的状况进行教学反思是提高自身教育能力的起点。教师应站在学生立场上反问自己，是否引发了学生兴趣，是否理解了学生的回答，是否用准确恰当的表达解答了学生的困惑，是否关注到了学生的情绪变化，是否让学生认识到了自己的错误，是否与学生达到了思维的共振。由此批判性地看待教学技巧，真正认识教育常识中存在的合理性和可能的局限性，从而丰富教学技巧，建构合理的科学的教学理念，以提升教学质量。

通识教育教师要有运用各种教学手段的智慧。教学并不是一味地讲授才是唯一的整体，相反，教学是师生共同进步的一个过程，师生的互动是促进教学中的知识转换，实现学生学习过程总从信息获取到提炼内化并积淀为个人知识的一个过程。人的复杂就需要多种多样的方式方法来激发起学习的热情，引领其领悟世界和人世百态的境界，教师要了解人性的复杂，并能在恰当的时候提出恰当的问题，促进学生的思考和成长。

总之，通识教育教师在人才的培育中扮演着无可替代的角色，发挥着无可替代的作用。"己之才学为人所尊，乃可诲人以进修之要；己之行为为人所重，乃可诲人以操履之详。"通识教育教师必须承担起导人向善的最高责任，不论是在人类知识的传承还是德性伦理方面都担负重要使命。所以，高校教师要不断进行自我革新，争取达到人性的完美。

2. 通识教师的评价指标体系

培育通识教育的教师必须知道什么样的教师才能真正称之为通识教育的教师，他们须具备一系列必备的品质。但是仅有这样的认知是不够的，我们必须要把这样的核心品质转变为可以考核的变量，可以操作的步骤，这样培养通识教育教师才能真正地落实。这就需要建构起通识教育教师的评价体系。

管理学大师德鲁克提出的目标管理法（Management By Objectives，MBO）的思想，即主张把任务转化为目标的一种管理思想。通识教育的使命在于培养全面发展的人，通识教育教师的任务就是通过其教学中的知识传授、方法运用、思想启迪、品质养成等实现其对人的培养，如果仅仅停留于此，最终，通识教育就会变成一场文字游戏的盛宴，大家都在那里兜圈子，造出各种名词，但是落实不到教师们的实际行动中，因为那些宏达的概念表达的含义无法考核和评价。因此，必须把这些宏观的任务分解成更为具体的、不同梯度的目标，通过更为可操作性的目标评价，实现对通识教育教师的培养。通识教育教师的评价应从"师德与师能"方面进行。

师德：通识教育课程的教师不是在传授专业知识和技能，而是要培养学生成为有教养的人，成为一个合格的公民。这样的教育目标需要通识教育课程的教师在理想信念、道德素养、人格境界、行为世范等方面都做出榜样和表率。因此评估通识教育课程的教师是否称职，德行的考核和评价是第一位的。并且要在教学实践中有可操作性。具体的指标可以从以下维度评价，见表7-1：

表7-1　通识教育课程教师的师德评价指标

一级指标	二级指标	三级指标
师德	理想信念	1.1　志存高远，爱国敬业
		1.2　为人师表，教书育人
		1.3　严谨笃学，与时俱进
		1.4　热爱教育事业，热爱学生
		1.5　积极上进，乐于奉献
		1.6　公正、诚恳，具有健康心态和团结合作的团队精神
	人格修养	2.1　严以律己
		2.2　言行一致
		2.3　公平公正
		2.4　仪容端庄
		2.5　言语
	行为世范	3.1　对教学以及学生的学习尽全力
		3.2　尊重学生，关注个体差异，在教学实践中考虑到这些差异
		3.3　鼓励全体学生充分参与学习，把那个相信他们都能学习
		3.4　通晓学生的学习和成长规律，能有的放矢地教学
		3.5　关注对学生个性发展和社会责任感的培养

师能：指教师在教学过程中所具备的能力和素质，主要包括教学能力、教学

效能以及教学反思能力。教学能力是教师为实现教学目标，顺利开展教学活动体现出的一系列综合素质。教学效能则是指教师开展教学活动的效率与效果，是衡量教学工作质量的尺度。教师对自己所讲授的学科或课程内容的通晓程度、对学生的学习评价以及教学组织等方面是进行量化评价的基本维度。教学反思能力则是指教师在教学过程中能经常批判性地审视自己的教学实践，并主动地深化知识，拓展学识范围，将之运用到实践中的一种素质。这也是通识教育教师在培育具有批判性思维能力、辨别能力的通识人才中必须具备的素质。具体评价指标如表 7 - 2 所示：

表 7 - 2　通识教育教师的教学能力与教学效能评价指标

一级指标	二级指标	三级指标
师能	教学能力	1.1　通晓所教学科的知识，透彻地了解所教学科的发展历史、框架以及在社会中的应用 1.2　具备讲授所教学科知识的技能和经验，了解学生学习所教学科的技能、前概念上的差距（包括技能、知识、概念等） 1.3　能够使用不同的教学方法和策略进行理解性教学 1.4　能够运用学生易于理解的语言讲授所教授的课程
	教学效能	2.1　能进行高效能教学（有效教学），具备广博的教学技术和方法，并能运用得当，能始终激发学生的学习动力，使其聚焦学习、投入学习 2.2　知晓如何确保学生参与，营造一个秩序井然的学习环境，懂得如何组织教学以达到教学目标 2.3　有能力评价个体学生和班级的进步 2.4　有能力采用多种方法测量学生的成长进步和理解力，能向家长清楚地说明学生的表现
	教学反思能力	3.1　教师是教学中的楷模——教师坚持主动学习，会读书、敢于质疑和创新、勇于尝试和接受新事物，是学习的积极主动的表率 3.2　始终关注和了解国家当前的教育问题及焦点，对人个性发展以及社会责任始终高度关注 3.3　经常批判性地审视自身，包括自己的知识结构、专业技能与方法、教学实践，师生关系等，并将新的发现运用到实践中 3.4　能与他人合作，以改善学生的学习，在制定教学策略和课程发展方面能与专业人士合作，也能反思评价学生的学习情况，并在教学策略中有所反应

通识教育课程的教师评价指标显示的是教师评价的基本内容，这些具体的评价指标内容是贯穿在教师的具体的教学过程中的，因此通识教育课的教师的评价要把握教学中的如下环节：

（1）备课：备课是课堂教学的前提和基础，认真备课是提高教学质量的重要保证。也是考验一个教师教学态度、教学能力和教学水平的重要环节。

其基本要求是：学习教学大纲，明确教学的指导思想、教学目的和要求；制订学期教学计划，包括教学内容、教学要求、教学进度、具体措施、教改设想、教学活动等项；钻研教材，熟悉教材，明确单元教学要求，准确把握教学内容和知识点之间的相互关系，确定教学目标和教学重点、难点以及思想教育的落脚点；了解学生，选择教学方法，遵循认识规律和教学规律，根据不同的教学内容和学生的实际基础，选择恰当的教学方法，并注意多种教学方法的有机结合；编写教案，教案一般包括课题、教学目标、教学重点、难点、课时安排和教学过程等项内容。教案要内容准确，重点突出，力求实用。

（2）上课：课堂教学是学校教学的基本组织形式，是提高教学质量的关键环节。课堂教学水平不仅是教师业务素质和能力素质的具体体现，也是教师履行职责优劣的主要标志。

其基本要求是：充分准备，课前熟悉教案，准备好教学用具，提前到岗，准时上课；目标明确，教学中的各个环节要围绕教学目标安排，使教学目标能在教学活动中逐步得到落实；内容科学，教学内容要准确、充实，重点突出。知识的呈现过程要有层次；在教授知识的过程中使学生得到发展、智力得到开发、品行得到陶冶；方法得当，选择教学方法应坚持启发式，引导学生动脑、动手、动口积极主动地获取知识；培养学生的自学能力和自学习惯，尊重学生的创造性；语言规范，讲普通话，教学内容表述准确、简明，组织教学用语文明、得体；写好板书，书写规范工整，字迹清楚，不写错别字、繁体字、不规范的简化字；板书设计合理。

（3）作业：设计和批改作业是教学工作的有机组成部分。必要且适度的作业是培养学生独立思考、灵活运用知识的过程，也是教师了解教学效果的一种方式。

其基本要求是：作业要有目的性、针对性，作业内容要围绕教学目标，突出重点、难点；作业量要适当，要符合国家的规定；作业形式多样，书面作业、口头作业以及实际操作性作业等要安排合理，其内容与形式要体现知识与能力的结合；批改及时，及时收、发作业，认真全面批改，注意收集和分析作业中的典型材料，适时讲评。

（4）辅导：课外辅导是课堂教学的必要补充，是贯彻因材施教原则，全面提高教学质量的重要措施。课外辅导方式包括答疑、指导课外作业、给部分学生补课以及进行学习方法指导等。

其基本要求是：分类辅导，针对不同需求，确定辅导对象；指导要具体，态度要认真，要准确诊断学生在学习中的问题和困难所在，给予具体的指导和帮助；辅导时要循循善诱，耐心解答学生提出的问题，及时肯定学生的进步，使他们的学习成绩有所提高；关心后进生，培养优秀生，对后进生既要严格要求，又要耐心细致，促进他们转变；对优秀生要创造条件，使他们能够脱颖而出。

（5）考核：考核（含考查和考试）是检查学生学习情况和教师教学效果的必要手段，目的是为改进教学工作。

其基本要求是：注重平时考查，在平时教学过程中，要有计划地通过复习检查、课堂提问、作业评定和小测验等形式检查教学效果；考查要做到目的明确，难易适度，不加重学生负担；认真组织好考试，学期末要有计划、有目的地组织好复习与考试；命题要以《大纲》和教材为依据，要注意试题的科学性、全面性和导向性；及时评阅试卷，做好试卷分析和讲评。

（6）课外活动：课外活动是课堂教学的延续和必要补充，是促进学生个体发展和全面发展的重要途径。

其基本要求是：积极组织，从不同年级学生的实际出发，积极组织课外活动；学生参加课外活动要体现自愿原则；活动应以小型为主，次数不宜太多；讲求实效，课外活动要有目的、有计划地进行；在活动中调动学生的积极性，注意课内与课外相结合，普及与提高相结合，开阔学生视野，培养学生思维的创造性。

（7）教学总结：教学总结是评价教学工作的一种方式，对改进教学，提高教师素质具有重要作用。

其具体要求是：及时小结，及时总结教学中的得失，更好地改进教学，提高教学质量和效率；全面总结，每学期末要进行书面的教学工作总结。总结工作时，要对照教学计划，实事求是地分析工作中取得的成绩，对存在的问题，要找出原因，提出改进措施。

通识教育的任务是镶嵌在内容各不相同的具体课程之中的，没有一门独立、完整的课程可以教授给大家通识，因此，通识教育课程教师就必须在自己的所讲授的课程中，通过对本门课程的具体内容的讲授，传递通识的理念，培养学生通识教育实现目标所呈现的具体的能力要素，诸如有效的思考能力、做出选择的能力、价值判断的能力，等等，最终通过各门课程的教学，形成合力完成通识教育的教育目标。通识教育教师在这些方面都有道德要求。事实上，当前我国高校通识教育课程的教师中大部分人达不到这样的评价标准，这也是大学通识教育改革中胜任通识教育教师成为制约改革进行瓶颈的根本原因。加强通识教育课程教师的培训，就成为当前的大事。

3. 通识教育教师的培养

我国通识教师在职培训中也存在诸多问题。高校中通识教师师资不足，通识教育课程教师在职培训制度缺失，很多教师本身就是在极其专业化的教育背景下完成的大学教育，没有经过通识教育的"洗礼"，对通识教育课程教学规律把握不够，如今突然要自己进修通识教育，完全不知道要如何操作。习惯性地把自己开设的通识教育课程讲成了专业课。因此，加强通识教育课程教师的培训迫在眉睫。

首先，要建立大学通识教育课程教师的培训制度。完善的制度是保证任务完成的关键。通识教育课程教师的培训要纳入学校的教师队伍建设规划之中，规定要开设通识教育课程的教师必须先接受有关通识教育的基本理念、通识教育课程的教学方法等方面的培训，这样对于那些即使在大学阶段以及此后的求学生涯中，没能接受到通识教育思想理念的老师能对通识教育课程的性质和特点有更明确的、不同于专业课程的理解，从而保证通识教育课程不偏离其教育的轨道。

其次，要严格通识课程的开设审核制度。通识教育课程是大学人才培养的基础环节，通识教育课程担负着培育全面发展的人的使命，因此，并不是任何一门课程都能担当起通识教育课程的使命，也不是任何一名老师，想当然地开设一门课程，只要放在选修课程群里，就是通识教育课程，教师就成为通识教师。如果教师的素质和能力评估比较困难，那么依照通识教育课程建设的标准来评估教师开设的通识课程则要容易操作得多，也客观得多。大学建立通识教育课程的审核制度，通过对开课教师上报的课程大纲、教案、课程实施环节的规划，教育教学目标等进行审核就可以基本判断教师是否具有胜任通识教育课程的能力，是否是依据通识教育的理念进行课程建设的，这样就可以避免一些老师为了凑工作量而开设选修课，把通识课程变成了另类的专业课。

最后，建立通识教育课程教师的教学交流制度。通识教育课程往往是由各个学院的老师开设，彼此之间没有太多的交流，这样容易导致老师们回归到自己学院的学科思维或者专业思维的路径上。如果学校给开设通识课程的教师提供一个相互交流的平台，定期组织通识课程教师互相交流教学经验、探讨通识教育的思想、理念、教学的方式方法等，将会更有利于促进通识教师的自我教育和自我成长。在通识教育教师的交流平台上，教师们在相互交流中可以拓宽自己的知识背景，领会交叉性、批判性思维带来的思想震撼，激发自己的思想灵感，产生更强的自我效能感、教学效能感以及教学归属感，增强教师对通识课程的创造性投入，进而有利于提高通识课程的质量。教师们在相互交流中，彼此激励，传播价值正能量，在互相的认同中提升社会责任感，并在相互学习中养成开放包容、善学合作等良好品格，在育人中完善自我，在自我成长中提升课程教学质量，真正实现教学相长。

通识教师培训有了完善的培训制度，还要有切实可行的操作方式。否则制度就只是一纸空文。有研究发现，近年来，我国高校教师培训呈现出如下趋势：从过去只注意培训工作本身转变为更多地关注教师的发展需要；从注重基础性培训向着眼于培养创新意识和创新能力的提高型转变；从主要依靠政府行为向政府行为、学校行为和教师个人行为相结合。❶这些变化说明各高校已经意识到了教师的培训与再教育问题的重要性。只是目前很多高校的教师培训中缺失了对通识教师的关注。但是一些共性的问题则是可以借鉴的。

第一，通识教师的培训要抓住关键期。在高校教师的职业生涯中，入职的头一两年是其发展的关键期，特别是对于教学工作的适应，前两年到底要打下一个怎样的基础，确立什么样的教学理念，形成什么样的教学风格，如何处理师生关系，怎样运用教学方法，等等，都处在一个学习和模仿的关键时期。这一时期交给年轻的教师什么样的教育教学理念，会影响他们后来的整个教学生涯。因此，教师职业培训要抓住新教师入职的前两年关键期，系统地进行有关教育教学的基本理念、教学的方法、师生关系处理、教学与科研关系的处理等一系列核心问题的培训，保障他们一进入教学岗位就在健康正确的道路上前进。通识教师的培训同样如此。其实关于通识教师的培训并不用单独建立一套体系，一名合格的通识教师一定是一名合格的专业教师，因为通识课程对教师的要求要更高，我们只需在目前的教师培训中，把通识教育的思想理念宣传弘扬开来，这样一来，将来这些教师在专业课程之余开设通识课程时，他们自然会运用通识教育的思想理念来规划自己的课程。

第二，通识教师轮流培训。当今的社会发展变化日新月异，知识的更新也是越来越快，没有哪个教师可以不进行再学习，只吃老本就可以胜任当今的教学任务。一位教师，不论曾经来自普通大学，还是名牌高校，不论是本科生还是博士生，不论是海归人士还是本土专家，只要停下学习的步伐，很快就无法胜任当今的教学，通识教育课程对此体现得更为明显和突出。因此，加强通识教师的轮训就成为必要的手段。开课多年的教师不必像新教师那样进行系统的培训，但是集中培训，就某些问题，比如，通识教育的理念、通识教育教学中的方法问题等，集中进行培训，教师轮流参加，这样经过最初的几年努力，通识课程教师的教育理念和教学方法就会得到普及和提升。对于拒绝培训的教师，可以进行现场和案头的考核，如果通过考核，发现教师原本就是按照通识教育的理念指导教学的，并且在教学实践过程中做得很好，那么可以免于培训。如果考核发现不合格，那么就停止其通识课程教学即可。这样的轮训既可以提升通识教师的教学水平，也可以淘汰那些滥竽充数不思上进的人，真正保障通识教育教师队伍的质量。

第三，改进通识教师的培训模式。通识教师的培训制度化、常态化并不等于

---

❶　攀涛.从人力资源视角看如何推进高校教师培训［J］.中国职业技术教育，2007（3）：30.

培训就是举办几次干巴巴的报告。相反，要提升通识教师的整体水平，必须改进教师培训的方式。要针对广大教师的实际情况，做好分类，有序地开展培训。具体的方式可以是讲座，也可以组织青年教师沙龙，混合年龄的教学研讨会，现场观摩课等方式，既要通过听别人讲授提升自己，更要通过教师自己的学习和阐释来实现自我教育和成长，多方式多途径培养，真正达到培训的目标。

第四，改善通识教师的教学环境。在当前各个高校对通识教育普遍不重视的背景下，切实抓好通识教育氛围的形成，为通识教师提供宽松的、被认同的、被欣赏的教学环境就尤为重要。加强通识教师的培训就是很好的手段。此外，也还要多管齐下，切实提高通识教师的地位，形成全校普遍尊重和重视通识教育的氛围，这样对于通识教师加强自我教育，积极主动的接受培训，形成终身学习、长期学习的习惯是通识教师培训中的一项长期任务。

总之，通识教师不是随便一个人就有资格胜任的，也不是有专业知识，会做科研就一定有资格的，通识教师有这些本领还远远不够，他们的知识、能力、思维、品德等，都需要不断地通过培训和学习，在培训与学习中不断提高。

三、加强通识教育课程管理

通识课程的教学质量是师生共同在学习课程内容的过程中通力合作完成的。要想保障通识教育课程教学的质量，必须保障师生都参与到教学的过程中，保障学生学习内容的通识性特征，教师要按照通识课程的教学计划和理念设计准备课程，学生要按照通识教育的理念和方法参与通识课程的学习，这就必然涉及一系列的管理问题。无管理就无效率亦无质量。

1. 通识教育课程的修课管理

各高校的通识教育课程基本都是以原有的公共选修课为基础，后来又增加了通识教育核心课，很长时间里，大多数学校的这一类别的课程选修都以学生的兴趣为主，学生根据自己的喜好和时间安排选修，常常会出现学生选修的课程集中在一个领域，看似选了一大堆课程，其实还在一个学科范围，通识教育的目标自然也就很难实现。因此，通识教育课程管理的第一个问题就是学生的修课管理。

第一，通识课程要分类选修。改变当前自由选修的状况。无论课程开设多少或分为多少类，前提是必须让学生对各种不同类别知识以及不同学科面对世界和问题的思维方式以及解决问题的方式方法有所了解。因此，学生选修课程必须保证每一个类别都有涉及。课程分类可以按照人类知识的三大体系即自然科学、社会科学和人文学科知识的大类进行区分，学生在三大类别中，各选修具体的课程。如果是分为六大模块或七大模块这样的方式，学校就要认真的研究，把各门具体的课程归属到合适的模块范围，避免学生在选修的过程中，课程扎堆在某一个模块领域，出现专而不通的问题。如此一来，就要求分类时，要尽可能地把课程的边界界定清晰，当然，这样做并不容易，而且有很多课程本身就是交叉学科的课程，其类别归属更不容易界定清晰，但是还是会有主要体现的是哪个类别的，特别是其思维的方式和获得方法体现的学科或知识领域在哪一类，就可以把该门课程归属到哪一个大类或模块中。

按照人类知识的三大类别进行划分，相对而言在现实中更易于操作，但是对于学生选课则不利，三大类中，每一类别包含的同类别中的不同领域内容的课程都很多，学生仍然容易在选课中出现集中在某一领域的问题，比如，在自然科学类中，学生修习 3 门课程，他可能会集中选择"物理入门""趣味物理""生活中的物理现象"，这实际上等于选修了一门课程，只接触到了自然科学中的物理学，诸如化学、生物学、生命科学、地球演进与宇宙、材料学、信息学等，这个学生就全部都没有接触到，他可能最后对外在于我们人的客观现实的各种物理现象有了很好的了解，但是他无法理解生命的运动和本质，无法理解人与世界是如何密切相关的，等等，这样的选课就是不合理不科学的。类似的问题也可能会在社会科学和人文学科类别中出现。如果按照模块化进行划分，则可能划分出远远超过 3 个领域的课程，这样就可以保证学生选修的时候，尽可能的范围广阔，做到各种知识的交叉，促进思维的碰撞。当然，现实的大学通识教育中，在模块化的分类中，同样会出现知识领域缺项的问题，这主要是因为各个大学的学科发展和学科资源的优劣不同，有学科优势，师资充足的学科更容易开设出课程，而有一些专业本身就是学校的弱项，自身师资力量薄弱，应对目前规定课程都压力非常大，再要求老师们开设通识课程就非常难，这样就会导致这一领域的课程缺失，看起来学校也开设了缺失五大模块或八大模块等课程，好像很广泛了，实质上，有些领域的课程是缺失的。

最合理的分类是按照人类知识的三大类别分大类，然后在各个大类当中，再适当地分模块领域，这样的分类既可以避免学生选课中的集中扎堆难以达到通识教育目的的问题，也能避免通识教育课程体系中的内容缺项问题，一旦某一个大类中的某些领域缺项，在课程体系中就很容易被发现，这样更便于在未来的课程改革和建设中，有的放矢地进行改革和完善。

第二，通识课程每类必修。通识课程分类就是为了让学生在选修的过程中避免因类别不清而造成在类别中的重复，因此，一旦有了相对比较清晰的分类后，学生就必须在各个类别的领域中选修课程。如果说分类是为了方便学生按照类别选择课程，那么每一个类别必须修习一定门数的课程就是解决学生修课偏颇或知识结构缺失的关键。不是因为喜欢与否，而是因为生活中的每一个个体都应该了解世界是以不同的方式存在并展现在人们面前的，现实世界的问题及其解决不是因个体的喜好而存在的，不同学科知识和解决问题的方法都各不相同，每个人都应该有基本的了解。分类后，每类必修可以帮助学生克服个人学习过程中的惰性心理，促进学生融会贯通的学习能力，为学生的灵活思维和批判性思维培养奠定基础。

第三，通识课程替代选修。当前中国的大学招生依然是以专业为主的招生，学生到校后都会进入各自的专业学院，因此，学生有很强的专业意识。课程修习过程中，会出现自己的专业领域开设出来的相关课程，如果学生在通识课程中选修了这一类型的课程，将来在专业基础课、专业选修课、专业主干课中还会遇到类似的课程，这样的选择就等于浪费了学生的时间，同时也挤占了不学习这个专业的学生的修课机会，因此，为避免这样的问题出现，修课管理中应规定学生在自己主修专业的课程可以免修一门，免掉的这一门课程可以在类别的课程中选修一门替代，这样既避免了学生自己未来的课程内容重复，也保障了他的修课不会出现减少的问题，而且替代选修类别的课程必然会拓展学生的知识领域和视野，同时也把自己专业领域的通识课程选修机会让给了别人，节约了课程资源。

第四，通识课程跨域交叉修课。当通识课程分类细化后，我们当前规定的学生修习的通识课程的最低学分一般都是 12～14 学分，基本上就是 6～7 门课程，这样就可能出现有些领域漏选的问题。除了学生自己专业领域的课程免修外，学生自动选择漏选的课程大多都是离自己的专业和兴趣非常远的课程领域，学生理性认为某些领域的课程与自己的专业发展或未来生活完全无关，就会忽略该领域的课程，造成漏选。这样的想法恰恰反映出学生思维的缺陷以及知识结构的不合理，为了避免这种问题的发生，最好的办法就是通过管理规定，所有学生必须选修一门距离自己的主修专业最远的课程，把那些看似与自己的专业不相关的课程纳入自己的学习范围，这样的学习会激发起学生对于未知的好奇，培养学生的创造性。

其实，这也是一种交叉学习。近距离的专业或学科会有很多相同或相似，会引起学习的熟悉感，进而引发人的探究欲望，因此，现实中近距离学科的交叉比较明显。除此之外，现实生活和世界是没有分科的，因此，大学通识课程在修课过程中必须保证学生在人文、社科以及自然科学的各个领域都有所理解和领悟，因此，修课就必须要坚持交叉修课原则，人文学科学生必须修习自然科学、社会科学类的课程，理工科学生必须修习人文、社会科学课程，社科经管专业的学生必须修习人文学科、自然科学的课程，这样的交叉对于学生的培养才是全面的。人文学科的知识可以培养理工学生的想象力和观察力，提升其心灵的敏感，有益于其创新能力的培养。社会科学则可以培养学生的社会责任感，关注现实问题，促使学生将其专业学习与社会现实问题结合起来，既有利于其在专业研究领域的方向选择，也会促进学生社会责任意识的提升，而自然科学的学习则为学生提供更为客观的知识支撑和方法支撑，这些不同领域的知识交叉，产生的知识的、思维的、方法以及视角的等方面的发展都是不可估量的，而这样广泛的、交叉修习才能真正在学习中慢慢领悟如何融会贯通，最终达成通识教育的目标。

2. 通识教育课程的过程管理

对比中美大学的通识教育课程，除课程设置、课程内容有很大区别外，还有一个非常突出的差别就是对于课程修习的要求不同，落实到具体的实践操作上，就是两国对通识课程过程管理的不同。国外大学的通识教育课程（其实也可以说是所有课程）都注重过程管理，强调师生在"教""学"过程中的投入。而国内的课程（包括通识教育课程）都基本是教师一个人在讲授。尽管近年来教学改革也不断提出要加强过程管理，但是，由于各种原因，基本都流于形式。如果通识教育课程改革，不能在过程方面加强管理，那么最终的改革成果必将大打折扣。因此，加强对通识教育课程的过程管理也是改革必须要解决的问题。通识课程的过程管理应注意以下几个方面：

第一，教师对通识教育课程的投入管理。教师对课程的投入是决定一门课程教学质量高低的关键因素。通识课程更需要教师投入。这种投入既包含课前的准备，也包括课程进行中的组织、控制以及课程的反思改进。尽管教学活动不可能像机器操作一样完全按照计划好的步骤进行，但是一位优秀的教师应该在主要的教学环节上有完整的规划和设计，这些规划和设计是可以考核并检查的，是指导教师能在整体上有计划地完成教学任务。学校对通识课程的过程管理应抓住这些核心的环节。

第二，要审核通识课程的教学方案。通识课程是面对全校学生的课程，学生们来自不同的学院，即使还没有开设专业课，大家对课程的期望也不尽相同，加上学生的知识背景差异，这都要求通识课程教师在开课前，要有一套相对完整的课程教学设计方案。教师对于自己要开设的课程必须有一个整体的把握，因此，其课程设计方案必须包括课程的教学大纲、完整的教学安排、教案等，这些环节都要有具体的内容，比如，教学中的讨论环节安排在何时？讨论的主题是什么？关注的主要问题和期望培养学生的能力在哪些方面？学生需要准备什么？等等，这些问题都应该在教学设计中有所体现。这样教学才不会变成老师一个人的信马由缰的演说。

第三，管理教师准备的课程资料。通识课程的教育更加注重对学生的思考能力、判断能力、抉择能力、创新能力的培养，要达到明辨，学生的参与就尤为关键。因此，无论是借鉴国外的经验，还是考察国内近几年通识教育考察改革实践都可以看出，注重学生讨论参与是通识课程的最大特点。组织学生参与讨论课，其实比教师自己一个人主讲要复杂得多，也困难得多，这种教学方式对教师的要求更高，教师投入工作量更大。真正的讨论不是课堂上随便提一个问题，学生随便说两句就可以的事情。讨论必须要有问题，学生要始终围绕着核心问题展开和深入，会有一些核心的材料是大家必须阅读的，这些是需要教师在备课的过程中提前准备的。这就要求教师自己必须深入地研究和思考，发现并提出真正的、贴切的问题，自己阅读相关的书籍和资料，并有所选择的将材料提供给学生，供学生阅读，还要给希望深入学习的学生提供更丰富的、可以拓展的信息或途径，比如，更多的资料来源或查询路径和链接等。这些都要在教师的教学准备中现实出来。

学习材料准备的环节是我国目前各个大学在管理教师教学过程中都非常欠缺的。我们一般会认为教师对自己的教学内容都有深入的了解和把握，教师备课会翻阅很多资料，不可能把所有的资料都罗列在教案后边，只提供一些重要的就可以了。这一说法也没错，但是，进入实际后，很多时候这种理解也使得人的懈怠心理滋长，时间一长，就变成了取消参考资料或者随意提供几本教材应付了事。因此，中国的大学里，几乎很多课程都如此。学生只看一本教材，老师按照教材来讲解，学生的任务就是听讲，学习主动性强一些的学生，可能会在课上记笔记，课下主动完成作业（如果老师留了作业，否则就免了）。学生在知识、视野、解决问题等方面都没有拓展。绝大部分课程都如此，所以很多上过大学的人都说，大学就是天堂，很容易毕业。在这样的氛围下，如果哪门课程突然增加了很多的阅读或拓展资料，会被学生"痛恨"的（学习的当时），学习过程中，学生会出现明显的抵制。因此，至少应在通识教育课程部分先统一标准，要求所有通识教育课程提供不低于 10 本书的拓展阅读资料，而且这些拓展资料要与课程教学的主题密切相关，这样的资料应该更具有原创性，而不仅仅是提供几个不同版本的教材。

第四，审核教师的教学环节设计。一门课程能否成功，其教学的环节设计是否合理非常重要。无论一个教师知识多么渊博，课程都不是为了显示其渊博而设计的，教学是为了引导学生进入一个独特的知识领域，保障学生学习一种全新的思考问题、解决问题的方法。因此，在设计课程时，教师的渊博知识必须服务于其教学的核心目的，那么他就不能把一门课程设计成教师一个人的表演。好的教学设计要把教师和学生的主动性和独创性都纳入教学过程中，教学环节的设计、教学方法的运用要体现教师的独具匠心，在其中能展现教师的智慧，更要凸显学生的参与，体现学生的主体性。学生的学习应该纳入教师教学的具体过程中，其学习是教师能够获知的，教师可以通过这些互动环节了解和指导学生的学习情况，整个教学中，师生都知道彼此要怎样完成本门课程的学习，那些关键性的教学环节表明，师生对于一门课程的学习有着明确的期许，并通过这些核心环节的任务的完成，达成目标。

这样一个严格的、有序的、师生共同参与的通识课程的过程管理，才能真正保障通识教育的目标落实。

3. 通识教育课程的考核管理

中国长期以来的应试教育造成了很多错误的认知，在批判应试教育的过程中，错误地认为素质教育就不用考试，分数不重要，大家自己学就可以了。这是极其错误的想法。虽然我们一直反对"唯分数"论，但是反对一切以学生的考试成绩来衡量学生并不代表对于学生的学习不进行考核和评估。相反，我们反对的实际上仅仅是把学习当作为了获得一个漂亮的分数，但并不反对通过考试或考核获得的分数来衡量一个人在学习中的收获。所以通识课程要提高教学质量，必须加强对学生的学习管理，这种管理最主要的手段和方式就是把学生的学习放在整个课程教学的过程中进行考核，通过过程性的考核，评定学生的学习状态和学习效果，既有利于发现学生的问题，在教学中积极改进，也有利于督促学生对学习的投入，保证学习的质量。

首先，要严格通识课程的课堂考勤。课程教学中，学生到场是一切学习的前提。由于学校的资源限制，目前各高校的通识课程的课容量都比较大，一般都要100多人，有的甚至达到了近200人，这样大规模的课堂，缺几个人也不容易发现，即使发现有人逃课，也不知道是谁。老师因为要抓紧时间讲课，也很难点名查明逃课学生。因为一点名，大半节课就过去了。因此，通识课上逃课现象非常严重。学生逃课一是因为他们认识不到这些课程对他成长的重要性，觉得选修通识课就是为了混个学分，所以一旦有一点点借口，就会逃课。另外，也因为学生逃课不会受到惩罚，教师如果疏于管理，学生就会投机取巧，并且会强化其关于课程内容不重要的错误认知。另外，教师不管理课堂，对于上课不上课的学生都给一样的分数或差不多的分数，本身就是对认真学习学生的不公平，从行为上就不能对学生起到很好的引导作用。因此，通识课必须加强对学生学习过程中的出勤考核。哪怕教师讲得一般，学生如果有独立思考的能力，他也可以从中有所获益，更何况当今通识教育课程改革的努力始终都在，老师们在努力，学生就一定也要努力。

其次，落实学生日常学习进程考核。真正的通识课程学习任务一点都不比专业课简单，甚至要更难。学习的内容和要完成的学习任务量更大。学生要参与教师组织的课堂讨论，教师会开列出一系列的拓展阅读书目，特别是围绕着教学主题而进行的课下学习。学生只有认真完成了这些课下的学习，针对确定的主题，提炼出自己的观点，并进行有逻辑的论证。为此，学生必须在课下提前准备，要查阅资料，鉴别资料的真伪，完善自己的论证逻辑。还要对不同于自己观点的看法有所认识，理解别人的思考以及论证逻辑，并能从中找到其观点的论证错误或观点的不合理之处，或者从别人的观点中获得启发，完善自己的思想，等等。这些学习的成果都要在课堂讨论中展现出来。教师必须加强对学生学习过程中学习效能的考核和评定，并有针对性地提出进一步改进的意见和方法，这些考核落实到现实操作中的就是学生学习中的各种考核记录。如关于讨论的发言提纲和发言稿，针对某一问题的思考的小论文，有关某一主题学习的读书笔记，或者针对某一主题的调研问卷、访谈以及报告，等等，这些学习过程中的考核会记录下学生学习中的收获，也会激励学生的不断进步。

最后，完善通识课程的结课考核。一门课程学习完成了，总要知道自己到底学到了一些什么，结课考试就是最好的方式之一。目前的通识教育课程的考核，大多都是一学期的课程讲完后，学生们写一篇论文，任课教师给定分数，课程学习完成。由于教学中没有经过严格的学术训练，很多的结课论文都是从网上抄的，或者是把几篇文章杂糅出一篇文章，论文整体的质量不高。这与目前通识课程的结课考核方式有很大关系。从一般情况看，如果教师在对上百份的论文进行批阅的过程中，不能发现每篇论文中的独创性的思考，看到的基本都是差不多的内容时，这种考核方式就应该终结了。教师要创造性地改进课程结课的考核方式，尽可能把课程教学的内容、学生学习的收获以及本门课程希望学生掌握的知识与方法等结合计入最后的考核中，真正考查出学生学习的效果，并给出学生客观的评价。既做到对学生课业学习的评价，也通过公平公正的考核方式向学生传递正能量，以榜样的示范，告知学生怎样做才是正确的，负责任的，是社会和他人期许的。这本就是通识教育的核心理念。

通识教育改革不是一朝一夕的事情，也不是开设几门核心课程就可以实现的，通识教育改革涉及教育理念的根本变革，需要学校的全员参与和努力，我们的通识教育改革问题很多，好在已经有很多人开始努力地探索，只要我们在改革实践中找准着力点，我们就可以撬动通识教育改革的齿轮，让通识教育的改革步伐慢慢前行。

附录 2018 年圣约翰学院阅读书目清单[*]

一年级：

荷马：《伊利亚特》《奥德赛》

埃斯库罗斯：《阿伽门农》《祭酒人》《复仇女神》《被缚的普罗米修斯》

索福克勒斯：《奥狄浦斯王》《奥狄浦斯隶农》《安提戈涅》《菲罗克忒忒斯》

修昔底德：《伯罗奔尼撒战争史》

欧里庇得斯：《希波吕托斯》《参加酒神节狂欢的妇女们》

希罗多德：《历史》

阿里斯托芬：《乌云》

柏拉图：《米诺》《乔治亚》《理想国》《致歉》《批评》《菲德拉》《交酒会》《巴门尼德》《戏剧》《诡辩者》《帝马》《费德鲁斯》

亚里士多德：《诗学》《物理学》《形而上学》《尼可马科伦理学》《论传宗接代与腐败》《政治学》《动物的一部分》《动物的传宗接代》

欧几里得：《几何原本》

卢克莱修：《论事物之本质》［卢克莱修全名是提图斯·卢克莱修·卡鲁斯（Titus Lucretius Carus，约前 99 年—约前 55 年），罗马共和国末期的诗人和哲学家，以哲理长诗《物性论》（De Rerum Natura）著称于世］

普鲁塔克：《莱克格斯》《梭伦》

托勒密：《天文学大成》

帕斯卡：《液体平衡论》

尼克玛可斯：《算术》

拉瓦锡：《化学元素》（18 世纪著名化学家、生物学家，"化学之父"）

哈维：《心脏与血液的运动》（17 世纪著名生理学家和医生）

下列著者的文章：阿基米德、华氏、阿翁加德罗、达尔顿、开尼采罗、维卓、玛丽奥荻、的黎埃什、盖—卢萨科、斯波曼、斯蒂尔斯、J. J. 汤普森、门捷

---

* https：//www.sjc.edu/academic–programs/undergraduate/great–books–reading–list，2018–8–16.

185

列夫、波索莱特、J. L. 普罗斯特

二年级：

《圣经》

亚里士多德：《动物学》《口译论》《预先分析学》《分类学》

阿波罗涅斯：《圆锥曲线》

维吉尔：《埃涅阿斯纪》

普鲁塔克：《凯撒》《年轻的盖托》

埃比克提图：《语录》《手册》

塔西佗：《编年史》

托勒密：《大综合论》

柏罗丁：《九章集》

奥古斯丁：《忏悔录》

圣安斯勒姆：《宣传论》

阿奎那：《论理论》《反神学论》

但丁：《神曲》

乔叟：《坎特伯雷故事集》

普莱斯：《群众》

马基雅维利：《王子》《论文集》

哥白尼：《天体运行论》

开普勒：节录（Ⅳ）❶

李维：《早期罗马史》

卢梭：《一个基督徒的自由》

拉伯雷：《高康大和庞大固埃》（巨人传）

巴勒斯蒂娜：《马赛利教皇弥撒》

蒙田：《随笔集》

维耶第：《分析艺术入门》

培根：《新工具》

莎士比亚：《查理二世》《亨利四世》《亨利五世》《暴风雨》《皆大欢喜》《哈姆雷特》《奥赛罗》《麦克白》《李尔王》《科里奥兰纳斯》《十四行诗》

诗选：马韦尔、多恩和 16、17 世纪诗人的作品

笛卡尔：《几何学》《方法论》

---

❶ 应是指开普勒著作的节选。

帕斯尔：《圆锥曲线论》

巴赫：《马太受难曲》《创意曲》

海顿：《弦乐四重奏》

莫扎特：《歌剧》

贝多芬：《奏鸣曲》

舒伯特：《歌曲》

蒙特威尔第：《奥菲欧》（第一部真正的歌剧）

斯特拉文斯基：《圣诗交响曲》

三年级：

塞万提斯：《堂吉诃德》

伽利略：《两种新科学的对话》

霍布斯：《利维坦》

笛卡尔：《沉思》《心灵方向的规则》

弥尔顿：《失乐园》

拉罗什富科：《箴言录》

帕斯卡：《思想录》

惠更斯：《光论》《论物体的碰撞运动》

艾略特：《米德尔马奇》

斯宾诺莎：《神学政治论》

洛克：《政府论次讲》

拉辛：《费得尔》

牛顿：《数学原理》

开普勒：《哥白尼天文学概论之四》

莱布尼茨（德国自然科学家、数学家、哲学家）：《单子论》《形而上学谈话》《动力学论》《哲学论文集》《以理性为基础的自然和神恩的原则》

斯威夫特：《格列弗游记》

休谟：《人性论》

卢梭：《社会契约论》《论认为不平等的起源和基础》

莫里哀：《愤世嫉俗》

亚当·斯密：《国富论》

康德：《纯粹理性批判》《道德形而上学基础》

莫扎特：《唐璜》

简·奥斯汀：《傲慢与偏见》

狄德金：《代数数学论》

下列著者的论文：托马斯·杨（英国物理学家）、艾克斯韦（英国数学家）、泰勒（英国数学家）、欧勒（瑞士数学家）、伯努利（瑞士数学家、物理学家）等人。

四年级：

《十三州联邦宪法》

《独立宣言》

《美国宪法》

《最高法院意见》

汉弥尔顿等：《联邦党人文集》

达尔文：《物种起源》

黑格尔：《精神现象学》《逻辑学》

罗巴契夫斯基（俄国数学家）：《平行线理论的几何研究》

托克维尔（法国政治学家、历史学家）：《美国的民主》

林肯：《演说选》

克尔凯郭尔（丹麦哲学家）：《哲学片段》《恐惧与战栗》

瓦格纳：《特里斯坦与伊索尔德》

马克思：《德意志意识形态》《1844年经济学哲学手稿》

陀思妥耶夫斯基：《卡拉马佐夫兄弟》

托尔斯泰：《战争与和平》

梅尔维尔：《班尼托·西兰诺》

马克·吐温：《哈里贝克·芬历险记》

奥康纳：《短篇小说集》

威廉·詹姆斯：《心理学简论》

尼采：《悲剧的诞生》《善恶的彼岸》《扎拉图斯拉如是说》

弗洛伊德：《精神分析论》

瓦勒里：《诗集》

布克·T. 华盛顿：《作品选》

杜布瓦：《人类学著作》

海德格尔：《什么是哲学》

海森堡：《量子力学理论》

爱因斯坦：《论文选》

密立根：《电荷》

康拉德：《黑暗的中心》

福克纳：《熊》

　　下列著者的诗选：叶芝、艾略特、华莱士·史蒂文斯、波特莱尔、兰波

　　下列著者的散文：法拉第、J. J. 汤姆森、孟德尔、闵可夫斯基、拉瑟福德、薛定谔、玻尔、麦斯威尔、德布曼意、戴维森、安培、萨顿、摩根、比德尔和塔特姆、萨斯曼、沃森和克里克、雅各布和哈代

主要参考文献

[1] 毛泽东. 毛泽东选集第 1—4 卷 ［M］. 北京：人民出版社，1991.

[2] 江泽民. 江泽民文选第 1—3 卷 ［M］. 北京：人民出版社，2006.

[3] 习近平. 习近平谈治国理政第 1—2 卷 ［M］. 北京：外文出版社，2017.

[4] 国家中长期教育和改革规划纲要（2010—2020 年）. 北京：中国法制出版社，2010.

[5] 罗伯特. M. 赫钦斯. 美国高等教育 ［M］. 汪利兵，译. 杭州：浙江教育出版社，2001

[6] 阿兰·布鲁姆. 走向封闭的美国精神 ［M］. 缪青，译. 北京：中国社会科学出版
社，1994.

[7] 德雷克·博克. 回归大学之道：对美国大学本科教育的反思和展望 ［M］. 侯定凯，等
译. 上海：华东师范大学出版社，2012.

[8] 墨菲，布鲁克纳. 芝加哥大学的理念 ［M］. 彭阳辉，译. 上海：人民教育出版
社，2007.

[9] 威廉·H. 麦克尼尔. 哈钦斯的大学：芝加哥大学回忆录 1929—1950 ［M］. 肖明波，杨
光松，译. 杭州：浙江大学出版社，2013.

[10] 劳伦斯·维塞. 美国现代大学的崛起 ［M］. 栾鸾，译. 北京：北京大学出版社，2011.

[11] 亚瑟·M. 科恩，卡丽·B. 基斯克. 美国高等教育的历程（第 2 版）［M］. 梁燕玲，
译. 北京：教育科学出版社，2012.

[12] 约翰·塞林. 美国高等教育史（第 2 版）［M］. 孙益，林伟，刘冬青，译. 北京：北京
大学出版社，2014.

[13] 戴维·米德伍德，尼尔·伯顿. 课程管理 ［M］. 吕良环，译. 杭州：浙江教育出版
社，2008.

[14] 玛莎·纳斯鲍姆. 培养人性从古典学角度为通识教育改革辩护 ［M］. 李艳，译. 上海：
上海三联书店，2013.

[15] 柏拉图. 理想国 ［M］. 郭斌，张竹名，译. 北京：商务印书馆，1997.

[16] 纽曼. 大学的理想 ［M］. 徐辉，等译. 杭州：浙江教育出版社，2001.

[17] 克拉克·克尔. 大学的功用 ［M］. 陈学飞，等译. 南昌：江西教育出版社，1993.

[18] J. D. 贝尔纳. 科学的社会功能 ［M］. 陈体芳，译. 北京：商务印书馆，1995.

[19] 凯文·瑞安. 在学校中培养品德：将德育引入生活的实践策略 ［M］. 苏静，译. 北京：
教育与科学出版社，2010.

[20] 费尔南多·萨瓦特尔. 教育的价值 ［M］. 李丽，译. 北京：北京大学出版社，2004.

[21] 约翰·S. 布鲁贝克. 高等教育哲学 [M]. 郑继伟, 等译. 杭州: 浙江教育出版社, 1987.

[22] 丹尼尔·科顿姆. 教育为何是无用的 [M]. 仇蓓玲, 卫鑫, 译. 南京: 江苏人民出版社, 2005.

[23] 杜威. 民主主义与教育 [M]. 王承绪, 译. 北京: 人民教育出版社, 1990.

[24] 杜威. 教育者的工作 [A]. 杜威在华教育讲演 [C]. 单中惠, 王凤玉, 译. 北京: 教育科学出版社, 2007.

[25] 罗纳德·巴尼特. 高等教育理念 [M]. 蓝劲松, 主译. 北京: 北京大学出版社, 2012.

[26] 苏霍姆林斯基. 学生的精神世界 [M]. 吴春荫, 林程, 译. 北京: 教育科学出版社, 1981.

[27] 雅斯贝尔斯. 什么是教育 [M]. 邹进, 译. 北京: 生活·读书·新知三联书店, 1991.

[28] 亚里士多德. 尼科马可伦理学 [M]. 苗力田, 译. 北京: 中国人民大学出版社, 2003.

[29] 罗纳德·巴尼特. 课程管理 [M]. 蓝劲松, 等译. 北京: 北京大学出版社, 2012.

[30] 艾尔弗雷德·诺思·怀特海. 教育的目的 [M]. 庄莲平, 译. 上海: 文汇出版社, 2012.

[31] 亨利·罗索夫斯基. 美国校园文化 [M]. 谢宗仙, 周灵芝, 马宝兰, 译. 济南: 山东人民出版社, 1996.

[32] 第斯多惠. 德国教师培养指南 [M]. 袁一安, 译. 北京: 人民教育出版社, 2001.

[33] 洪堡. 论国家的作用 [M]. 林荣远, 冯兴元, 译. 北京: 中国社会科学出版社, 1998.

[34] 卢梭. 爱弥儿 [M]. 李平沤, 译. 北京: 商务印书馆, 1978.

[35] 韦伯. 学术生涯与政治生涯 [M]. 王蓉芳, 译. 北京: 国际文化出版公司, 1988.

[36] 罗素. 人类的知识 [M]. 张金言, 译. 北京: 商务印书馆, 1983: 191.

[37] 爱因斯坦. 爱因斯坦文集第 1 卷 [C]. 许良英, 等编译. 北京: 商务印书馆, 1976.

[38] N. 维纳. 控制论 [M]. 郝季仁, 译. 北京: 京华出版社, 2000.

[39] 鲍曼, 现代性与大屠杀 [M]. 杨渝东, 史建华, 译. 北京: 译林出版社, 2002.

[40] 黄俊杰. 大学通识教育的理念与实践 [M]. 武汉: 华中师范大学出版社, 2001.

[41] 黄俊杰. 全球化时代的大学通识教育 [M]. 北京: 北京大学出版社, 2006.

[42] 黄坤锦. 美国大学的通识教育——美国心灵的攀登 [M]. 北京: 北京大学出版社, 2006.

[43] 陶行知. 创造宣言（陶行知全集第 5 卷）[M]. 郑州: 河南教育出版社, 1985.

[44] 林崇德. 师德通览 [M]. 山东: 山东教育出版社, 1999.

[45] 潘懋元. 高等教育: 历史、现实与未来 [M]. 北京: 人民教育出版社, 2004.

[46] 刘宝存. 大学理念的传统与变革 [M]. 北京: 北京科学出版社, 2004.

[47] 王英杰, 刘宝存. 国际视野中的大学创新教育 [M]. 太原: 山西教育出版社, 2005.

[48] 李佳. 近代中国大学通识教育课程研究 [M]. 杭州: 浙江大学出版社, 2010.

[49] 李继兵. 通识教育论 [M]. 北京: 高等教育出版社, 2012.

[50] 宋尚桂, 王希标, 等. 大学通识教育的理论与模式 [M]. 青岛: 中国海洋大学出版

社，2007.

[51] 冯慧敏. 中国现代大学通识教育 [M]. 武汉：武汉大学出版社，2004.

[52] 徐来群. 哈佛大学史 [M]. 上海：上海交通大学出版社，2012.

[53] 杨东平. 大学精神 [M]. 上海：文汇出版社，2003.

[54] 杨颉. 大学通识教育课程：借鉴与启示 [M]. 上海：上海交通大学出版社，2009.

[55] 张华. 课程与教学论 [M]. 上海：上海教育出版社，2000.

[56] 张家勇. 哈佛大学本科生课程改革研究 [M]. 广州：广东教育出版社，2011.

[57] 张敏，杨援. 芝加哥大学 [M]. 长沙：湖南教育出版社，1994.

[58] 甘阳、陈来，苏力. 中国大学的人文教育 [M]. 北京：生活·读书·新知三联书店，2015.

[59] 甘阳. 文化中国与世界新论：通三统 [M]. 北京：生活·读书·新知三联书店，2014.

[60] 甘阳，孙向晨. 通识教育评论 [M]. 上海：复旦大学出版社，2015.

[61] 哈佛委员会著. 哈佛通识教育红皮书 [M]. 李曼丽，译. 北京：北京大学出版社，2013.

[62] 贺国庆，王宝星，等. 外国高等教育史 [M]. 北京：人民教育出版社，2006.

[63] 贺国庆，等. 国外高等教育课程改革的动向和趋势 [M]. 石家庄：河北大学出版社，2000.

[64] 何秀煌. 从通识教育的观点看——文明教育和人性教育的反思 [M]. 香港：海啸出版事业有限公司，1998.

[65] 胡显章，等. 文化素质教育论坛——内地与香港大学通识教育研讨会论文集 [C]. 北京：清华大学出版社，1999

[66] 钟启泉. 现代课程理论 [M]. 上海：上海教育出版社，1999.

[67] 北航高研院通识教育研究课题组. 转型中国的大学通识教育——比较、评估与展望 [M]. 杭州：浙江大学出版社，2013.

[68] 高平叔. 蔡元培教育论著选 [M]. 北京：人民教育出版社，1991.

[69] 顾明远. 中国教育的文化基础 [M]. 太原：山西教育出版社，2004.

[70] 肖川. 教育的智慧与真情 [M]. 长沙：岳麓书社出版社，2005.

[71] 邢永富，吕秋芳素质教育观念的变革与创新 [M]. 太原：山西教育出版社，2003.

[72] 李曼丽. 通识教育：一种大学教育观 [M]. 北京：清华大学出版社，1999.

[73] 李剑萍. 中国现代教育问题史论 [M]. 北京：人民出版社，2005.

[74] 杜作润，廖文武. 高等教育学 [M]. 上海：复旦大学出版社，2003.

[75] 曹锡仁. 中西方文化比较导论 [M]. 北京：中国青年出版社，1992.

[76] 冯友兰. 中国哲学史 [M]. 上海：华东师范大学出版社，2011.

[77] 顾颉刚. 国史讲话·上古 [M]. 上海：上海人民出版社，2015.

[78] 郭建宁. 社会主义核心价值基本内容释义 [M]. 北京：人民出版社，2014.

[79] 居云飞. 兴国之魂：社会主义核心价值观与中华传统文化 [M]. 北京：中国社会科学出版社，2014.

［80］匡亚明. 孔子评传［M］. 南京：南京大学出版社，1990.

［81］陈向明. 对通识教育有关概念的辨析［J］. 高等教育研究，2006（3）.

［82］沈文钦. 赫钦斯与芝加哥大学的通识教育改革［J］. 比较教育研究，2006（4）.

［83］沈成飞. 在自由与规范之间——哈佛大学的课堂教学、学术交流之见闻和思考［J］. 历史教学问题，2014（5）.

［84］陈恩维，高宇. 美国通识教育理念与课程设置的变革及其启示［J］. 扬州大学学报（高教研究版），2007（2）.

［85］甘阳. 如何发展我们的通识教育［J］. 大学生，2015（6）.

［86］霍雪涛. 美国通识教育变迁的环境因素分析［J］. 北京教育，2013（2）.

［87］李成明. 美国大学通识教育的历史发展［J］. 东南大学学报（哲学社会科学版），2001（2）.

［88］李曼丽，汪永铨. 关于"通识教育"概念内涵的讨论［J］. 清华大学教育研究，1999（1）.

［89］哈佛大学文理学院. 哈佛大学课程革新：来自通识教育委员会的报告［J］. 山东高等教育，2014（12）.

［90］哈佛大学通识教育特别工作组著，陈华杰，译. 2007年哈佛大学通识教育工作组报告［J］. 国际高等教育研究，2011（4）.

［91］潘懋元. 高等学校的素质教育与通识教育［J］. 煤炭高等教育，2002（1）.

［92］罗索夫斯基. 罗索夫斯基论通识教育与核心的课程［J］. 黄坤锦译评. 台湾通识教育季刊，1994（1）.

［93］汤谦繁，徐文娟. 美国大学通识教育历程研究［J］. 河南教育学院学报（哲学社会科学版），2011（1）.

［94］张海生. 赫钦斯通识教育思想及其实践［J］. 扬州大学学报（高教研究版），2015（4）.

［95］王德峰. 从大学理念看通识教育的方向与道路［J］. 复旦教育论坛，2006（4）.

［96］王生洪. 追求教育的本然价值复旦通识教育的探索与实践［J］. 复旦通识教育，2007（1）.

［97］高明士. 传统中国通识教育的理论［J］. 通识教育季刊，1994（1）.

［98］郭强. 亚里士多德的教育观与自由教育理念的形成［J］. 大学教育，2012（9）.

［99］张东海. 通识教育：概念的误读与实践的困境——兼从权人教育角度理解通识教育内涵［J］. 复旦教育论坛，2008（4）.

［100］牟宗三. 人文教养和现代教育［N］. 中国时报，1986 - 07 - 15（4）.

［101］王义遒. 文化素质教育与通识教育关系的再认识［J］. 北大教育评论，2009（3）.

［102］赵立波. 人文发展与通识教育问题初探［D］. 复旦大学，2009（1）.

［103］胡莉芳，王亚敏. 理念和行为的矛盾与思考：基于某研究型大学师生通识教育观念调查的研究［J］. 现代大学教育，2010（1）.

［104］Packard A S. The Substance of Two Reports of the Faculty of Amherst College to the Board of

Trustees, with the Doings of the Board thereon［J］. In: North American Review, 1829, vol. 28.

［105］Hutchins RM. The Higher Learning in America［M］, NewHaven. Con: Yale University Press, 1936.

［106］John S. Brubacher, Willis Rudy. Higher Education in Transition［M］. New York: Harper & Brothers Publishers, 1958.

［107］JohnT. Bethell, Harvard Observed［M］. Cambridge: Harvard University Press, 1998.

［108］Richard Norton Smith. The Harvard Century［M］. Simon And Schuster, Inc. , 1986.

［109］"Report of the Task Force on General Education"［Z］. Harvard university, 2007.

［110］http//media. china. com. cn/cmyw/2016 – 03 – 10/658840. html.

［111］哈佛大学官方网站:http//www. generaleducation. fas. harvard. edu/icb/icb. do? keyword = k37826&tabgroupid = icb. tabgroup87208, 2015 – 08 – 15 访问。

［112］http//college. uchicago. edu/academics/college – core – curriculum, 2015 – 08 – 03 访问。

［113］芝加哥大学官方网站（http：//collegecatalog. uchicago. edu/thecollege/thecurriculum/, 2012 年 8 月 15 日访问）所提供的关于课程体系的详细说明, 2018 – 08 – 09 访问。

［114］哥伦比亚大学官网:http：//www. college. columbia. edu/core/scholars, 2018 – 08 – 11 访问。

［115］美国圣约翰学院官网:https：//www. sjc. edu/academic – programs, 2018 – 08 – 15 访问。

［116］复旦大学官网:http：//gecc. fudan. edu. cn/PictureList. aspx? info_lb = 32&flag = 3&info_id = 18, 2018 – 08 – 18 访问。

［117］北京大学官网:http：//www. dean. pku. edu. cn/web/rules_info. php? id = 38。

［118］北京大学教务部, 通选课专栏, 通选课手册下载,《2014—2015 学年第二学期本科生课程手册（Pdf 版）（包括平台课、通选课、公共必修课)》, http：//dean. pku. edu. cn/txkzl/scxz/2014 – 2015 – 2bkskcsc. PDF, 2015 – 06 – 26 访问。

［119］南京大学个案:创建一流大学的方略与路径, 中国网, 2010 – 06 – 16, http：//www. china. com. cn/chinese/zhuanti/tqzggx/659435. htm, 2015 – 04 – 22 访问。

［120］南京大学官网:http：//jw. nju. edu. cn/EduContentList. aspx? MType = PX – SSZJGZQ – KCZX – XSYTK&MID = root&FType = PX – SSZJGZQ – KCZX&res_type = elist, 2018 – 08 – 23 访问。

［121］浙江大学官网:http：//ugrs. zju. edu. cn/chinese/redir. php? catalog_id = 711180&object_id = 1118028, 2018 – 08 – 28 访问。

后 记

我对通识教育的研究起步于 2005 年，基于对教育实践中发现的问题的思考，面对教学过程中来自学生们不断的怀疑——"看那么多书有什么用""学习这些课程有什么用"等，这样的疑问促使自己开始不断的思考和求索，我们的教育到底怎么了？我们的学生只盯着专业，只盯着"有用"的专业课程，其他的都引不起他们的关注，除了对自己未来的美好畅想——好的、舒适的、高工资工作的追求，他们什么都不关注。是不是自己喜爱的、是不是自己擅长的、是不是国家需要的、是不是有益于社会和民族的发展的，等等，这些问题全部都不是他们考量的。他们基本就关注两点：工资待遇是否让人满意，工作是否轻松适宜。也就是从那时起，通识教育进入自己的研究视野，我便开始指导自己的研究生收集资料，从那时开始，一直在边研究边思考边实践边改进，书稿持续写作的时间也就比较长。

书稿写作中，我的研究生王银珂、张淑贤、张薇、马滟、冀林林、赵秀村、孙夏萍等人帮我收集了一些有关通识教育的资料，同时，我结合她们收集的资料，从不同的视角指导她们完成了硕士学位论文的写作，本书的一些观点渗透在他们的文章中，纳入书稿时未作标注。在她们求学期间，我们师生经常一起探讨问题，指导她们的学业，也和她们一起探讨人生中的各种问题，看着她们慢慢地蜕变、成长，我自己也收获很多。犹记得，我的学生王银珂在毕业之际选择去支援新疆时的肺腑之言，她说："老师，国家培养了我们这么多年，我们总要去回报国家和社会，新疆地处偏远，没人愿意去，那么我去！"这就是境界，这就是情怀。我在自己努力践行的通识教育实践中，体会到了雅斯贝尔斯所说的大学里师生之间"富有生命的往来"，那是一种怎样的妙不可言。通识教育让我们饱满了彼此的生命。指导她们时，我倾尽全力，感谢她们求学时的努力，让我切实体会到通识教育要实现教育的理想需要师生的共同努力。

感谢中国地质大学（北京）的王果胜副校长，他始终关注教育的改革，在关于本科教育，特别是结合中国地质大学（北京）的通识教育改革实践的交谈中，王老师对于教育教学实践的探索给了我很大的启发，他那些鼓励我积极进行通识教育改革实践探索的话，给了我坚持的勇气。

感谢中国地质大学（北京）的刘大猛副校长，他对教育和教学有着独到的见解，对于我在通识教育改革的努力给予的肯定和鼓励，至今让我感到温暖。

感谢中国地质大学（北京）的雷涯邻副校长，她在评审我的有关通识教育课程改革的课题时说的"愿意在人文学院进行试点"的话，对我是极大的鼓励，让我有了研究的方向。

感谢中国地质大学（北京）教务处的邓雁希副处长，我们多次交流过对于高校的教育教学到底要怎样，通识教育的问题以及改革问题等。邓老师视野开阔，思想敏锐，她的一些观点给了我很大的启示，她对教学的重视和支持为我的书稿的出版提供了最大的支持，在此诚挚地感谢她。

感谢中国地质大学（北京）数理学院的高世臣老师，高老师不仅以数学的严密思维吸引了我，他对教育的深刻理解体现在他对学院的管理上，特别是应高老师邀请参与数理学院创新班的活动，让我从中学习到很多，更让我对通识教育在整体上有了一个可以思考和参考的现实的模板，谢谢高老师。

感谢王丽艳老师。在自己查阅了大量的国外通识教育的资料之后，由于自己并没有出国的经历，通过与王老师的深入交谈，王老师以她女儿的实际经历佐证了本人的研究。王老师的女儿大学本科在美国完成，并直接攻读博士学位，同时被普林斯顿大学和耶鲁大学录取，她完整地完成了美国大学的整个教育过程，她关于美国大学的通识教育的经验是真实可信的。王老师详细地介绍了她的女儿在美国大学学习的经历，特别是以其亲身经历，对美国大学的通识教育课程进行了详细的介绍，涉及课程的选择、教师的讲授，学生的课上听讲、课下学习、作业汇报、讨论、参与教师研究等学习过程的各个环节，这为我的研究提供了一个真实的案例，佐证了我的研究。在此诚挚地感谢王丽艳老师，也恭喜王老师培养了这么优秀的女儿。

感谢中国地质大学（北京）数理学院的王迎宾老师和张自力老师。我曾多次向王老师请教有关创新班的管理细节、学生学习等情况，王老师总是详细地向我解释，让我真正理解这种教育模式在实践中是如何不断的完善的，也体会到学校和数理学院的老师们在探索通识教育中进行的努力。感谢张自力老师，张老师对物理的熟稔，他对物理学的思维的独特把握，他把物理与日常生活紧密结合的教育智慧都让我叹服，也给我很多的启发。

感谢中国地质大学（北京）地球科学学院的赵国春老师，我们一起交流如何开展通识教育课程教学的经验，交流如何把经典著作与学生的课业学习结合起来等，他的教学理念和经验给我以启发。

感谢中国地质大学（北京）人文学院的阚建华老师，阚建华老师知识渊博，特别是对于中国传统文化的理解深刻而独到，与他交流，我收获良多。

感谢中国地质大学（北京）马克思主义学院的杨峻岭老师，她建议我在科学研究中要集中用力，对我个人的发展是一个很大的警醒。通识教育要广博，科学研究要有重点。在此真诚地感谢杨老师。

感谢我的爱人吴练达先生，一直以来我们相依相伴，我们在日常生活中经常讨论到教育问题，他的很多观点都启发了我。书稿写作的紧张过程中，他在家里包揽了所有的家务，要照顾全家人的饮食起居，要辅导儿子的学习，还要听我絮叨我的书稿，帮我厘清思路，在我焦躁的时候安抚我，在我疲劳的时候强制我去活动身体，在我困惑时鼓励我坚持下去，在此道一声谢谢。

感谢知识产权出版社的贺小霞女士，她对书稿的修改提出了非常中肯的意见，繁忙中多次与我沟通文稿修改的细节，极其耐心细致。没有她的催促，自己可能还在拖拉着，难以完稿，在此深表感谢。

关于通识教育的研究既是一个理论问题，更是一个实践探索的过程。研究、实践和成书的过程中得到了很多人的帮助，无论是理论思考，还是实践探索，都有他人智慧的启迪。但是，整个书稿，从观点到思路，到资料的核对澄清，实践经验的总结等都是自己独立完成的，思之甚好，但笔力不济，书中错漏在所难免，恳请同行、读者指正。

王燕晓

2018 年 8 月 20 日于北京